编委会

高等学校"十四五"规划酒店管理与数字化运营专业新形态系列教材

总主编

周春林　全国旅游职业教育教学指导委员会副主任委员，教授

编委（排名不分先后）

臧其林　苏州旅游与财经高等职业技术学校党委书记、校长，教授
叶凌波　南京旅游职业学院校长
姜玉鹏　青岛酒店管理职业技术学院校长
李　丽　广东工程职业技术学院党委副书记、校长，教授
陈增红　山东旅游职业学院副校长，教授
符继红　云南旅游职业学院副校长，教授
屠瑞旭　南宁职业技术学院健康与旅游学院党委书记、院长，副教授
马　磊　河北旅游职业学院酒店管理学院院长，副教授
王培来　上海旅游高等专科学校酒店与烹饪学院院长，教授
王姣蓉　武汉商贸职业学院现代管理技术学院院长，教授
卢静怡　浙江旅游职业学院酒店管理学院院长，教授
刘翠萍　黑龙江旅游职业技术学院酒店管理学院院长，副教授
苏　炜　南京旅游职业学院酒店管理学院院长，副教授
唐凡茗　桂林旅游学院酒店管理学院院长，教授
石　强　深圳职业技术学院管理学院院长，教授
李　智　四川旅游学院希尔顿酒店管理学院副院长，教授
匡家庆　南京旅游职业学院酒店管理学院教授
伍剑琴　广东轻工职业技术学院酒店管理学院教授
刘晓杰　广州番禺职业技术学院旅游商务学院教授
张建庆　宁波城市职业技术学院旅游学院教授
黄　昕　广东海洋大学数字旅游研究中心副主任/问途信息技术有限公司创始人
汪京强　华侨大学旅游实验中心主任，博士，正高级实验师
王光健　青岛酒店管理职业技术学院酒店管理学院副院长，副教授
方　垄　南宁职业技术学院健康与旅游学院酒店管理与数字化运营专业带头人，副教授
邢宁宁　漳州职业技术学院酒店管理与数字化运营专业主任，专业带头人
曹小芹　南京旅游职业学院旅游外语学院旅游英语教研室主任，副教授
钟毓华　武汉职业技术学院旅游与航空服务学院副教授
郭红芳　湖南外贸职业学院旅游学院副教授
彭维捷　长沙商贸旅游职业技术学院湘旅学院副教授
邓逸伦　湖南师范大学旅游学院教师
沈蓓芬　宁波城市职业技术学院旅游学院教师
支海成　南京御冠酒店总经理，副教授
杨艳勇　北京贵都大酒店总经理
赵莉敏　北京和泰智研管理咨询有限公司总经理
刘懿纬　长沙菲尔德信息科技有限公司总经理

高等学校"十四五"规划酒店管理
与数字化运营专业新形态系列教材

总主编 ◎ 周春林

餐饮服务与运营管理

主　编　田　园　匡家庆
副主编　王　楠　罗志珍　林　佳
参　编　谢　璐　袁　欢　樊　平
　　　　张　晶

FOOD &
BEVERAGE SERVICE
AND OPERATION

华中科技大学出版社
http://press.hust.edu.cn
中国·武汉

内 容 提 要

本教材内容涵盖较广,涉及餐饮知识、产品设计、服务设计、组织管理、原料管理、物资管理、营销管理、成本控制与分析等相关知识;技能构成较多,涵盖了中餐服务、西餐服务、宴会服务等方面;知识跨度较大,拓宽了学生的知识面。各个项目由不同任务串联,由浅入深,层层推进,不仅培养学生餐饮服务的技能,而且让学生懂服务流程、会运营管理。本教材不仅可以作为高职餐饮专业学生的教材,还可以作为餐饮从业人员系统培训、拓宽知识面、建立相关餐饮的运营机制与管理的实用手册。

图书在版编目(CIP)数据

餐饮服务与运营管理/田园,匡家庆主编. —武汉:华中科技大学出版社,2022.6(2025.2重印)
ISBN 978-7-5680-8170-2

Ⅰ. ①餐… Ⅱ. ①田… ②匡… Ⅲ. ①饮食业-商业服务-教材 ②饮食业-商业管理-教材 Ⅳ. ①F719.3

中国版本图书馆 CIP 数据核字(2022)第 093283 号

餐饮服务与运营管理　　　　　　　　　　　　　　　　　　　　　田　园　匡家庆　主编
Canyin Fuwu yu Yunying Guanli

策划编辑:李家乐　王　乾
责任编辑:王梦嫣　李家乐
封面设计:原色设计
责任校对:曾　婷
责任监印:周治超

出版发行:华中科技大学出版社(中国·武汉)　　　电话:(027)81321913
　　　　　武汉市东湖新技术开发区华工科技园　　　邮编:430223
录　　排:华中科技大学惠友文印中心
印　　刷:武汉市籍缘印刷厂
开　　本:787mm×1092mm　1/16
印　　张:17
字　　数:394 千字
版　　次:2025 年 2 月第 1 版第 5 次印刷
定　　价:49.80 元

本书若有印装质量问题,请向出版社营销中心调换
全国免费服务热线:400-6679-118　竭诚为您服务
版权所有　侵权必究

总序

2021年,习近平总书记对全国职业教育工作作出重要指示,强调要加快构建现代职业教育体系,培养更多高素质技术技能人才、能工巧匠、大国工匠。同年,教育部对职业教育专业目录进行全面修订,并启动《职业教育专业目录(2021年)》专业简介和专业教学标准的研制工作。

新版专业目录中,高职"酒店管理"专业更名为"酒店管理与数字化运营"专业,更名意味着重大转型。我们必须围绕"数字化运营"的新要求,贯彻党中央、国务院关于加强和改进新形势下大中小学教材建设的意见,落实教育部《职业院校教材管理办法》,联合校社、校企、校校多方力量,依据行业需求和科技发展趋势,根据专业简介和教学标准,梳理酒店管理与数字化运营专业课程,更新课程内容和学习任务,加快立体化、新形态教材开发,服务于数字化、技能型社会建设。

教材体现国家意志和核心价值观,是解决"为谁培养人、培养什么样的人、如何培养人"这一根本问题的重要载体,是教学的基本依据,是培养高质量优秀人才的基本保证。伴随我国高等旅游职业教育的蓬勃发展,教材建设取得了明显成果,教材种类大幅增加,教材质量不断提高,对促进高等旅游职业教育发展起到了积极作用。在2021年首届全国教材建设奖评审中,有400种职业教育与继续教育类教材获奖。其中,旅游大类获一等奖优秀教材3种、二等奖优秀教材11种,高职酒店类获奖教材有3种。当前,酒店职业教育教材同质化、散沙化和内容老化、低水平重复建设现象依然存在,难以适应现代技术、行业发展和教学改革的要求。

在信息化、数字化、智能化叠加的新时代,新形态高职酒店类教材的编写既是一项研究课题,也是一项迫切的现实任务。应根据酒店管理与数字化运营专业人才培养目标准确进行教材定位,按照应用导向、能力导向要求,优化设计教材内容结构,将工学结合、产教融合、科教融合和课程思政等理念融入教材,带入课堂。应面向多元化生源,研究酒店数字化运营的职业特点及人才培养的业务规格,突破传统教材框架,探索高职学生易于接受的学习模式和内容体系,编写体现新时代高职特色的专业教材。

我们清楚,行业中多数酒店数字化运营的应用范围仅限于前台和营销渠道,部分酒店应用了订单管理系统,但大量散落在各个部门的有关顾客和内部营运的信息数据没有得到有效分析,数字化应用呈现碎片化。高校中懂专业的数字化教师队伍和酒店里懂营运的高级技术人才是行业在数字化管理进程中的最大缺位,是推动酒店职业教育数字化转型面临的最大困难，这方面人才的培养是我们努力的方向。

高职酒店管理与数字化运营专业教材的编写是一项系统工程，涉及"三教"改革的多个层面，需要多领域高水平协同研发。华中科技大学出版社与南京旅游职业学院、广州问途信息技术有限公司合作，在全国范围内精心组织编审、编写团队，线下召开酒店管理与数字化运营专业新形态系列教材编写研讨会，线上反复商讨每部教材的框架体例和项目内容，充分听取主编、参编老师和业界专家的意见，在此特向这些参与研讨、提供资料、推荐主编和承担编写任务的各位同仁表示衷心的感谢。

该系列教材力求体现现代酒店职业教育特点和"三教"改革的成果，突出酒店职业特色与数字化运营特点，遵循技术技能人才成长规律，坚持知识传授与技术技能培养并重，强化学生职业素养养成和专业技术积累，将专业精神、职业精神和工匠精神融入教材内容。

期待这套凝聚全国高职旅游院校多位优秀教师和行业精英智慧的教材，能够在培养我国酒店高素质、复合型技术技能人才方面发挥应有的作用，能够为高职酒店管理与数字化运营专业新形态系列教材协同建设和推广应用探出新路子。

全国旅游职业教育教学指导委员会副主任委员

南京旅游职业学院党委书记、教授　周春林

2022 年 3 月 28 日

前言

党的二十大是在百年辉煌成就和十年伟大变革的高起点上创造新时代更大荣光的大会,为全面建设社会主义现代化国家新征程、实现第二个百年奋斗目标凝聚了党心民心、确立了行动指南。党的二十大报告提出"教育、科技、人才是全面建设社会主义现代化国家的基础性、战略性支撑",统筹部署教育强国、科技强国、人才强国战略,为教学改革发展指明了前进方向。人才是第一资源,必须牢牢抓住全面提高人才培养能力这个核心点,推动实施教育综合改革,一体化推进学科、专业、课程建设,创新人才培养模式,全面提高人才自主培养质量。

我国的旅游高等职业教育加快了发展的步伐,规模进一步扩大,质量有了明显的提高。旅游高等职业院校需遵循"以就业为导向、以学习为中心"的职业教育原则,颠覆原有的以理论知识为中心的学科专业体系,进行突破性的教育改革。

本教材按照《高等职业学校酒店管理专业教学标准》和专业人才培养方案,融合"岗课赛证"理念,以工作任务驱动,进行项目化课程设计,实现学习内容和行业企业工作内容的无缝对接,为学生职业生涯的发展奠定基础,坚持立德树人、德技并修,践行社会主义核心价值观,树立学生科学的服务理念,培养学生的劳动意识和工匠精神,全面提升学生职业素养。

本教材是以餐饮岗位的工作任务为中心的课程体系。学生通过学习岗位工作任务,培养学生提出问题、分析问题、解决问题的综合能力,从而使学生获得知识、能力、态度方面的综合素质,满足职业岗位的要求。教材中融入信息化与数字化技术手段辅助教学,实现"数字真融入,服务真感受,创新真情景,文化真融合"四真教学,让学生在学习中,感知职业特点,培养职业精神,强化技能水平。

本教材具体编写情况如下:项目一餐饮入门,由江西工业贸易职业技术学院罗志珍编写;项目二餐饮需求分析与产品设计,由南京旅游职业学院樊平编写;项目三服务设计,由南京旅游职业学院田园编写;项目四餐饮组织管理,由青岛酒店管理职业技术学院林佳编写;项目五餐饮原料管理,由南京旅游职业学院田园编写;项目六餐饮物资管理,由南京旅游职业学院袁欢编写;项目七餐饮营销管理,由武汉城市职业学院谢璐编写;项目八餐饮成本控制与分析,由天津职业大学王楠编写;南京旅游职业学院匡家庆、田园负责全书的统稿工作。

  本教材曾多次听取了行业专家的相关建议,对他们的大力支持在此表示感谢!限于时间和水平,本教材难免有疏漏之处,敬请广大读者予以指正!

编 者
2022 年 2 月

目录 MULU

项目一　餐饮入门　　　　　　　　　　　　　　　　　　　　1

任务一　认知餐饮业　　　　　　　　　　　　　　　　　　3
任务二　了解餐饮功能　　　　　　　　　　　　　　　　　7
任务三　菜肴基础知识　　　　　　　　　　　　　　　　12
任务四　饮品基础知识　　　　　　　　　　　　　　　　18

项目二　餐饮需求分析与产品设计　　　　　　　　　　　　34

任务一　餐饮需求分析　　　　　　　　　　　　　　　　36
任务二　餐饮产品设计　　　　　　　　　　　　　　　　46

项目三　服务设计　　　　　　　　　　　　　　　　　　　65

任务一　零点服务设计　　　　　　　　　　　　　　　　67
任务二　宴会服务设计　　　　　　　　　　　　　　　　77
任务三　房内用膳与自助餐设计　　　　　　　　　　　　95

项目四　餐饮组织管理　　　　　　　　　　　　　　　　　104

任务一　设计餐饮部组织机构　　　　　　　　　　　　107

| 任务二 | 配置餐厅人员 | 120 |

项目五　餐饮原料管理　128

任务一	原料采购管理	130
任务二	原料验收管理	137
任务三	原料贮存与发放管理	140

项目六　餐饮物资管理　148

任务一	餐饮物资类别	150
任务二	餐饮物资清洁与保养	160
任务三	餐饮物资管理与损耗控制	173

项目七　餐饮营销管理　185

任务一	客史档案管理	187
任务二	餐饮营销策略	197
任务三	餐饮营销技巧	209

项目八　餐饮成本控制与分析　221

任务一	构建成本控制体系	223
任务二	控制生产过程中的成本	232
任务三	餐饮成本核算与分析	240

参考文献　255

二维码资源目录

二维码对应动画/视频/案例	项目	页码
微课:餐饮业认知	1	3
知识活页:国内外饮食文化交流	1	6
微课:餐饮服务质量	1	10
知识活页:中国八大菜系	1	13
微课:点菜服务	3	70
微课:西餐厅服务流程	3	74
微课:宴会服务	3	78
微课:托盘服务	3	79
微课:西餐服务	3	85
微课:西餐餐具使用规则	3	85
微课:西餐主题宴会设计	3	89
微课:餐厅人员配置	4	120
知识活页:了解绩效考核	4	126
同步案例:酒店食品安全法案例	5	139
微课:西餐餐具识别	6	152
知识活页:餐饮部物资清单	6	159
知识活页:日用陶瓷	6	172
微课:餐具破损培训	6	177
知识活页:如何进行成本控制来增加酒店的餐饮收入呢?	8	253

项目一
餐饮入门

 项目描述

　　餐饮发展知识和产品知识是酒店餐饮服务与运营管理的重要组成部分。随着经济社会的发展,餐饮行业发展迅猛,餐饮部门也是综合酒店的核心服务部门,餐饮从业人员需要了解餐饮业的发展,餐饮的功能,餐饮产品中的菜肴、饮品等相关知识。

 项目目标

知识目标
1. 了解餐饮业的起源与发展。
2. 熟悉中西菜肴知识。
3. 熟悉饮品知识。

技能目标
1. 能根据行业特点收集不同业态餐饮企业的信息。
2. 能收集不同餐厅的产品信息。
3. 能进行菜肴、饮品的介绍和推荐。

思政目标
1. 培养学生"干一行爱一行"的意识。
2. 引导学生主动学习专业知识。
3. 引导学生主动思考问题、解决问题。

 思维导图

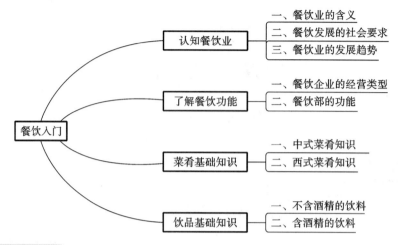

 学习重点

1. 餐饮业的发展趋势。
2. 餐饮产品的构成。
3. 八大菜系基础知识和葡萄酒的分类。

 项目引入

"民以食为天",改革开放以来,随着中国经济的快速发展,生产能力和人民收入水平的不断提高,中国从二十世纪七八十年代的"吃饭难"到二十世纪九十年代的"吃饱",再到二十一世纪以来的不断追求"吃特色、吃健康、吃营养、吃便捷、吃文化、吃休闲"。

中国餐饮行业伴随经济发展,不仅成为人民生活水平和消费能力提升的见证,也逐步成为扩内需、促消费、稳增长、惠民生的支柱产业。随着餐饮行业竞争的不断加剧,大型餐饮企业间并购整合与资本运作日趋频繁,国内优秀的餐饮企业越来越重视对行业市场的研究,特别是对企业发展环境和客户需求趋势变化的深入研究。正因为如此,一大批国内优秀的餐饮品牌迅速崛起,逐渐成为我国餐饮行业中的翘楚。

中国的餐饮市场经过多年的改革与发展,已进入一个新的阶段,市场竞争的形势也发生一些新的变化。餐饮行业是完全竞争的行业,行业集中度相当低,未来发展的趋势是行业集中度大幅提高,这有待于规模企业的整合。从餐饮企业竞争与发展格局来看,未来我国餐饮企业竞争将更加激烈,并且将有更多企业上市。

2020年国内突然暴发新冠肺炎疫情,受居民居家隔离减少外出的影响,我国餐饮业遭受重创,在疫情扩散最严重的1—2月我国部分餐饮企业因门店客流量锐减被迫关闭甚至破产。但是目前我国的疫情已经得到了良好的控制,疫苗也普及接种,未来我国餐饮行业依然会持续增长且会更加多元化、多样化。而且我国餐饮行业品牌

会加速发展,低碳餐饮更加普及,餐厅信息化程度加快都将助力餐饮行业的发展。预计到 2026 年,我国餐饮行业市场规模将达到 70000 亿元以上。

(资料来源:整理自《2022—2026 年中国餐饮行业发展前景与投资预测分析报告》。)

任务一 认知餐饮业

任务描述

本任务要求学生了解餐饮业的含义和发展趋势。

一、餐饮业的含义

"民以食为天",饮食是人类赖以生存的重要的物质条件之一。人类饮食的发展同人类本身的发展一样历史悠久,其经历了从简单到复杂、从蒙昧到文明的过程。伴随着这个过程,饮食中的礼仪、礼节、观念和习俗也同时应运而生,饮食也从人类的自然行为逐渐演变为一种经济业态——餐饮业。随着社会和经济的发展,餐饮业的经营形式和管理方式都在不断地变化。

餐饮业的概念应包括三个要素(见表 1-1)。

表 1-1 餐饮业三要素

要 素	要 素 描 述
产品	食品或饮料
氛围	能够令人放松精神的环境或氛围
经营	固定场所,能满足顾客差异性的需求与期望,并能实现既定的经营目标

"餐饮"一词在《辞海》中的解释:餐为"饮食",饮为"饮料",餐饮也就是指"吃食物,喝饮料(含酒水)"。餐馆(Restaurant)是指提供餐食、点心、饮料,使顾客得到充分休息以恢复精神的特定场所。

综上所述,餐饮业是利用餐饮设备、场所和餐饮产品为社会生活服务的生产经营性服务行业。

二、餐饮发展的社会要求

(一) 营养上追求全面、平衡

人们的消费观念有了巨大的改变,越来越注意将饮食质量与健康、营养、环保、绿色

微课

餐饮业认知

联系在一起,更加注重安全性、科学性、经济性和享受性,因此,滋补馆、绿色饭庄、粗粮馆等备受人们的欢迎。

(二)卫生方面的高标准、严要求

食品饮食卫生直接关系到人们的身体健康和生命安全,人们对绿色食品、绿色原料的需求越来越旺盛,同时也会对就餐环境和服务人员有更严格的要求。

(三)对用餐环境的体验要求

现代社会的消费者,在饮食上不太注重食物的味道,但他们非常注重进食时的环境与氛围,从而能更好地满足其感性需求。因此,相当多的餐饮企业,在布置环境、营造氛围上下了很大的功夫,力图营造出个性特色。

(四)餐饮服务的规范化和个性化

实现服务规范化是保证稳定的服务质量的基本前提。目前的餐饮企业已基本能对大多数无特殊要求的就餐者实施统一规范的服务,满足就餐者对服务的基本需求。但消费的个性化趋势,使就餐者对餐饮业提出个性化的服务需求。

三、餐饮业的发展趋势

(一)餐饮业态多元化

随着餐饮业的不断发展、人们生活及餐饮需求的日益变化,餐饮业也在变化中求发展,业态呈现出全新格局,朝着多元化的方向发展。

1. 酒店餐饮

除传统的中餐外,咖啡厅、风味餐厅等随处可见,酒店在餐厅装修、菜肴出品、服务水平、营销方式等方面精益求精;而低星级酒店和经济型酒店则纷纷弱化餐饮功能,只提供有限的餐饮服务,如只提供早餐或只有一个餐厅,突出客房这一核心产品以降低管理费用。

2. 社会餐饮

社会餐饮蓬勃发展,各种主题餐厅争奇斗艳,满足了不同年龄层次、不同消费心理、不同消费目的的消费者需求。除传统的餐馆外,越来越多的餐饮业态出现在了消费者面前。

(二)市场竞争品牌化

餐饮市场的竞争最终将归结于品牌的竞争,品牌是给拥有者带来溢价、产生增值的一种无形资产,其载体是用以和其他竞争者的产品或劳务相区分的名称、术语、象征、记号或者设计及其组合,增值的源泉来自消费者心中形成的关于其载体的印象。

(三)消费时段多样化

一般来说,人们的一日三餐具有相对固定的时段,但随着生活、工作节奏的加快以及工作时间的弹性和不确定性,人们固有的用餐时间和习惯也在悄然发生变化。为此,餐饮企业可以根据自身的地理位置和产品结构,突破营业时间的限制,既充分利用企业的场地和设施,又可满足不同时段顾客的消费,从而获取经济效益。

（四）餐饮消费绿色化

近年来,食品安全、健康饮食成为消费者关注的热点。根据国家市场监督管理总局发布的通知,我国将对餐饮服务单位的食品安全情况进行量化评级,范围包括餐馆、快餐店、小吃店、饮品店、食堂、集体用餐配送单位和中央厨房等。餐饮业节能减排的潜力非常大,如用电磁厨房设备替代燃气厨房设备的节能减排效果非常明显。同时,在能源价格不断上涨、环保卫生要求日益提高的情况下,餐饮企业自身对环境卫生和节约能源也日趋重视。

同步案例

> 中华著名老字号——全聚德,创始于1864年(清同治三年),历经几代全聚德人的创业拼搏获得了长足发展。1999年1月,全聚德被国家市场监督总局认定为驰名商标,这是我国第一例服务类中国驰名商标。
>
> 不到万里长城非好汉,不吃全聚德烤鸭真遗憾。在百余年里,全聚德菜品经过不断创新发展,形成了以独具特色的全聚德烤鸭为龙头,集全鸭席和多道特色菜品于一体的全聚德菜系,备受各国元首、政府官员、社会各界人士及国内外游客喜爱,被誉为"中华第一吃"。周恩来总理生前曾多次到全聚德宴请外宾。
>
> （资料来源：根据相关资料整理。）

同步思考

根据分工,各小组进行餐饮发展趋势的调查与分析,实施过程中可以参照以下要点：

(1) 查阅餐饮发展的相关资料,设计调查表。
(2) 选择调查对象,如各种规模、等级的酒店与餐饮店。
(3) 实施调查。调查方法包括发放调查表、现场访谈、实地考察等。
(4) 收集调查表和考察资料。
(5) 汇总、整理调查资料。
(6) 资料分析。
(7) 形成调查报告及汇报PPT。

任务评价

以小组为单位,通过调研制作PPT,分析餐饮业的最新发展趋势,由教师和学生共同进行讨论、打分(见表1-2)。

表1-2 餐饮业最新发展趋势评价表

评价内容	要求	分值	小组自评(20%)	小组互评(30%)	教师评价(50%)	综合得分
调查表设计	表格设计规范,内容完整	20				
调查实施	调查样本选择完整,具有代表性	20				
调查方法	调查方法得当、有效	20				
调查报告	报告内容完整,资料收集齐全	30				
调查汇报	汇报完整全面,PPT制作规范	10				
合计得分						

评分标准(满分为100分):80—100分为优;70—79分为良;60—69分为中;60分以下为差。①

 教学互动

(1)收集餐饮业发展历程、现状等相关资料,包括教材、参考书籍、相关网络资料。

(2)成立学习小组,每组6—8人,就近参观、考察不同类型的餐厅,观察不同类型餐厅的异同点。每组选出组长,负责工作任务的实施。

---

① 注:全书评价表评分标准一致。

任务二　了解餐饮功能

任务描述

本任务要求学生了解餐饮企业的经营类型,掌握餐饮管理的任务与功能,并能进行描述。

一、餐饮企业的经营类型

餐饮企业的分类方法有很多,如根据服务方式的不同,可分为传统餐桌服务型餐厅、自助式餐厅、快餐厅及其他服务方式的餐厅;根据经营品种的不同,可分为中式餐厅、西式餐厅、特色品种餐厅,以及酒吧和各类其他饮料店;根据经营的组织形式,可分为独立经营餐厅、连锁经营餐厅,以及宾馆、酒店的附属餐厅等。根据我国目前餐饮服务业的现状,将餐饮企业分为传统经营型、自助式经营型与现代创新经营型三大类型。

(一)传统经营型餐厅

1. 餐桌服务型餐厅

餐桌服务型餐厅在我国餐饮企业中占有相当大的比例,这类餐厅即通常所说的"正餐厅",实际中餐厅名称后一般常带有"酒家""酒楼""饭庄"等字样。这类餐厅经营品种丰富,不仅有当地人喜爱的菜系菜肴,同时兼营其他菜系菜肴。

这类餐厅比较注重店堂与门面的装修,就餐环境舒适;餐厅整体布局较合理,突出某一风格,力求给顾客提供较高文化品位的就餐环境。厨师和服务员都受过专门训练,专业技能熟练,工作经验丰富。菜单内容丰富,能经营一种以上的地方风味菜肴,并且会通过菜品的创新与组合来吸引更多的顾客。

2. 特色餐厅

特色餐厅通常又可称为主题式餐厅,这类餐厅主要是通过餐厅整体装饰布置、特色食品与服务程序、娱乐安排等来谋求某种特定的主题风格,从而使餐厅具有丰富的社会文化内涵,以一种特殊的就餐氛围来吸引顾客。

3. 风味餐厅

风味餐厅主要是通过提供由特殊原料或独特烹饪方法制作的具有独特风味的菜品来满足顾客的需要,其菜品风味或服务颇具地域性等方面的特点。

这类餐厅一般有两大类:一类是风味菜肴餐厅;另一类是地方风味小吃餐厅。这类餐厅具有明显的地域性,强调菜品的正宗、地道。近年来,这些餐厅为适应当地人群的口味,在原有风味的基础上,大多进行了调整,从而创造出既保持某些传统风味特色,又能满足不同地区口味需要的新型风味餐厅,如上海的海派川菜馆等。

4. 酒吧、茶馆与咖啡厅

1) 酒吧

酒吧既可以独立经营,也可附设在酒店、大型餐厅内。酒吧主要是供人们消遣、交往的场所,一般都比较注重店堂内外的装修与摆设,努力创造出一种美观、舒适、高雅的异国情调。酒吧经营品种主要包括酒水与不含酒精的饮料,偶尔也出售少量其他食品。

2) 茶馆

从功能来看,茶馆已不是供人解渴的场所,而主要是满足人们消遣、娱乐和社交的需要。从这一点上看,它与酒吧有异曲同工之妙,有人甚至做了这样的比喻:"酒吧是西方人的'茶馆',茶馆是东方人的'酒吧'。"

3) 咖啡厅

咖啡厅可分为两大类:一类附属于酒店、宾馆,主要经营大众化的西餐菜肴和部分西式快餐食品,被称为"Coffee Shop";另一类被称为"咖啡屋",经营以咖啡为主的各类饮料、水果及小食,其功能和特点与酒吧类似,主要供人们休闲、聚会,这类咖啡厅较受年轻"白领"阶层的青睐,目前在一些大中城市,有连锁经营的趋势,如深圳的名典咖啡在市区就有多家连锁店。

(二) 自助式经营型餐厅

自助式餐厅与自助餐是有区别的。自助式餐厅是一种餐厅类型,而自助餐是一种服务方式或宴席形式,各类餐厅,都可做自助餐。自助式餐厅可分为中、西快餐厅,自助式火锅餐厅以及超市餐厅三大类。自助式餐厅一般具有以下特点:

(1) 一般不提供餐桌服务,而是由顾客自己将食物端至桌前。

(2) 多数情况下,食品、饮料均在柜台上陈列,由顾客自取,有的餐厅要求顾客用餐后将托盘等餐具放在指定位置。

(3) 有的自助式餐厅连最后的加工都由顾客自己完成。

(4) 新的自助式餐厅要求顾客的自助程度越来越高。

(三) 现代创新经营型餐厅

1. 餐吧

餐吧的特点就是利用酒吧吧台的形式来经营餐饮。餐厅中传统的桌椅被吧台和吧凳取代,餐厅内的工作台一般沿墙边摆设。餐吧的出现,可以说在某种程度上满足了在生活质量不断提高的今天人们对高雅就餐方式的需求。

2. 休闲娱乐型餐厅

休闲娱乐型餐厅就是将各种休闲娱乐活动融入餐饮经营中的餐饮经营形式。休闲娱乐型餐厅的基本特色包括以下几方面:

(1) 此类餐厅一般都提供餐桌服务,同时,另设专门的休闲娱乐设施与设备,因此,此类餐厅前期投入较传统餐厅更大。

(2) 此类餐厅的功能更多。除传统的社交功能外,它还具有使顾客身心得到放松的休闲功能和促进业务洽谈的商业功能。

（3）此类餐厅在管理上较传统餐厅要求更高。由于餐厅经营了餐饮服务以外的业务，各方面的协调与管理工作都大幅增加，如果对娱乐项目管理不善，那么这些休闲娱乐活动的作用将适得其反，从而对餐饮企业产生消极的影响。

（4）此类餐厅在选择和引进各类休闲娱乐项目时，有较高的要求。一般来说，都会要求这些活动应与餐厅的整体经营风格、软硬件设施等相匹配，而不是随意引进。

3. 送餐与外卖式餐厅

为适应餐饮市场发展的新形势，送餐与外卖式餐厅走出了只为高消费者服务的误区，开辟了大众化餐饮的新领域，存在广阔的发展前景。现在不仅有专门的送餐与外卖式餐厅，而且这种经营方式已为许多传统餐厅所接受。送餐与外卖式餐厅的主要特征有以下几点：

（1）服务形式主要有两种。第一种是二维码点餐。顾客可通过手机订餐，由配送人员送餐上门。第二种是顾客点菜后，打包带走。在国外，一些餐厅甚至发展到设有专门为驾车而来的顾客服务的窗口，顾客在车内点菜后，菜品自动送到窗口，顾客不用下车即可带走菜品。

（2）方便顾客，适应现代生活、工作节奏。人们工作繁忙，无暇抽身，电话预订使这一问题迎刃而解。下班后，人们如果想轻松省事，则可买几道菜带回家慢慢品尝。

（3）避开就餐高峰期，提高餐座周转率。由于外卖一般都提前预订，餐厅可提前从容备餐，同时这些顾客又不占用餐厅座位，有利于提高餐桌周转率，避免大量顾客同一时间到餐厅就餐，出现餐座不足的尴尬局面。

（4）坚持薄利多销，诚信待客。以威海丽园大酒店为例，该酒店通过开设外卖服务部，向大众推出家庭式外卖快餐，受到市场欢迎。而后又开设塔山连锁店，同样顾客盈门，创造了良好的经济效益。

4. 无店铺式经营餐厅

随着餐饮市场竞争的加剧，继送餐与外卖式餐厅、超市餐厅之后，又出现了无店铺式经营餐厅。所谓"无店铺式经营"就是指餐饮企业不提供固定就餐场所，以标准化菜单或顾客指定菜单，由厨师上门为顾客进行现场烹制和服务。随着无店铺式经营餐厅的出现，这种经营形式又被许多其他餐饮企业采纳，因此，有许多传统餐厅也模仿此类餐厅的服务。无店铺式经营餐厅和提供此种类型餐饮服务的其他餐饮企业具有以下一些较为明显的特色：

（1）这类餐厅不用店堂，不用餐位，甚至无需专门的服务员，因此为企业节省了一大笔投资和费用。以上海佳宴餐饮服务有限公司为例，只需一间办公室，一个原料准备车间，无需餐位，顾客只需电话预订，公司的厨师就会带上原料和少部分用具，到顾客家中现场烹制，现场服务。

（2）这类餐饮企业投入少、成本低，因此售价较低。顾客可省去烦琐的家务劳动，足不出户就能品尝到专业厨师烹制的美味佳肴，因此对于普通消费者来说，是有较大吸引力的。

（3）这种无店铺式经营方式是餐饮企业向餐饮产品的不耐储存性和不易运送性提出的挑战，也有人称为"饭店向家庭的延伸"。

二、餐饮部的功能

(一) 餐饮部是现代旅游酒店的重要组成部分

餐饮部所管辖的范围包括各类餐厅、酒吧等传统的经营场所,如今大多数酒店的餐饮管辖范围已扩展至娱乐、会展场所等。所有这些餐饮经营场所和餐饮设施都是客人经常活动的地方,是客人在酒店的活动中心。

(二) 餐饮部为酒店创造可观的经济效益

餐饮收入是酒店营业收入的主要来源。一般来说,餐饮收入约占酒店营业收入的三分之一,经营得好的酒店其餐饮收入可与客房收入相当,甚至超过客房收入。

(三) 餐饮服务直接影响酒店声誉

餐饮部的服务场所是社交集会的理想场所,其日夜不停地和住店客人及店外客人发生频繁接触。许多客人常常以点看面,把对餐厅、酒吧的印象看成是对整个酒店的印象。餐饮部门经营管理的好坏、服务质量的优劣,往往关系到酒店的声誉和形象,进而影响客源。

  同步案例

2020年受新冠肺炎疫情影响,餐饮行业遭遇重创,1月至2月全国餐饮业收入为4194亿元,同比下降43.1%。为助力餐饮企业渡过难关,以便稳定就业和促进消费,国家多个部门分别从财税、金融、社保等多个层面对餐饮企业给予政策支持。

传统线下餐饮损失严重,不少知名餐饮企业迅速做出调整,优化运营模式,"拥抱"第三方外卖平台,转攻线上市场。

为降低疫情传播风险,确保消费安全,外卖平台及时变革配送服务模式,受到了多方认可。美团外卖于1月26日在武汉推出"无接触配送"方案,后在全国范围内得到效仿和推广。

外婆家新品牌"老鸭集"创立不久,便遭遇了疫情冲击。2020年春节期间,集团几乎关停旗下所有门店,唯独保留了老鸭集的外卖业务,在外卖平台的助力下,单量迅速恢复到堂食期,并呈超越态势发展。

小龙坎火锅是2014年诞生于成都的餐饮品牌,依靠加盟的模式,在短短5年内实现了快速扩张,至2019年年末,已在全国布局超过800家门店。小龙坎虽然较早布局外卖业务,但主要以火锅菜(冒菜)产品为主,并未推出火锅外卖。2020年新冠肺炎疫情暴发给小龙坎的火锅业务带来巨大冲击,1月26日小龙坎陆续关闭门店,截至2月中旬,闭店率高达93%。为减少亏损,小龙坎一方面通过外卖平台上线大火锅业务,拓展品类提高单品毛利率;另一方面加大在直播平台的精力投入,加速快消产品零售的同时,不断拓展火锅消费新场景。

(资料来源:根据相关资料整理。)

同步思考

(1) 通过实地考察与调研,了解餐饮功能与产品。具体操作步骤如下:

①通过课前学习掌握的资料及相关知识的介绍,设计考察调研表格;

②分别考察调研三星级、四星级、五星级酒店餐饮部,以及3—4家规模相当的社会餐饮企业,获取真实资料;

③汇总、整理、分析资料;

④制作汇报材料,包括调研报告、汇报PPT等。

(2) 以小组为单位,课堂汇报调研结果。

 任务评价

以小组为单位,通过调研制作PPT,进行餐饮功能与产品调查分析,由教师和学生共同进行讨论、打分(见表1-3)。

表1-3 餐饮功能与产品调查评价表

评价内容	评价标准	分值	小组自评(20%)	小组互评(30%)	教师评价(50%)	综合得分
完整性	内容详细,材料丰富	20				
专业性	无专业术语错误	20				
图文并茂	配以合适图片	20				
实地完成	实地调查情况	10				
报告制作	资料翔实,报告完整,图文清晰	20				
团队精神	分工明确,团结协作	10				
合计得分						

评分标准(满分为100分):80—100分为优;70—79分为良;60—69分为中;60分以下为差。

教学互动

(1) 阅读餐饮专业书籍,查阅餐饮知识相关资料、网站,围绕餐饮功能做学习笔记。

(2) 成立学习小组,每组6—8人,深入参观、考察不同类型的餐厅,调查其经营的类型。每组选出组长,负责工作任务的实施。

任务三 菜肴基础知识

 任务描述

本任务要求学生了解中西菜肴知识,并能进行菜品知识介绍和推荐。这是餐厅服务人员必须掌握的业务知识,熟练掌握这些知识有助于服务人员更好地向客人推销,从而增加餐厅的销售收入。

一、中式菜肴知识

(一) 中式菜肴的构成

按照地区、历史和风味特点,中式菜肴由地方菜、宫廷菜、私家官府菜、少数民族菜和素菜等构成。

1. 地方菜

地方菜是中式菜肴的主要组成部分。它多用当地出产的质地优良的烹饪原料,采用本地区独特的烹调方法,制作出具有浓厚地方风味的菜肴。经过千年的演变发展至今,各地已逐渐形成了自己的菜肴风格。地方菜主要有粤菜、川菜、鲁菜和淮扬菜等。

2. 宫廷菜

宫廷菜是指我国历代封建帝王、后宫嫔妃等享用的菜肴。宫廷菜至今有近3000年的历史,是我国封建社会烹调技艺的精华体现,标志着中国古代烹调的最高水平。现在人们品尝的宫廷菜主要是从清代御膳房里传下来的一些菜肴。

3. 私家官府菜

私家官府菜是指历代封建王朝的高官宅邸中的厨师和网罗来的名厨,长年进行菜肴制作和研究,形成的具有一定影响的私家官府菜肴。其主要代表有孔府菜、谭家菜、随园菜等。

4. 少数民族菜

少数民族菜又称民族风味菜,主要有清真菜、朝鲜族菜、维吾尔族菜等。

5. 素菜

素菜是指用蔬菜、菌类、豆制品等原料烹调制成的菜肴,主要有佛教寺庙中的素菜、都市素菜馆和家常烹制的民间素菜等。

（二）中国菜系的分类

中式菜肴在烹饪中有许多流派。其中较有影响和代表性的,也为社会所公认的有鲁、川、粤、闽、苏、浙、湘、徽等菜系,即人们常说的中国"八大菜系"。一个菜系形成和它的悠久历史与独到的烹饪特色是分不开的,同时也受到这个地区的自然地理、气候条件、资源特产、饮食习惯等影响。我国"八大菜系"的烹调技艺各具风韵,菜肴特色也各有千秋。

（三）中式烹饪的方法和特点

1. 中式烹饪常见的烹调方法

（1）爆。爆是用旺火热油烹炒的烹调方法,可分为酱爆、葱爆、油爆和汤爆等。常用猪肉、牛肉、羊肉、鸡肉、鱿鱼和墨鱼等原料,原料无骨并经刀切加工成形。

（2）炒。炒是用旺火短时间烹炒的烹调方法。其速度快,原料形状较小,营养成分流失少,菜肴特点是滑、嫩、脆、鲜。

（3）炸。炸是一种油多、菜肴无汁的烹调方法,即将油烧至预定的温度,将原料下锅,使原料在油内上色、变熟。炸的菜肴需事先拌味、挂糊,然后下锅炸。

（4）煮。煮是一种将原料放在汤汁、水中长时间加热至成熟的烹调方法,有直接煮制菜肴和煮汤两种。

（5）蒸。蒸是以水蒸气的热量使食物原料成熟的烹调方法,也可作为保温的方法。

（6）熘。熘是先以炸、蒸和煮的方法使原料成熟,再以熟汁烹制的一种综合性的烹调方法。熘一般有直接下锅熘和盘内浇汁熘两种。

（7）烩。烩是将原料在锅中勾芡的一种烹调方法,即生料中的荤性原料都要拌味上浆,用温油滑透,素性原料用开水汆透,熟料则直接下锅烩制。

（8）烹。烹是把经油炸透的原料,再烹以适量的调味汁沾匀的烹调方法。从用油的多少可分为炸烹和煎烹两种。

（9）煎、贴。煎、贴都是以文火慢炸并使食物原料变熟的烹调方法。所不同的是,煎需要将原料翻面烹煎,而贴则无须翻面。

（10）烤。烤是利用火或者电的热量辐射,使菜肴直接变熟的方法,有明炉烤、烤箱烤、微波炉烤等。

（11）炖。炖是将原料经过加工后,用大火将水或汤烧开,再以小火烧烂的烹调方法,分直接炖和间接炖两种。

（12）扒。扒是指将加工成形的原料加调料腌制后,放在扒炉上加热至规定的成熟度的一种烹调方法。扒类菜肴一般都要经过烧、蒸等方法烹制成熟后再进行扒制。扒类菜肴分为红扒和白扒,特点是质地酥烂和原汁原味。

（13）烧。烧是指原料经过煮或过油粗加工,再加汤、调料用大火烧开、小火烧煮使菜肴入味的烹调方法。烧法有红烧、葱烧和清烧等。

知识活页

中国八大菜系

(14) 熏。熏是用烟气使食物受热,并使之带有烟熏香味的烹调方法。熏有锅熏和炉熏两种方法。

(15) 挂霜。挂霜是把糖熬制后,再将主料放入,离火后在通风处一边吹一边进行翻动,使糖霜挂在原料上的烹调方法。

(16) 拔丝。拔丝是把经过油炸的食物原料放入炒制过的糖内均匀沾裹,并使之能拉出细丝的烹调方法。

(17) 蜜汁。蜜汁是把糖融化后熬成糖汁,然后将主料放入糖汁中,使之入味的烹调方法。其特点是香甜软糯。

2. 中式烹饪的主要特点

1) 原料丰富,菜品繁多

我国丰富的物产资源为中式烹饪提供了坚实的物质基础。常用的中式烹饪原料丰富多样,时令原料品种繁多,特产原料广阔分布,稀有原料奇异珍贵。中式菜品繁多,既有经济、方便的大众便餐菜式,也有乡土气息浓郁的民间菜式。

2) 选料严谨,因材施艺

中式烹饪对菜品原料的产地、季节、部位、营养、卫生的方面十分讲究,而且往往根据原料各自的特点,采用不同的烹饪技法。

3) 刀工精湛,善于调味

中式烹饪的刀法有数十种之多,刀工决定原料的形态,使菜肴千姿百态,栩栩如生。中式菜肴调味用料广泛、方法细腻,并突出原料的本味,使菜肴口味变化无穷。当今菜肴强调色、香、味、形、器、艺、养俱佳,菜品制作的标准更高。

4) 盛器考究,艺术性强

美食和美器的完美结合使中式菜肴更显雅致、完美和强烈的民族风格;精湛的刀工、和谐的色彩、美妙的菜名等使中式菜肴给人以文化的熏陶和艺术的享受。

二、西式菜肴知识

西式菜肴泛指根据西方国家饮食习惯烹制出的菜肴,西餐服务是根据西方习俗提供的服务。西式菜肴和服务尤以法式为代表。

(一) 欧美主要国家的菜式特点

西式菜肴主要流派按国家或地区分为法式菜、英式菜、美式菜、俄式菜、意式菜等。

1. 法式菜

法式菜被公认为西餐的代表,誉满全球,几百年来也一直领导着西餐的新潮流。

1) 选料广泛,品种繁多

法国人的早餐是经典的欧陆式早餐,比较简单,为咖啡和面包等。但午餐和晚餐比较丰盛,尤其是晚餐,有色拉、汤、副菜、主菜、奶酪、甜食、水果和咖啡等。选料也十分广泛,如蜗牛、生蚝、蛙腿、龙虾、奶酪、鹅肝等,都是法国人的美味佳肴。

2) 讲究烹饪,注重调味

法式菜肴烹饪除讲究方法外,还注重相应的调酒味,如清汤用白葡萄酒、火鸡用香槟、炸蛙腿用白兰地、点心和水果用利口酒、野味用红葡萄酒等。一般白色肉类用白葡萄酒,有色肉类用红葡萄酒,这些与用餐搭配的酒相互对应。法式菜还常用有杀菌消毒、助消化、去异味作用的调料,如生洋葱、大蒜、芥末酱、白醋和柠檬汁等。

3) 用料新鲜,讲究搭配

法国人爱吃生嫩菜肴,要求原料新鲜。另外,讲究蔬菜的搭配,一道荤菜往往要配两三种蔬菜,甚至更多,注重营养合理搭配。

法式菜大多以地名、人名、物名来命名,如里昂土豆、巴黎煎鱼、诺曼底猪排等。此外,名菜还有香煎鹅肝、法式洋葱汤、巴黎龙虾(见图1-1)、法式焗蜗牛、烤蒜头羊腿等。受法式菜影响较大的有比利时、荷兰、卢森堡、阿尔及利亚、毛里塔尼亚等国家。

2. 英式菜

过去随着大不列颠的殖民统治和经济渗透,英式餐饮在世界许多国家和地区产生了较大的影响。英式菜讲究花色,少而精,注重营养搭配,显著特色是口味清淡、少油、鲜嫩焦香。英式菜调味品很少用酒,也比较简单,主要有盐、胡椒粉、芥末酱、番茄沙司和醋等,通常放在餐桌上请客人自取。

3. 美式菜

美式菜受英式菜的影响,讲究营养搭配,这也是英美菜肴的共同之处。咸中带甜,微辣,略微酸甜,爱用水果做菜是美式菜的独到之处。美式菜还讲究铁扒和色拉类菜肴的制作。常见的美式菜有华尔道夫色拉、橙味烤野鸭、苹果烤鸭、美式什锦扒、丁香火腿和华盛顿奶油汤等。受美式菜影响较大的有加拿大、日本和德国等国家。

4. 俄式菜

俄式菜偏咸、偏辣、偏酸、偏甜,口味重,较油腻,常用的调料有奶渣、奶皮、酸奶油、酸黄瓜、柠檬、白醋、辣椒、黄油、小茴香和香叶等。俄式高档宴会少不了鱼子酱,它分为红鱼子酱(大马哈鱼卵)和黑鱼子酱(鲟鱼卵)。黑鱼子酱比红鱼子酱更为名贵。

午餐一般由冷菜、汤、主菜、甜点、饮料等组成。晚餐在日常情况下要简单些,通常是一道冷菜和一道主菜,甚至只有一些蔬菜、水果、点心和红茶。

俄式名菜有很多,如黄油鸡卷、罗宋汤、俄式冷盘(见图1-2)、莫斯科蔬菜色拉、羊肉手抓饭等。受俄式菜影响较大的主要是东欧诸国及德国等。

图1-1 巴黎龙虾

图1-2 俄式冷盘

5. 意式菜

意式菜的特点是原汁原味、香醇味浓,烹调方法以红烩、红焖和炒居多。用米、面做菜是意大利餐饮的一大特色。面食中主要有各式各样的通心粉和实心粉,以及意大利馄饨等。意大利面做工精细,品种繁多,闻名于世。在制作时,有的加入番茄、菠菜、胡萝卜、鸡蛋等而呈现各种颜色,同时制成各种形状,如蝶形、螺丝形等,共同的特点是面条紧实而有劲,一般用肉酱、番茄酱佐食。另外,意大利比萨、意大利奶酪等品种繁多,质量上乘,风靡世界各地。意大利人爱吃牛肉、羊肉、鸡肉和鱼肉等,但不重视蔬菜。新鲜水果是每餐后必吃的辅助食品。

意大利传统名菜很多,如米兰猪排、意大利牛腱子饭、意大利通心粉、罗马魔鬼鸡、那不勒斯烤龙虾、佛罗伦萨烤牛排等。

(二)西式烹饪的常见烹调方法和主要特点

1. 西式烹饪的常见烹调方法

(1)铁扒。铁扒是一种以金属直接传热而使原料成熟的烹调方法。用于铁扒的原料大多为肉类,应切成不同厚度的片状或具有平面的形状,以便扒制成熟。

(2)烤。烤是一种利用辐射热能使原料变熟的烹调方法,一般分生烤和熟烤两种。用于烤制的原料很广,几乎所有的动物、植物原料都可以用这种方法烹制。

(3)焖。焖是一种将过油着色后的原料放置在焖锅内,加入沸水或汤,以及香料和其他调味品,先大火后小火进行加热,从而使原料变熟的烹调方法。焖制菜肴的特点是酥软香糯、口味醇厚。

(4)炸。炸是一种用多油、旺火或中小火使原料变熟的烹调方法。因为风味和原料取材不同,炸又可分为清炸、拖糊炸、面包炸等方法。其特点是外焦里嫩和香酥脆口。

(5)煎。煎是一种使用油量不多,运用多种火力使原料变熟的烹调方法。根据原料的需要,煎可分为单面煎和双面煎。

(6)炒。炒是一种将加工成丝、片、条、块、丁、粒的原料,以少油、旺火急速翻拌,使原料在短时间内变熟的烹调方法。

(7)烩。烩是一种将加工成片、丝、丁、块、粒等形状的原料,先过油着色或者氽水预制成半成品,再加入沙司,先旺火后小火,从而使原料变熟的烹调方法。

(8)煮。煮是一种将原料放入多量清水和汤汁中,用旺火烧开,以小火煮制,从而使原料变熟的烹调方法,一般有冷水投料和沸水投料两种方法。

(9)炭烧。炭烧是将原料加工及腌制后,置入炭火炉中,以明火辐射热能直接将原料烤熟的烹调方法。炭烧食物的特点是外皮脆焦,内部香嫩,色泽红褐,别具风味。

(10)氽。氽与煮十分相似,只是时间要短,即沸水下料,快速取出。氽制菜肴的特点是保持本色和鲜味,食物脆嫩爽口。

(11)焗。焗与烤类似,不同之处在于将加工切配、调好味的原料,加入沙司、蔬菜或较湿的原料,再进行烤制的烹调方法,其味更加鲜美。

2. 西式烹饪的主要特点

1)选料精细

西式菜肴大多不宜烧得太熟,所以要求原料新鲜;对牛肉、羊肉、猪肉的选料要求去骨、去皮和无脂肪的精肉,禽类去头去爪,一般不食用动物的内脏和无鳞鱼等。

2)口味香醇

西餐独特的调料、香料和酒的使用,使菜肴口味香醇。西餐调料和香料有胡椒、番茄酱、咖喱、芥末、肉桂、丁香、薄荷叶、小茴香、肉豆蔻、迷迭香、香草、蛇麻草和百里香等。另外,还常使用奶制品调味。

3）沙司单制

西式菜肴在形态上以大块为主，烹调时不易入味，所以大多要在菜肴成熟后拌以或浇上沙司，使其口味更富有特色。调味沙司与主料分开单独烹制，不同的菜肴配不同的沙司，食用时非常讲究。

4）方法独特

西餐的烹调方法有煎、烤、铁扒、焗、熏、蒸、烩、炒和炸等，以铁扒、烤和焗为特色。

5）注重老嫩

欧美人对牛肉、羊肉的老嫩程度很讲究，服务员在接受点菜时，必须问清客人的需求，厨师按客人要求烹制。烹制牛肉、羊肉一般有以下五种火候：

（1）一成熟（Rare，简写为 R）。表面焦黄，中间为红色生肉，装盘后血水渗出。

（2）三成熟（Medium Rare，简写为 M.R）。表面焦黄，外层呈粉红色，装盘不见血，但切开后断面有血流出。

（3）五成熟（Medium，简写为 M）。表面褐色，中间呈粉红色，切开不见血。

（4）七成熟（Medium Well，简写为 M.W）。表面深褐色，中间呈茶色，略见粉红色。

（5）全熟（Well Done，简写为 W.D）。表面焦煳，中间全部是茶色。

同步案例

两位客人在一只小方桌前坐下。服务员递上菜谱，客人开始点菜："先来冷盆。这道'家乡咸鸡'是什么鸡做的？是农民喂养的草鸡，还是饲养场买来的肉鸡？""不知道，我没吃过。"服务员老老实实地回答。

"'佛跳墙'是什么菜？怎么那么贵？"客人又指着菜谱问道。"好的东西都放在瓦罐里煲，很鲜的。"服务员总算比较含糊地回答了问题。"那海鲜'佛跳墙'与'迷你佛跳墙'有什么区别？"客人要有所选择。服务员吞吞吐吐地说不出话来了。

客人不悦地对服务员说："算了，算了，你讲不清楚，我们也怕花冤枉钱，那就点别的菜吧。"

以上的案例反映的正是菜肴知识缺乏而导致服务不到位。

同步思考

（1）点菜中介绍菜名、典故及营养特点的操作规范。

（2）观摩典型的中式、西式菜肴的烹制方法。

任务评价

本任务评价由小组互评和教师评价共同构成(见表1-4)。

表1-4 点菜服务评价表

评价内容	评价标准	分值	小组互评(40%)	教师评价(60%)	综合得分
报菜名	站立位置正确,面带微笑,声音清晰,吐字准确,使客人能听清楚菜肴的名称	20			
典故介绍	介绍典故时应注意语气,抑扬顿挫,激起客人的兴趣	40			
营养特点介绍	介绍营养特点要突出重点,使客人能快速了解该菜肴的特点	40			
合计得分					

评分标准(满分为100分):80—100分为优;70—79分为良;60—69分为中;60分以下为差。

 教学互动

(1)阅读餐饮专业书籍,查阅菜肴知识相关资料、网站,围绕菜肴知识做学习笔记。

(2)成立学习小组,每组6—8人,了解本地特色餐厅中较有代表性的菜肴并制作课件,在课堂上进行展示。每组选出组长,负责工作任务的实施。

任务四 饮品基础知识

 任务描述

通过本任务的学习,掌握不含酒精的饮料知识和含酒精的饮料知识,能为客人进行饮品知识的介绍和推荐。

一、不含酒精的饮料

饮品指经加工制成的可以供人饮用的液体,尤指用来解渴、提供营养或提神的液体。饮品一般分为不含酒精的饮料和含酒精的饮料。

不含酒精的饮料也可以称软饮料。在工业制造上,通常将其分为含碳酸饮料和不含碳酸饮料。在酒店中,其通常指咖啡、茶、可可、矿泉水、牛奶、果蔬汁、汽水等。

(一)咖啡

咖啡是一种营养较为丰富的饮料,既能提神解渴,又能助消化,所以深受消费者喜爱,特别是欧美客人,更将其作为日常生活中必不可少的一部分。

调制咖啡常用的方法是冲泡法和蒸馏法。冲泡法即将沸水冲浇在咖啡粉(用滤袋装好)上,浸泡两三分钟后滤入咖啡壶或咖啡杯中即可。蒸馏法主要是在咖啡机(Coffee Machine)内自动加工完成,成品应盛放在咖啡壶内并搁在咖啡保温炉(Coffee Warmer)上,随时斟倒。将咖啡调制好后再加上不同的配料,即可制出各种风味的咖啡饮料。最常见的咖啡是清咖啡(Black Coffee),在饮用时附上淡奶壶和糖缸,由人们自己选择是否加或加多少,也可在咖啡中加入泡沫奶油调制成意大利咖啡,还可制成爱尔兰咖啡(加入爱尔兰威士忌,是一种混合饮料)(见图 1-3)。

图 1-3 爱尔兰咖啡

(二)茶

茶既是一种解渴饮料,又能利尿排毒、帮助消化,所以是一种深受人们喜爱的饮料。

1. 茶叶种类

1)绿茶

绿茶是不发酵茶,经高温杀青(如炒、烘等)制成,冲泡后汤色和叶片均呈绿色。其名品有杭州西湖龙井(见图 1-4)、江苏碧螺春、安徽黄山毛峰等。绿茶较受我国江南一带人们的喜爱。

2)红茶

红茶是一种发酵茶,冲泡后汤色和叶底均呈棕红色。其名品有安徽祁门红茶、广东英德红茶、四川红茶、云南红茶等。红茶较受我国中老年人和欧美客人的喜爱。

3)乌龙茶

乌龙茶是一种半发酵茶,叶片中心呈绿色,边缘呈红色,兼有绿茶和红茶的特色。其名品有福建铁观音(见图 1-5)、武夷岩茶等。乌龙茶较受南方沿海地区人们的喜爱。

4)花茶

花茶又称香片,是在茶叶中加入鲜花特制而成的,既有茶香,又有花香。其名品有玉兰花茶、茉莉花茶等。花茶较受我国北方人的喜爱。

图 1-4 西湖龙井　　　　　　　　图 1-5 福建铁观音

5) 紧压茶

紧压茶是以各种成品茶为原料经蒸软后放入模具压制成砖状或饼状的块形茶,又被称为砖茶或饼茶。其名品有青砖茶、茯砖茶、米砖茶、普洱茶等。紧压茶较受我国内蒙古、新疆、西藏等地区人们的喜爱。

2. 泡茶方法

茶是一种有益健康的饮料,但饮用不当会有一定的副作用。一般来说,每杯茶放两克茶叶即为中等浓度,并且冲泡三次即可,因多泡会将茶叶中的有害成分浸泡出来。泡茶用的茶具以陶器为最佳,其次为瓷器,再次为玻璃器及其他器皿等。泡茶的水温以在 80 ℃左右时最为理想。若水温太高,会将茶叶"烫熟",头泡茶苦涩,二泡和三泡则无味;若水温过低,则会使茶叶浮而不沉、不香不醇。

(三) 其他软饮料

1. 果蔬汁

果蔬汁品种繁多,常见的有橙汁、柠檬汁、西柚汁、菠萝汁、西瓜汁、苹果汁和葡萄汁等,也有番茄汁、黄瓜汁、胡萝卜汁等。

果蔬汁通常可分为三类:一是现榨果蔬汁,即将新鲜果蔬放入榨汁机中现榨而成,一般保存时间较短,在冷藏条件下仅能保存 24 小时;二是瓶装果蔬汁,开瓶后即可饮用,但需冷藏,保存时间一般为 3—5 天(开瓶后);三是浓缩果蔬汁,加凉开水稀释后即可饮用,也需冷藏,开瓶后的浓缩果蔬汁的保存期为 10—15 天,稀释后的果蔬汁为 2 天左右。另外还有用果蔬粉冲泡制成的产品。

2. 矿泉水

矿泉水因水质纯净、无杂质污染、富含多种矿物质而深受人们的欢迎。

酒店中常见的矿泉水有法国的皮埃尔矿泉水(Perrier,又称巴黎水)、依云矿泉水(Evian)及中国的崂山矿泉水等。

3. 汽水

汽水是一种富含二氧化碳气体的饮料,品种繁多,一般可分为可乐型汽水、柠檬(或橙)味汽水及奎宁类汽水等。

可乐型汽水的名品主要有可口可乐和百事可乐;柠檬味汽水的名品有雪碧、七喜等,橙味汽水则有新奇士等;奎宁类汽水在酒吧较为常见,主要有汤力水等。

二、含酒精的饮料

市场上含酒精的饮料品种繁多,各种品牌琳琅满目。这里按照制造工艺进行简单分类即酿造酒、蒸馏酒和配制酒。

(一) 酿造酒

酿造酒,又称原液发酵酒,是以富含糖质、淀粉质的果类、谷类等为主要原料,添加酵母菌或催化剂,经糖化、发酵而产生的含酒精的饮料。酿造酒的酒精度一般不超过15%/vol,酒精度的高低主要由原料含糖量的多少决定。

1. 葡萄酒

典型的水果酿造酒主要是葡萄酒。葡萄酒(Wine)的特点是用新鲜的葡萄汁发酵制成。葡萄酒酒精度通常为 8%/vol—14%/vol。葡萄酒是欧美人日常饮用的一种低酒精度饮料,主要是用餐时与食物一起享用,因此也称为佐餐酒。葡萄酒深受各国人民的喜爱,究其原因,除其酒精度低、容易入口外,还因为它含有丰富的维生素,特别是维生素 B 和维生素 C,可以帮助消化,促进新陈代谢,使人的各种机能活力增强,对伤风感冒也有一定的预防和辅助治疗作用。世界上著名的葡萄酒生产国有法国、德国、意大利、西班牙、美国等国家。

葡萄酒的分类如表 1-5 所示。

表 1-5 葡萄酒的分类

分类标准	类 别	特 点
按颜色分类	红葡萄酒 (见图 1-6)	以紫红色葡萄为原料,连皮带籽一起发酵酿制而成。因酒液中溶有葡萄皮的色素,所以酒液呈红色,但陈酿时间越长,其颜色越浅。红葡萄酒贮存 4—10 年后,口味分为强烈、味浓和清淡,通常在室温下饮用(与肉食配饮)。法国波尔多地区生产的红葡萄酒优雅、甜润,被称为"葡萄酒之女王"
	白葡萄酒 (见图 1-6)	用青葡萄或紫葡萄去籽、去皮后压榨酿制而成。因葡萄皮不参与发酵过程,所以酒液中没有葡萄皮的色素而呈浅黄色,但陈酿时间越长,颜色越深。白葡萄酒贮存 2—5 年即可饮用,口味上可分甜型、半甜型、半干型、干型,需冷藏后饮用(与海鲜、贝类配饮),最佳饮用温度为 8—12 ℃。法国勃艮第出产的白葡萄酒,甘洌爽口,被誉为"葡萄酒之王"
	玫瑰红葡萄酒	在酿制中采取一些特殊的方法,有的采用将紫葡萄榨汁连皮一起发酵并在发酵中除去葡萄皮的方法;有的采用将紫、青葡萄混合在一起榨汁发酵的方法;有的采用在酿制白葡萄酒中浸入紫葡萄皮的方法,所以酒液呈玫瑰红色。玫瑰红葡萄酒贮存 2—3 年即可饮用,口感较为柔和,也需要低温饮用(可与任何种类的菜肴配饮),最佳饮用温度为 12—14 ℃

续表

分类标准	类别	特点
按含糖量的 不同分类	干型葡萄酒	含糖量在0.5%以下,饮用时尝不出甜味
	半干型葡萄酒	含糖量在0.5%—1.2%,饮用时可尝出微弱的甜味
	半甜型葡萄酒	含糖量在1.2%—5%,饮用时可尝出明显的甜味
	甜型葡萄酒	含糖量在5%以上,饮用时可尝出浓厚的甜味
按含气 (二氧化碳) 状态分类	静止葡萄酒	是指不含二氧化碳气体的葡萄酒,如各种红葡萄酒、白葡萄酒、玫瑰红葡萄酒
	起泡葡萄酒	是指酒液在装瓶后进行二次发酵,发酵过程中产生的二氧化碳气体自然地聚集在瓶内,使酒液带有气泡的葡萄酒。香槟(Champagne)(见图1-6)是起泡葡萄酒的典型代表

图1-6　香槟、白葡萄酒、红葡萄酒

2. 其他水果酿造酒

广义地说,任何水果榨汁经发酵制成的酒都可称为水果酿造酒,唯独葡萄汁发酵制成的酒称为葡萄酒。国际上流行的其他水果发酵酒有苹果酒和梨子酒。其他水果发酵酒制法与葡萄酒类似,酒精度在2%/vol—8%/vol,有些品种的酒精度会高一些。这些酒的甜味和水果味都很浓烈。

3. 谷物酿造酒

谷物酿造酒的原料主要是谷物类。谷物酿造酒的制作原理是将谷物中含的淀粉水解生成麦芽糖,麦芽糖加入酵母后发酵便可产生酒精和碳化物。谷物与葡萄等水果不同,制作发酵时需要加入酵母发酵才能制成酒。典型的谷物酿造酒有啤酒、黄酒和日本清酒。

1)啤酒

啤酒(Beer)是以大麦为原料、啤酒花为香料经发酵酿制而成的一种含有大量二氧化碳气体的低度酒。啤酒具有显著的麦芽和啤酒花清香,口味纯正、爽口,深受人们喜爱。啤酒中的营养物质很丰富,容易被人体吸收,所以被称为"液体面包"。

(1)啤酒的分类。

啤酒的主要分类如表1-6所示。

表 1-6 啤酒的主要分类

分类标准	类别	特点
按有无杀菌（酵母菌）分类	生啤酒	又称鲜啤酒或扎啤，酿成的啤酒不经加热杀菌处理而直接入桶密封，口味较鲜美，但稳定性较差，极易变质，保存期为3—7天。在饮用生啤酒时，需经生啤机加工
	熟啤酒	酿成的啤酒经过加热杀菌处理后装瓶，稳定性好，但口味及营养不如生啤酒，保存期一般为2—6月
按颜色分类	黄啤酒	是啤酒中的主要品种，呈浅黄色，酒精度为3%/vol—5%/vol，麦芽汁浓度为10 °P—12 °P
	黑啤酒	是以烘烤得较焦的麦芽为原料经发酵后酿成的啤酒，呈咖啡色或棕黑色，酒精度为5%/vol—8%/vol，麦芽汁浓度为14 °P—18 °P

除此之外，还可按消费对象分类，分为普通型啤酒、无酒精（或低酒精度）啤酒、无糖或低糖啤酒、酸啤酒等。无酒精或低酒精度啤酒适合不会饮酒的人饮用，无糖或低糖啤酒适合糖尿病患者饮用。

(2) 中外啤酒简介。

①中国啤酒。中国啤酒的产量和质量均居世界前列，著名品种有青岛啤酒（见图1-7)、燕京啤酒、珠江啤酒、西湖啤酒、生力啤酒等。

②外国啤酒。外国啤酒的著名品种有荷兰的喜力啤酒（见图1-8)，德国的卢云堡啤酒、贝克啤酒，丹麦的嘉士伯啤酒、图波啤酒，爱尔兰的健力士啤酒，美国的百威啤酒，日本的麒麟啤酒、札幌啤酒，新加坡的虎牌啤酒等。

图 1-7 青岛啤酒

图 1-8 喜力啤酒

2) 黄酒

(1) 浙江绍兴加饭酒。

加饭酒是绍兴黄酒中具有独特风味的一个品种。它以上等糯米为原料，加入酒曲后用摊饭法发酵酿制而成。加饭酒需在缸或坛中密封陈酿，陈酿期越长，酒质越好。加饭酒酒味浓醇，甘甜可口，营养丰富，酒精度为16.5/vol，含糖量为2%，有古越龙山、会稽山（见图1-9）等品牌。

(2)福建龙岩沉缸酒。

沉缸酒产于福建省龙岩市,以糯米为原料,加入酒曲后发酵酿制而成。福建龙岩沉缸酒也需陈酿(一般为两年以上),香气浓郁,口味醇厚,余味绵长,酒精度为15%/vol,含糖量为20%。

黄酒加温后饮用,可根据个人喜好,配话梅、姜丝、鲜鸡蛋或橙皮,口味尤佳。

3)日本清酒

日本清酒借鉴了中国黄酒的酿造法,但有别于中国的黄酒。日本清酒酒体协调,口感甘甜、醇和、味道清香、淡雅,饮后整体感觉良好。例如,"松竹梅"清酒质量标准是酒精度18%/vol、含糖量3.5%、酸度0.03%以下(见图1-10)。

图1-9 会稽山加饭酒　　　　　图1-10 日本清酒松竹梅

日本清酒的制作工艺十分考究,精选的大米要经过磨皮使大米精白,浸渍时吸收水分快,而且容易蒸熟;发酵时又分成前、后发酵两个阶段;杀菌处理在装瓶前后各进行一次,以确保酒的保质期。

日本清酒加温后饮用,口味尤佳。

(二)蒸馏酒

蒸馏酒是经过发酵的酿酒原料,再经过一次或多次的蒸馏过程提取的高酒精度酒液。通常其酒精度达40%/vol以上。

蒸馏酒因其酒精度高、杂质含量少而可以在常温下长期保存,一般可放5—10年,即使开瓶饮用后,也可以存放一年以上的时间而不变质。所以在酒吧中,蒸馏酒可以散卖、调酒,甚至经常开盖而不必考虑其是否很快变质。

1. 中国蒸馏酒

中国的蒸馏酒又称白酒或烈酒。

1)白酒的香型

白酒因原料和生产工艺的不同而形成了众多香型,主要有以下五种。

(1)清香型。特点是清香纯正、醇甘柔和、诸味协调、余味清爽,如山西汾酒。

(2)浓香型。特点是芳香浓郁、甘绵适口、诸味协调、回味悠长,如四川泸州老窖特曲。

(3)酱香型。特点是香气幽雅、酒味醇厚、柔和绵长、杯空留香,如贵州茅台酒。

(4)米香型。特点是蜜香轻柔、幽雅纯净、入口绵甜、回味怡畅,如广西桂林三花酒。

(5) 兼香型。特点是一酒多香,即兼有两种以上主体香型,故又被称为混香型或复香型,如贵州董酒。

2) 中国八大白酒简介

(1) 茅台酒。

茅台酒(见图1-11)产于贵州省仁怀市茅台镇,是以高粱为主要原料的酱香型白酒,酒精度有53%/vol、43%/vol、33%/vol。茅台酒素以色清透明、醇香馥郁、入口柔和、甘洌清爽、回香持久等特点而名闻天下,是中国酱香型白酒的典范,被称为中国的"国酒"。

(2) 汾酒。

汾酒产于山西汾阳市杏花村,是以高粱为主要原料的清香型白酒,酒精度有60%/vol、54%/vol、38%/vol。

(3) 五粮液。

五粮液(见图1-12)产于四川省宜宾市,是以高粱、糯米、大米、玉米和小麦为原料的浓香型白酒,酒精度有60%/vol、52%/vol、39%/vol。

图1-11 贵州茅台酒

图1-12 五粮液

(4) 剑南春。

剑南春产于四川省绵竹市,是以高粱、大米、糯米、玉米、小麦为原料的浓香型白酒,酒精度有60%/vol、52%/vol、39%/vol。

(5) 古井贡酒。

古井贡酒产于安徽省亳州市,是以高粱为主要原料的浓香型白酒,酒精度有60%/vol等多种。

(6) 洋河大曲。

洋河大曲产于江苏省泗阳县洋河镇,是以高粱为主要原料的浓香型白酒,酒精度有60%/vol、55%/vol、38%/vol等多种。

(7) 董酒。

董酒产于贵州省遵义市,是以高粱为主要原料的兼香型白酒,酒精度有58%/vol等多种。

(8) 泸州老窖特曲。

泸州老窖特曲产于四川省泸州市,是以高粱为主要原料的浓香型白酒,酒精度有

60%/vol等多种。

2. 外国蒸馏酒

外国蒸馏酒主要有白兰地、威士忌、伏特加、朗姆酒、金酒、特基拉等（见图1-13）。

图1-13　外国蒸馏酒一览图

1）白兰地

白兰地（Brandy）是以葡萄或其他水果为原料经发酵、蒸馏而得的酒。以葡萄为原料制成的白兰地可仅称为白兰地，而以其他水果为原料制成的白兰地必须标明水果名称，如苹果白兰地（Apple Brandy）、樱桃白兰地（Cherry Brandy）等。新蒸馏出来的白兰地须盛放在橡木桶内使之成熟，并应经过较长时间的陈酿（如法国政府规定至少18个月）才会变得芳香馥郁、味道醇厚，并产生诱人的色泽。白兰地的储存时间越长，酒的品质越佳。白兰地的酒精度为43%/vol。

（1）干邑白兰地。

法国是世界上首屈一指的白兰地生产国。在法国白兰地产品中，以干邑最为著名。干邑，又称科涅克，产于法国南部科涅克地区的一个法定区域内。法国政府规定，只有在这个区域内生产的白兰地才可称为干邑（Cognac），其他地区的产品只能称白兰地，而不能称干邑。

干邑白兰地通常以一些英文字母来表示其品质，如E代表Especial（特别的）、F代表Fine（好）、V代表Very（很好）、O代表Old（老的）、S代表Superior（上好的）、P代表Pale（淡色的）、X代表Extra（格外的）。

另外，白兰地在装瓶出售时，其瓶身或标签上常用以下几种等级符号来表示酒的贮藏年份：＊表示3年；＊＊表示4年；＊＊＊表示5年；V.O.表示10—12年；V.S.表示12—20年；V.S.O.P.表示20—30年；Napoleon表示40年以上；X.O.表示50年以上；X.表示70年以上。

（2）雅文邑白兰地。

雅文邑（Armagnac）白兰地是仅次于干邑的法国著名白兰地。

白兰地主要用作餐后酒，饮用时一般不掺任何其他饮料。

2）威士忌

威士忌（Whisky）是以谷物为原料经发酵、蒸馏而得的酒。世界各地都有威士忌生产，以苏格兰威士忌最负盛名。按惯例，苏格兰、加拿大两地的威士忌书写为Whisky，其他国家和地区的威士忌书写为Whiskey，但在美国，两者可通用。威士忌的酒精度为

40%/vol左右。

（1）苏格兰威士忌。

苏格兰威士忌（Scotch Whisky）以当地出产的大麦为原料，并以当地出产的泥煤（Peat）作为烘烤麦芽的燃料，精制而成。新蒸馏出来的威士忌至少在酒桶内陈酿4年，在装瓶销售前还必须进行掺和调制。苏格兰威士忌的名品有约翰尼·沃克（Johnnie Walker,有红方（Red Label）和黑方（Black Label）两种）、皇家芝华士（Chivas Regal）、白马（White Horse）、金铃（Bells）等。

（2）爱尔兰威士忌。

爱尔兰威士忌（Irish Whiskey）以大麦、小麦、燕麦、黑麦为主要原料（其中大麦占80%），经发酵、蒸馏（3次）后入桶陈酿而成。陈酿期至少4年，通常为8—15年。爱尔兰威士忌是制作爱尔兰咖啡的基酒。

（3）加拿大威士忌。

加拿大威士忌（Canadian Whisky）以玉米和黑麦等为主要原料，经发酵、蒸馏后入桶陈酿而成，陈酿期一般为4—10年。

（4）美国威士忌。

美国威士忌以玉米、大麦为主要原料（其中玉米占51%—75%），经发酵、蒸馏后入桶陈酿而成。陈酿期为2—4年，最长不超过8年。美国威士忌以肯塔基州波本地区的产品较为著名。

威士忌可纯饮，也可加冰块饮用，多用于调制鸡尾酒和混合饮料。

3）伏特加

伏特加（Vodka）是以土豆、玉米、小麦等为原料，经发酵、蒸馏后精制而成的酒。伏特加无须陈酿，酒精度为40%/vol左右。伏特加是俄罗斯和北欧国家十分流行的烈性饮料，"伏特"是俄语"水"的意思，"伏特加"是俄罗斯人对水的昵称。

（1）纯净伏特加。

纯净伏特加（Straight Vodka）是指将蒸馏后的原酒注入活性炭过滤槽内过滤掉杂质而得的酒，一般无色、无味，只有一股火一般的刺激感。其名品有皇冠伏特加（Smirnoff）、红牌伏特加（Stolichnaya）、绿牌伏特加（Mosrovskaya）等。

（2）芳香伏特加。

芳香伏特加（Flavored Vodka）是指在伏特加酒液中放入药材、香料等浸制而成的酒，因此带有一定色泽，既有酒香，又带有药材、香料的香味。其名品有蓝野牛（Blauer Bison）、珀特索伏卡（Pertsovka）等。

伏特加既可纯饮，也广泛用于鸡尾酒的调制。

4）朗姆酒

朗姆酒（Rum）是以蔗糖汁或蔗糖浆为原料经发酵和蒸馏加工而成的酒，有时也用糖渣或其他蔗糖副产品作原料。新蒸馏出来的朗姆酒必须放入橡木桶陈酿1年以上，酒精度为45%/vol左右。朗姆酒按其色泽可分为三类。

（1）银朗姆。

银朗姆（Silver Rum）又称白朗姆，是指蒸馏后的酒需经活性炭过滤后入桶陈酿1年以上，酒味较干，香味不浓。

(2) 金朗姆。

金朗姆(Gold Rum)又称琥珀朗姆,是指蒸馏后的酒需存入内侧灼焦的旧橡木桶中至少陈酿3年,酒色较深,酒味略甜,香味较浓。

(3) 黑朗姆。

黑朗姆(Dark Rum)又称红朗姆,是指在生产过程中需加入一定的香料汁液或焦糖调色剂的朗姆酒,酒色较浓(深褐色或棕红色),酒味香醇。

朗姆酒的名品主要有百加地(Bacardi)、摩根船长(Captain Morgan)、美雅士(Myers's)等。

朗姆酒既可纯饮,也可加冰块饮用,还广泛用于调制鸡尾酒或混合饮料。

5) 金酒

金酒(Gin)又称琴酒、毡酒或杜松子酒,是以玉米、麦芽等谷物为原料经发酵、蒸馏后,加入杜松子和其他一些芳香原料再次蒸馏而得的酒。金酒无须陈酿,酒精度为40%/vol—52%/vol。

(1) 荷兰金酒。

荷兰金酒(Dutch Gin)是以麦芽、玉米、黑麦等为原料(配料比例基本相等)经发酵、蒸馏后,在蒸馏液中加入杜松子及其他一些芳香原料再次蒸馏而成的酒。荷兰金酒具有芳香浓郁的特点,并带有明显的麦芽香味。名品有波尔斯(Bols)、波马(Bokma)、汉斯(Henkes)等。

荷兰金酒只适宜作净饮,不宜与其他酒类饮料混合调制鸡尾酒。

(2) 干金酒。

干金酒(Dry Gin)是以玉米、麦芽、裸麦等为原料(其中玉米占75%)经发酵、蒸馏后,加入杜松子及其他香料(以杜松子为主,其他香料用量较少)再次蒸馏而成的酒。主要产地是英国,名品有哥顿(Gordon's)、将军(Beefeater)、得其利(Tanqueray)、老汤姆(Old Tom)等。

干金酒既可纯饮,也广泛用于调制鸡尾酒。

6) 特基拉

特基拉为墨西哥的一个小镇,因产酒而闻名。特基拉(Tequila)是以一种被称作龙舌兰(Agave)的热带仙人掌类植物的汁浆为原料,经发酵、蒸馏而得的酒,故又被称为龙舌兰酒。新蒸馏出来的特基拉需放在木桶内陈酿,也可直接装瓶出售,酒精度为52%/vol—53%/vol。名品有凯尔弗(Cuervo)、欧雷(Ole)、玛丽亚西(Mariachi)等。

特基拉酒可纯饮或加冰块饮用,也可用于调制鸡尾酒。在纯饮时常用柠檬角蘸盐伴饮,以充分体验特基拉的独特风味。

(三) 配制酒

配制酒(见图1-14)是酒与酒之间勾兑或者酒与药材、香料和植物等浸泡而成的酒。

外国配制酒和中国配制酒一样,最早源于药用目的。外国配制酒色泽艳丽多彩,味道香醇,口味多种多样,具有一定的药用和保健功能,是一种餐前、餐后的良好饮品。配制酒是配制鸡尾酒不可缺少的一大酒类,是当今世界种类较多的酒精饮料之一。著名酒品集中在欧洲主要产酒国,是世界配制酒市场的主导产品。

配制酒分为开胃酒、甜食酒和餐后甜酒。

1. 中国配制酒

1）山西竹叶青

中国配制酒以山西竹叶青最为著名。竹叶青酒产于山西省汾阳市杏花村汾酒厂，以汾酒为原料，加入竹叶、当归、檀香等芳香中药材和适量的白糖、冰糖后浸制而成。该酒色泽金黄、略带青碧，酒味微甜清香，酒性温和，适量饮用有较好的滋补作用；酒精度为45%/vol，含糖量为10%。

图1-14　配制酒一览图

2）其他配制酒

其他配制酒种类很多，如在成品酒中加入中药材制成的五加皮，加入名贵药材的人参酒，加入水果的杨梅酒、荔枝酒等。

2. 外国配制酒

1）开胃酒

开胃酒（Aperitif）主要在餐前饮用，目的是刺激食欲，通常以葡萄酒或蒸馏酒为基酒，加上调制材料制成。其主要品种如下。

（1）味美思。

味美思（Vermouth）又称苦艾酒，有强烈的草本植物味道，通常是以白葡萄酒，特别是中性干白葡萄酒为基酒，调配各种香料，用浸泡、浸渍或蒸馏的方法从香料中提取香味而酿造成的酒。其名品有诺利·普拉（Noilly Prat）、马蒂尼（Martini）、仙山露（Cinzano）等。

（2）比特酒。

比特酒（Bitters）又称苦酒或必打士，是在葡萄酒或蒸馏酒中加入树皮、草根、香料及药材浸制而成的酒精饮料。该酒酒味苦涩，酒精度在16%/vol—40%/vol。名品有金巴利（Campari）、杜本内（Dubonnet）等。

（3）茴香酒。

茴香酒（Anisette）是以茴香为主要香料，再加上少量的其他配料如白芷根、柠檬皮等在蒸馏酒中浸制而成的一种酒精饮料，酒精度为25%/vol—30%/vol。名品有潘诺（Pernod）、里卡德（Ricard）等。

2）甜食酒

甜食酒（Dessert Wine）又称餐后甜酒，是指西餐中专门佐食甜点的强化葡萄酒，通常以葡萄酒作为基酒，加入食用酒精或白兰地以增加酒精含量，口味较甜。

（1）雪莉酒。

雪莉酒（Sherry）产于西班牙，是一种强化葡萄酒，喝前一般需要冰镇。名品有潘马丁（Pemartin）、布里斯托（Bristol）等。

（2）波特酒。

波特酒（Port）产于葡萄牙，一般为红色强化甜型葡萄酒，也有少量干白波特酒。只有葡萄牙杜罗河流域生产的强化葡萄酒才能称为波特酒。波特酒既可纯饮，也可佐餐。

名品有泰勒（Taylor's）、圣地门（Sandeman）等。

（3）利口酒。

利口酒（Liqueur）又称利乔酒或香甜酒，是在蒸馏酒或食用酒精中加入芳香原料配制而成的酒。利口酒色泽娇艳、气味芳香，有较好的助消化作用，主要用作餐后酒或调制鸡尾酒。

利口酒从加入的芳香原料的类型可分为水果（果实）类利口酒和植物（药草）类利口酒。利口酒的酒精度一般为 17％/vol—55％/vol。名品有本尼狄克丁（Bénédictine）、谢托利斯（Chartreuse）、乔利梳（Curacao）、金万利（Grand Marnier）、君度（Cointreau）、薄荷酒（Crème de Menthe）。

（四）鸡尾酒

鸡尾酒是一种以蒸馏酒为基酒，再配以果汁、汽水、利口酒等辅料调制而成的饮品，是一种色、香、味、形俱佳的艺术酒品。一款色、香、味俱佳的鸡尾酒常是由基酒、辅料、配料和装饰物三部分构成。

1. 基酒

基酒又称酒基或酒底，主要以烈性酒为主，如金酒、威士忌、朗姆酒、伏特加、白兰地和特基拉等蒸馏酒，也有少量鸡尾酒是以葡萄酒或利口酒为基酒的。基酒决定了一款鸡尾酒的主要风味，所以其含量不应少于一杯鸡尾酒总容量的三分之一。

中式鸡尾酒一般以茅台酒、汾酒、五粮液、竹叶青酒等高度酒作为基酒。

2. 辅料

辅料又称调和料，是指用于冲淡、调和基酒的原料。辅料与基酒混合后就能体现一款鸡尾酒的特色。常用的辅料主要是各类果汁、汽水，以及开胃酒、利口酒等。

3. 配料和装饰物

配料是指一些用量较少但能体现鸡尾酒特色的材料。常用的配料有盐、胡椒粉、糖粉或糖浆、淡奶、奶油、肉桂粉、豆蔻粉、鸡蛋、洋葱等。

装饰物主要起点缀、增色作用。常用的装饰物有樱桃、橄榄、柠檬、橙子、菠萝、西芹等。装饰物的颜色和口味应与鸡尾酒酒液保持和谐一致，从而使其外观色彩缤纷，给人带来赏心悦目的艺术感受。

 同步案例

2021年9月，万先生与朋友在一家知名品牌餐饮店内就餐，点餐之时，服务人员询问他们是否需要酒水饮料，由于他们对红酒不太了解，希望服务人员能做相应介绍，服务人员简单介绍后，万先生点了一瓶红酒。

同步思考

(1) 根据季节的变化,向客人推荐合适的酒水。
(2) 根据客人的需求,详细介绍并推销酒水。

 任务评价

本任务评价由小组互评和教师评价共同构成(见表1-7)。

表1-7 酒水服务评价表

评价内容	评价标准	分值	小组互评(40%)	教师评价(60%)	综合得分
推荐酒水	站立位置正确,面带微笑,发音清晰,吐字准确,使客人能听清楚推荐酒水的名称	20			
酒水知识介绍	介绍酒水知识时应注意语气,抑扬顿挫,激起客人的兴趣	40			
酒水特点介绍	介绍酒水特点要突出重点,使客人能快速了解所点酒水的特点	40			
合计得分					

评分标准(满分为100分):80—100分为优;70—79分为良;60—69分为中;60分以下为差。

 知识活页

常见鸡尾酒的调制

1. 特基拉日出(Tequila Sunrise)

基酒:特基拉。

辅料:石榴糖浆,橙汁适量。

制法:用调和法,将特基拉和橙汁倒入杯中调和,然后用酒吧勺将石榴糖浆沿着杯壁慢慢倒入,使石榴糖浆沉入杯底。

2. 干马天尼（Dry Martini）

基酒：金酒。

辅料：干味美思。

制法：用摇和法，加入基酒和辅料，加冰块，用摇酒壶摇和后滤入鸡尾酒杯，用青橄榄和柠檬皮装饰。

3. 金汤力（Gin Tonic）

基酒：金酒。

辅料：汤力水适量。

制法：用搅合法，将金酒倒入杯中，在杯中加入冰块，用汤力水注满，最后在杯中加入柠檬片进行装饰。

4. 彩虹鸡尾酒（Rainbow Cocktail）

基酒：红石榴汁，绿薄荷酒，白薄荷酒，蓝库拉索酒，嘉连露酒。

制法：用兑和法，以酒吧勺紧靠杯壁内，将上述原料按顺序徐徐沿酒吧勺倒入杯内，切勿搅拌。

（资料来源：根据相关资料整理。）

项目小结

餐饮业源远流长、规模巨大。餐饮不仅满足客人对餐饮产品和服务的需求，而且还是客人了解酒店品牌形象的窗口。世界及中国饮食发展的历史悠久，从产生、发展到繁荣，经历了漫长的过程。随着餐饮业的不断发展、人们生活及餐饮需求的日益变化，餐饮也在变化中求发展，业态呈现全新格局，朝着多元化的方向发展。

餐饮产品可以划分为核心产品、实际产品、延伸产品，包括多方面要素。中西方菜肴的特点与主要烹调手段、酒水相关知识是餐饮工作者必须了解的。根据目前我国餐饮业的现状，可将餐饮企业分为传统经营型、自助式经营型与现代创新经营型三大类型。与此同时，餐饮产品的生产、销售、服务与其他商品相比存在一定的区别，有着自身的特点。掌握以上专业知识和基本服务技能，对学生将来的实际工作大有裨益。

关键术语

餐饮服务、中式菜肴、西式菜肴、酒水服务、饮品服务

项目训练

知识训练：

一、填空题

1. 餐饮三要素是_____、_____、_____。
2. _____是用旺火和短时间烹炒的烹调方法。
3. 西餐的烹调方法有煎、烤、铁扒、焗、焖、煮、烩、炒和炸等,以_____、_____、_____较具特色。
4. 影响葡萄酒质量的因素有四个,分别为_____、_____、_____、_____。
5. _____白酒特点是芳香浓郁、甘绵适口、香味协调、回味悠长,如_____。

二、选择题

1. 传统餐饮业中,酒楼饭店出现"四司六局"的职能分工是在(　　)。
   A. 夏末至商周时期　　　　　　　B. 春秋战国时期
   C. 魏晋南北朝时期　　　　　　　D. 宋辽金时期
2. 下面描述中不符合魏晋南北朝至隋唐五代时期饮食市场特点的是(　　)。
   A. 出现了冰制食品与"冷饮"
   B. 出现了"夜市",重视饮食服务
   C. 规模大,品种多
   D. 饮食市场突破传统的"坊""市"界限,酒楼、饭店可随处开设
3. 餐饮企业的分类方法有很多,根据服务方式的不同,可分为(　　)。
   A. 餐桌服务型餐厅　　　　　　　B. 自助式餐厅
   C. 快餐厅　　　　　　　　　　　D. 西餐厅
   E. 中餐厅

能力训练：

1. 谈谈你对餐饮业发展趋势的看法。
2. 简述餐饮企业管理的主要任务。
3. 简述中国八大菜系和主要特点。
4. 简述餐饮服务中常见的酒水。

◆ 本课程阅读推荐

1. 孙宝国《国酒》,化学工业出版社,2019年版。
2. 邢颖、黎素梅、于干千《餐饮产业蓝皮书：中国餐饮产业发展报告(2020)》,社会科学文献出版社,2020年版。

项目二
餐饮需求分析与产品设计

 项目描述

餐饮产品设计的基础是餐饮市场需求,餐饮市场需求分析是餐饮投资可行性研究和餐饮企业运行管理的重要环节。餐饮产品设计即通过餐饮市场调研,了解市场需求,确定目标市场,围绕目标市场的需求定位设计餐饮产品。餐饮产品设计内涵包括餐厅主题确定、菜单筹划与设计、厨房布局与设计和餐厅营业场所布局与设计等。

 项目目标

知识目标
1. 了解餐饮投资可行性分析的重要性和市场调研的方法。
2. 了解市场需求和确定目标市场的方法。
3. 了解菜单的作用与筹划设计原则与方法。
4. 了解餐饮企业厨房、餐厅营业场所布局设计与气氛营造的基本原则与方法。

技能目标
1. 能设计餐厅布局图。
2. 能设计菜单。
3. 能设计厨房布局图。

思政目标
1. 培养学生创新创业思维。
2. 培养学生成本和利润意识。
3. 培养学生绿色环保意识。
4. 培养学生团队合作意识。

项目二　餐饮需求分析与产品设计

思维导图

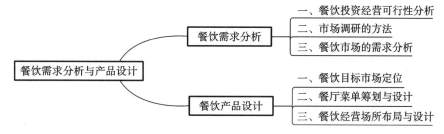

学习重点

1. 餐饮投资可行性分析的内容。
2. 餐饮市场需求分析，确定餐饮目标市场。
3. 菜单的筹划与设计。
4. 厨房布局与设计。
5. 餐厅营业场所的布局与设计。

项目引入

　　1987年11月12日，中国的第一家肯德基在北京前门正式开业。开业前其在《北京晚报》刊登了广告，开业当天选择体现中国文化的锣鼓队和秧歌表演吸引了所有人的目光，等候用餐的人排队2小时才能进餐厅。开业菜单有7.3元/份套餐：2块吮指原味鸡+鸡汁土豆泥+菜丝沙拉+小餐包。第一天其营业额达30万元，第一家店开业取得了巨大成功。但很少有人知道肯德基第一家店开业前开展了大量的投资可行性分析工作，甚至在天津试水开设快餐店，出售炸鸡类西式快餐食品，调研中国顾客的接受程度。第一家店的候选地址有上海、广州、天津和北京4个城市，上海是中国人口较多的大都市，是经济文化中心；广州是靠近香港的沿海城市，易接纳新鲜事物，有成熟的家禽养殖基地；天津是北京的门户，也是西式快餐试水成功的城市。肯德基权衡多方利弊最终选址北京开设第一家分店，是因为北京是中国的政治、文化中心，使馆人员最多，影响力较大。

　　据统计，社会餐饮企业平均寿命只有6个月，主要原因是很多投资者投资前不做可行性分析，投资超出预算、市场定位模糊、产品设计有缺陷、没有特色和销售预测不准等，后期经营管理不善也是原因之一。

任务一 餐饮需求分析

任务描述

了解餐饮可行性分析的必要性和应遵循的原则,了解投资可行性分析的主要内容,了解餐饮投资效益分析的内容,熟悉餐饮企业盈亏平衡点分析和目标利润分析的方法,培养成本与利润意识,了解投资可行性分析的重要内容和餐饮市场调研的方法,掌握餐饮市场需求。

一、餐饮投资经营可行性分析

(一)餐饮投资经营可行性分析的必要性和应遵循的原则

餐饮企业经营的成功与否取决于许多相互关联的因素,如地理位置、目标市场的需求、产品的价格和特点、竞争形势、企业的资金状况等,缺少任何一个因素都可能会导致餐厅经营失败。餐饮投资经营可行性分析可以为投资决策者提供真实有效的分析,帮助决策者避免投资的盲目性,明确投资方向、经营策略和经营目标,是投资决策的依据和基础。为了可行性分析数据的准确以及为投资者提供决策帮助,必须遵循以下原则。

1. 求实性

可行性分析研究,没有一成不变的模式,需要根据项目要求实事求是地开展工作,认真进行市场调研,充分掌握第一手资料,了解市场真实需求、项目规模、资金预算、地理位置、当地人可用性和政府相关政策等情况,并进行客观分析和论证。

2. 指导性

可行性分析研究的结果,应以精确可靠的数据和客观事实来说明问题,以供投资者参考。

(二)餐饮投资经营可行性分析的主要内容

1. 餐饮市场调研

餐饮市场调研是采用科学的方法和适当的手段,有目的、有计划地收集、整理、分析和报告有关餐饮市场信息,以帮助投资者或餐厅经营者准确了解市场机遇,发现存在的问题,正确确定目标市场,制定、实施投资方案和餐厅的营销策略等。调研内容主要有市场环境、市场需求、餐饮产品、市场竞争和营销活动五个方面。

2. 餐厅选址

餐厅的地理位置对餐饮经营有很大的影响,恰当地选址等于成功了一半,餐厅选址除要考虑区域内的人流、过往车辆和市场需求外,还要考虑区域的规划、经济、竞争状况、地貌、规模、餐厅可见度、地价、租金、能源供应、交通状况、社区服务和人员来源及可用性等。

3. 餐厅筹建费用估算

根据市场调研所得信息,经可行性分析初步决定投资后,在经营目标确定的基础上,根据所需选址设施类型、经营规模、服务形式及价格范围等,对土地和建筑物费用、家具设备费用、业务用品费用和营运费用进行全面估算。

4. 业务分析

根据经营策略和经营目标,对各项工作和标准进行分析,设置餐厅组织架构,规范服务程序,进行人员配置,并对人力资源成本进行估算。

5. 投资效益分析

餐饮投资效益分析是对市场进行调研,客观、准确和全面地收集、整理各种真实数据,对投资项目进行财务预测,即预测项目投入运营后数年内的营业收入和各项成本费用开支,正确计算出反映经济效益的评价指标,并利用这些指标做准确、合理的分析结论,从而帮助投资者判断投资项目能否实现预期的投资效益。

6. 营业收入预测

营业收入预测有一定难度,有一定经营历史的餐饮企业可以利用历史财务资料作为参考,而处于可行性分析阶段的餐饮投资项目,则必须先进行市场调研获取客观、全面、准确的相关资料和数据,并参考类型相同、规模相似的餐饮企业营业收入的平均值,经综合分析后进行预测。

7. 成本费用预测

餐饮投资项目进入运营阶段后,取得的营业收入中很大部分都将被各项成本费用开支抵销,成本开支通常有以下几类:

(1)营业成本,指加工、制作餐饮产品而发生的原料耗费,包括主料、配料和调料的耗费。这些原料消耗随着业务量的变化而变化,故为变动成本。

(2)营业费用,指为了获得营业收入而在餐饮企业内部发生的除营业成本外的各项开支,包括人员工资和福利开支、各种物料消耗、低值易耗品的摊销、固定资产折旧、各项维修费用、水电费开支、燃料费、洗涤费、广告费和保险费等。这些费用大部分相对固定,故为固定成本或半变动成本。

(3)税金,即餐饮企业依法交纳的各项税金,如增值税、城市维护建设税、教育费附加、发放工资代扣代缴个人所得税和企业所得税等。税金随着营业额变动而变动,则归为变动成本。

(4)其他费用,即非独立经营的餐厅所分摊的管理费用。此项费用相对固定,则归为固定成本。

因为上述各类成本费用又分为固定成本、变动成本和半变动成本,各成本开支水平直接影响着餐饮企业的盈利水平,所以在进行餐饮投资项目效益分析时,应同时尽可能准确地预测营业成本费用。

1) 盈亏平衡点分析

盈亏平衡点又称为保本点,指餐饮企业在正常经营中处于不亏不盈时的业务量。

无论是正在营业中的餐饮企业还是正处于投资可行性分析阶段的餐饮投资项目，保本点均是一个重要的经营指标，它应是餐饮企业经营的最低业务量。当实际业务量高于保本点时，企业将获取一定的利润；而当实际业务量低于保本点时，企业将亏损无疑。

达到保本点时，餐饮企业的年营业收入应如下：

$$餐厅的年营业收入＝餐厅固定成本总额＋餐厅年变动成本总额$$

而在餐饮经营过程中，变动成本始终与营业收入保持一定比例关系，即变动成本率既定，所以达到保本点时：

$$餐厅的年营业收入＝餐厅固定成本总额＋餐厅营业收入×变动成本率$$

$$达到保本点的年销售额＝\frac{年固定成本总额}{1－变动成本率}$$

2) 目标利润分析

餐饮投资项目的投资目的不是盈亏平衡状态，而是要追求投资效益最大化。投资者往往会有预期的投资回报率，通过预测平均投资报酬率和进行目标利润分析的方法，可以判断投资项目的可行性。

当餐饮企业希望获得一定的目标利润时：

$$餐厅的年销售额＝年固定成本总额＋年变动成本总额＋目标利润$$

同样，餐厅的年变动成本总额会受变动成本率的影响，因此，

$$餐厅的年销售额＝年固定成本总额＋年销售额×变动成本率＋目标利润$$

$$餐厅的目标年销售额＝\frac{年固定成本总额＋目标利润}{1－变动成本率}$$

上述盈亏平衡点分析和目标利润分析，都是在经营期内固定成本总额、人均消费额和变动成本不变的前提下进行的，但餐饮投资项目开业后 5 年或更长时期，受经营者灵活多样的经营手段和各种复杂因素的影响，上述假设会发生变化，如固定成本总额发生增减、价格变动和变动成本率改变等。因此，餐饮投资项目的盈亏平衡点和目标利润分析，应充分考虑到社会、环境、消费者、竞争对手诸多因素对价格和成本变动的影响，力求更准确的预测结果，使可行性分析更全面、更科学、更真实，以帮助投资者做出正确的决策。

二、市场调研的方法

餐饮市场调研是餐饮企业投资可行性分析的重要内容，也是餐饮企业开业后进行餐饮营销的基础性工作。美国著名的营销大师菲利普认为，市场调研是为制定某项具体的营销决策而对有关信息进行系统收集、分析和报告的过程。

（一）餐饮市场调研的内容

餐饮市场调研的内容十分广泛，因调研的目的和要求不同，其调研的侧重点也有所不同。通常餐饮市场调研的内容主要涉及以下五个方面。

1. 市场环境调研

餐饮市场环境包括一定时期内的相关政策法规，如行业政策、价格税收政策、消费者权益保护法、环境保护法、广告法、食品卫生法等；社会经济状况，如地区经济发展水

平、居民收入水平、消费水平、消费结构等;社会环境,如地区人口数量、人口分布、人口流动性、人口结构、团体单位的数量及类型等;社会流行时尚及变化趋势;与原料供应相关的自然环境等。

2. 市场需求调研

餐饮经营目标的确定依赖于对市场需求的了解。餐厅的消费者形形色色,民族、职业、性别、年龄、地域、口味各不相同,为了制定切实可行的经营策略,要对餐饮市场的消费需求进行调查。调查内容可以是当地居民的饮食习惯和爱好,菜单上应设的项目,餐厅的营业时间,消费者认为适宜的菜肴分量,消费者愿意支付的价格,受欢迎的饮料,消费者偏爱的装潢风格和流行色等。

3. 餐饮产品调研

餐饮产品调研侧重于了解与餐厅产品策略有关的各种信息,这是餐厅客观认识自身生产水平、准确定位的依据。餐饮产品调研的主要内容包括品种、特色、结构、消费者的认可程度、市场的流行品种、稀缺品种等;产品质量调研的主要内容包括产品外观形象、气味、内在品质、口感味道、加工水平、服务、卫生、环境等;产品价格调研的主要内容包括消费者对现行价格的接受程度、各类差价的合理性、价格对成本的反映程度、价格的市场竞争力等;产品发展调研的主要内容包括产品生命周期状况、市场占有率、销售潜力、对新产品的评价等。

4. 市场竞争调研

餐饮企业在市场竞争中要想使自己处于有利地位,还要对竞争对手进行调研,以确定竞争策略。市场竞争调研的主要内容包括市场中的主要竞争者和潜在竞争者是谁?竞争者所占有的市场份额有多大?本企业在市场中处于何种竞争地位?竞争者的产品有何特点及消费者对其认可程度如何?竞争者的主要营销策略是什么以及有何市场计划?竞争者的优势和缺陷是什么?与竞争者相比,本企业有何特色与优势?等等。通过对餐饮市场竞争环境的分析,不仅可以借鉴他人的长处和经验,还可以以此为依据制定企业的竞争策略。

5. 市场营销调研

餐饮市场营销调研主要针对销售渠道和促销方式展开。例如,了解餐饮企业的主要销售渠道有哪些;各种分销渠道的特点和效用如何;本地区团体购买者的规模及消费潜力等。了解消费者对促销方式的反应如何;最适合本餐厅产品及消费对象的广告媒体是什么等,对餐厅营销策略各个阶段取得的效果进行调研,为调整策划方案提供依据。

(二)餐饮市场调研的类型

根据研究的问题、目的、性质和形式的不同,餐饮市场调研一般分为以下四种类型。

1. 探测性调研

这种类型的调研主要用来发现新机会,或找出对现有问题的可能解释,但不是要得出答案。当餐厅面临以下两种情况时,会采用这种调研方式。一种情况是当餐厅提出某些新的设想时,可借助探索性调研来初步确认是否可行;另一种情况是市场现象很复杂,实质性问题难以确认,为了确定调研的方向和重点,故而采用探索性调研帮助明确实质性问题,以便就此做更深入的调查。

2. 描述性调研

这类调研是对市场的客观情况(包括历史情况和现状)进行如实的记录和反映。如某餐厅周末的销售额达到多少,客人点得较多的菜肴是什么。描述性调研首先需收集大量相关的市场信息,其中应包括各种有关的数据,然后对资料进行分类、分析、整理,最后形成调研报告。与探测性调研相比,描述性调研的目的更明确,研究的问题更具体,主要目的是说明某些因素的存在状况,但要说明某种状况是否影响或决定着其他因素的变化,还需通过因果性调研做进一步研究分析。

3. 因果性调研

在描述性调研中,人们会发现一些因素之间相互关联,但是哪个因素决定了其他因素的变化,还需要因果性调研来确定。例如,为了试验广告效果,人们可以有计划地改变广告内容、广告频率和广告时间,然后收集有关销售额、品牌知名度、市场占有率等方面的资料,从而掌握广告对企业销售的影响。因果性调研的目的就是要找出关联现象或变量之间的因果关系,一般是为回答调研中"为什么"的问题提供资料。如果要了解企业可控制的变量、产品产量、产品价格、各项销售促进费用等与企业无法控制的变量、产品销售量、市场的供求关系等之间的变化关系和影响程度,就需通过因果性调研得知。

4. 预测性调研

预测性调研即对未来市场的需求进行估计,是企业制订有效的营销计划和进行市场营销决策的前提。在前述调研的基础上进行信息处理,估计市场未来需求,对于企业今后发展有着一定的意义。预测性调研涉及的范围比较大,可采用的研究方法比较多,研究方式较为灵活。

(三) 餐饮市场调研的程序与方法

1. 明确问题并确立目标

投资前可行性分析的市场调研要求面面俱到。而营业中的餐厅市场调研则必须针对所面临的市场现状,寻找出急需解决的问题。可以通过分析企业内部活动记录、统计报表和会计报表等资料以及企业外部有关资料,初步寻找问题所在。例如:①企业面临的营销问题有哪些?②哪些营销问题值得调研分析或亟待调研分析?③为什么要进行这项调研?④通过调研要知道哪些情况?⑤调研所获信息资料有何用途?⑥若不做调研,有没有其他方式解决问题?人们在对餐厅营销问题进行细致分析、准确选定的基础上,要明确调研的目的。

2. 制订调研计划

周密的计划是餐饮市场调研得以顺利进行的保证。如确定调研目的、信息来源、调研方法、调研工具、调研对象、人员培训和费用预算等。

3. 市场调研

市场调研的主要方法如表 2-1 所示。

表 2-1 市场调研的主要方法

分类标准	类别		定义	特点
按调查对象划分	普查法		是以市场调查的总体为对象,对市场上某些产品的供应、销售、库存与消费进行调查,以达到了解某个过程或方面的全部情况的一种方法	需要较多的人力、物力,组织工作量大,牵涉面广,调查时间长。企业一般较少采用这种方法,只能在产品的销售范围很小或用户很少的情况下采用
	重点调查法		是指从调查对象总体中有重点地选择一部分调查对象进行调查的方法	采用这种方法的调查结果往往不够全面和准确,因此使用并不多
	典型调查法		是对市场中的典型单位和有代表性的消费者进行深入调查,以了解全部单位及消费者的要求的一种市场调查方法	通过典型调查,可以了解市场营销活动的一般现象。其优点是节省人力、财力,能较快地取得所需要的资料。它是企业常用的一种调查方法
	抽样调查法		是从被调查者的总体中,按照一定的规则抽取一定数量的样本进行调查,以推断出市场需求总量和平均水平的调查方法	主要适用于一些消费量大、涉及面广的商品。这是通过对部分的了解来掌握整体的比较可靠的方法。如果使用得当,可以取得近乎普查的结果
按收集资料的方法划分	文案调查法		是指通过查阅、阅读、收集历史和现实的各种资料,并经过甄别、统计、分析得到的调查者想要得到的各类资料的一种调查方法	若餐饮市场已经存在一些可靠的文字资料时,此法是一种比较有效的调查法。当需要更深入地了解餐饮市场的情况时,就需要进行实地调查。文案调查和实地调查是相互依存、相互补充的两种调查方法
	实地调查法	观察法	是通过观察被调查者活动取得第一手资料的一种调查方法	优点是成本低、简单易行、直观,观察所得的材料也比较真实,不足之处在于存在一定的被动性、片面性和局限性,调查时间较长,对所观察到的现象不易做定量分析,并且只能观察到外部现象,而无法观察到调查对象的一些动机、意向及态度等内在因素
		询问调查法	是指调查人员与被调查者直接接触,通过向被调查者提问来了解情况,收集相关资料的一种方法	是市场调查中较常见、应用较广泛的一种方法,适用于收集描述性信息。优点在于较容易取得预期的资料,灵活性高,调查者可以根据需要和被调查者的反应,随时调整调查时间和调查内容。但是此法所耗时间较长,被调查者的回答容易受主客观因素的影响,可靠性较差,对访谈人员的素质要求也比较高。这种方法一般不单独使用,而是与其他方法相结合

4. 资料的整理和分析

通过调查获取的信息资料必须运用统计方法进行分类、整理、汇总、分析，才能对餐饮企业有实用价值。首先必须检查和筛选收集到的信息和资料的准确性，以保证调查结果的准确无误；其次是将检查无误的资料进行分类、编码和统计，将统计结果制成各种数据表格和图形表，作为进一步分析的依据；最后选用经过整理的资料和统计结果，进行全面且系统的分析，得出研究结论，并就决策内容提出建议。

5. 撰写调研报告

调研报告是餐饮市场调研结果的一种集中表现形式，它通过文字、数据、图表等形式将调研结果、研究结论及行动建议简明扼要、系统地展现出来，为营销管理提供依据。调查报告的格式一般由标题、目录、前言、正文、附件等几部分组成。

市场调查各阶段可以采取层次渐进方式往复进行，即在一轮市场调查完成后修正产品，然后再进行第二次市场调查。如此循环，力求达到最佳效果。

三、餐饮市场的需求分析

为了让顾客对餐饮产品满意，我们需要分析顾客对餐饮产品的需求，只有这样才可以根据需求设计餐饮产品。餐饮产品是由餐饮实物和劳务服务即服务态度、服务技巧及环境、气氛等因素组成的有机整体，它不仅能满足顾客物质和生理性需求，还能满足顾客心理需求。心理学家马斯洛提出的需求层析理论，将人的需求归纳为五个层次，分别是生理需求、安全需求、社会需求、尊重需求和自我实现需求，顾客对餐饮产品的需求，同样也是分层递进的（见图 2-1）。

图 2-1　顾客对餐饮产品五个需求层次

（一）餐饮市场对有形产品的需求

餐饮有形产品是满足顾客基本生理需求和安全需求的实物产品，如食品和餐饮设施等。具体需求如下。

营养全面的食品，是指任何一种能够为人体供应热量、能量，有助于人体生长、恢复体力和健康，以及调节人体生理过程的固体或液体物质。营养素，是指食品所含的蛋白质、维生素、脂肪、矿物质、碳水化合物、膳食纤维和水等。随着社会的发展，人们生活水平越来越高，顾客选择到餐厅用餐不仅是为了充饥解渴，还要求食品安全卫生、营养搭配合理，帮助恢复体力和健康，甚至能起到调理身体的功效。

均衡的膳食既要满足各类人群对营养素的生理需求,避免营养缺乏,又要避免某些营养素摄入过量而导致机体不必要的负担与代谢的紊乱。例如,蛋白质过低会引起佝偻病,缺铁会导致缺铁性贫血,摄入过多脂肪会导致肥胖,从而诱发心脏功能异常、高血压、糖尿病、高血脂,甚至引发结肠癌和乳腺癌等。

为了满足机体合理营养的需要,人们必须每日通过饮食向机体提供一定数量的各种营养素,这一数量可以称为每日饮食中营养素供给量,它是反映人类饮食质量或合理营养需要达到满足程度的指标。

成年人每日膳食中营养素供给量参考数请见表2-2。

表 2-2 每日膳食营养素供给量

类别	热量	蛋白质	钙	铁	维生素 A	维生素 B1	维生素 B2	维生素 C
成年男子 (体重 65 千克) 中等体力劳动者	3000 千卡	80 克	0.6 克	12 毫克	2200 毫克	1.5 毫克	1.5 毫克	75 毫克
成年女子 (体重 55 千克) 中等体力劳动者	3000 千卡	75 克	0.6 克	12 毫克	2200 毫克	1.4 毫克	1.4 毫克	70 毫克

人们应首先考虑摄入含有营养素的食品,其次再考虑产生热量的食品。

随着生活水平的提高,人们除满足基本的营养的需求外,越来越重视健康饮食,需求趋势有低脂、低胆固醇、低糖、低盐,清淡可口;高蛋白质,摄取多元的维生素和微量元素;药膳的滋补功效;绿色有机的原料;拒绝食用野生动物;粗料细作,细料粗作;提供低热量菜单,菜单标注热量。

1. **食品的色、香、味、形、器和温度**

顾客到餐厅来用餐除有充饥和补充营养的基本需求外,还追求食品的风味。顾客眼睛、鼻子和舌头对食品都有自己对菜肴优劣的判断,所以餐厅要调研分析顾客对食品色、香、味、形、器和温度的需求。

1) 食品的颜色

食品的颜色是吸引顾客的第一感官指标,顾客通过视觉初步判断菜肴的优劣。菜肴的颜色主要来自动物、植物和水果中天然产生的色素和生产加工过程,如原料天然含有的叶绿素、胡萝卜素,以及加工生产过程中颜色的变化和调味料颜色的附着等。顾客喜欢菜肴的颜色是自然清新、搭配合理、色泽新鲜诱人的,而不是暗淡混沌的。

2) 食品的香气

香气是通过鼻腔上部的嗅觉神经系统感知到的食品飘逸出的芳香气味,可以增加进餐时的快感。一般来说菜肴的温度越高,其散发的香气就越强烈,所以菜肴一定要趁热上桌,其芬芳就越易被顾客感受到,先闻菜香,再品菜味。

3) 食品的滋味

食品的滋味是人的口腔、舌头上的味觉系统和触觉对入口菜肴的综合感受。美味又有质感的食品是顾客用餐的主要追求,美味是指酸、甜、苦、辣、咸、麻等多味的调和,形成千变万化复合美味;质感是指脆、嫩、滑、软、酥、糯和弹等食物的属性。如咸鲜适中的姜葱肉蟹、入口软糯的芋头扣肉和汁水饱满的蟹粉汤包等都是顾客对食品滋味的需求。

4）食品的形态

食品的形态是指菜肴的形状、造型。精美的刀工和摆盘艺术效果达成的形态直接影响菜肴的品质。艺术品形态的菜肴是米其林餐厅的追求。

5）食品的盛器

美食配美器，相互辉映，可使菜肴锦上添花。盛器的选择要考虑菜肴分量与盛器大小一致，菜肴的色泽与盛器的色调协调，菜肴的价值与盛器的价格呼应，盛器的功能要满足菜肴的需求。如需长时间保温的菜肴，应使用明炉、砂锅；如需现场声效，可以用铁板等。破损和不当的盛器会破坏顾客的感受。

6）食品的温度

食品的温度是指食品入口时达到的温度，直接影响食品的口感、香气和滋味。顾客对食品温度是有追求的，如啤酒 6—8 ℃、冷菜 10 ℃、热汤 90 ℃以上、热菜 80 ℃以上、砂锅菜 100 ℃、火锅 100 ℃等，很多餐厅为了满足顾客对菜肴温度的要求，会将待用的盛器冷藏或保温，甚至上桌后加热盛器。

2. 餐厅设备设施

顾客选择餐厅用餐除追求食物的营养和风味外，还将餐厅设备设施等硬件作为选择的依据。餐厅的主题和装潢风格与提供的菜肴呼应，舒适的家具，配套实用的餐具，确保餐厅温度、湿度和气味适宜的空调和新风系统，安全卫生的环境，方便使用的洗手间等，这些因素均影响顾客来餐厅就餐的安全和舒适度。

（二）餐饮市场对无形产品的需求

餐饮产品的营养、色、香、味、形和器等俱佳，且价格合理是顾客的核心物质需求，而餐饮顾客对无形产品的需求，其实就是精神上的需求，不同顾客的需求各不相同，餐厅服务强调服务人员应具有良好的仪表、仪容、举止、礼节、礼仪、服务态度、服务技能，视顾客为上宾，满足顾客的精神需求。需求主要有以下几个方面。

1. 礼貌与尊重

顾客到餐厅用餐，希望得到以礼相待，受欢迎和被尊重。餐厅设迎宾员除了让顾客入座在餐厅有效控制范围内，另外一个目的就是通过欢迎顾客，称呼顾客，引领顾客和拉椅让座，让顾客体会被尊重和受欢迎。很多快餐厅虽然没有设迎宾岗，但只要顾客踏进餐厅，就会听到服务人员此起彼伏的"欢迎光临"的问候。

2. 热情与诚恳

顾客需要的服务是积极主动和亲切友好的，能感受到服务人员的服务是真诚的、发自内心的和自觉的。例如，使用敬语"您""请""谢谢"，不可流露出冷淡和不耐烦等情绪。

3. 及时与周到

饥渴的顾客到餐厅用餐，渴望得到及时、周到、细致、有效率的服务，如餐前饮料和冷菜尽快上桌，热菜和主食按顺序适时上桌，搭配合理的餐具和调料方便顾客享用美食。

4. 谅解与安慰

顾客是活生生的人,他们也有自己的喜怒哀乐,来自不同国家、地区,有不同的信仰和价值观,素质也有高低不同,因此,在用餐过程中会出现很多意料不到的问题。顾客希望服务人员在与他们沟通和处理他们的投诉和抱怨时,能理解和安慰他们,并能得到及时解决和补偿,哪怕是顾客误解了餐厅,也希望服务人员能谅解他们,在善意的谦让过程中让顾客得到心理满足。

5. 文化与体验

顾客希望在就餐的同时能感受到特色鲜明的店铺文化,获得愉悦的就餐体验。餐饮企业应挖掘主题鲜明的餐厅文化,通过演出、参与式就餐活动设计和店铺文化氛围的营造,让顾客获得印象深刻的消费体验。

 同步案例

选择学校附近的某一餐厅作为调研对象,收集相关的投资经营数据,如位置优势、房租、餐厅主题、餐位数、餐位占有率、餐位周转率、菜肴售价、人均消费、固定成本费用、变动成本率、组织架构和人员配备等。根据收集的信息数据,估测该餐厅的保本点,即达到盈亏平衡的年销售额。

 同步思考

按每组6—8人成立餐饮投资小组并推选组长,设定小组成员都是投资合伙人,进行头脑风暴,策划投资一家餐厅,资金来源可以为贷款或自筹,金额不限。共同讨论餐厅选址、主题确定、筹备和想吸引哪个目标市场等。

 任务评价

本任务评价由小组互评与教师评价共同构成(见表2-3)。

表2-3 小组调研评价表

评价内容	评价标准	分值	小组互评（50%）	教师评价（50%）	综合得分
小组成员工作态度	积极认真,服从安排	10			
数据真实与准确性	实地了解数据	40			
头脑风暴效果	讨论热烈有想法	10			

续表

评价内容	评价标准	分值	小组互评（50%）	教师评价（50%）	综合得分
保本点计算准确性	信息数据收集全面，整理有序，盈亏平衡点分析合理	20			
服务意识	具有良好的服务意识	10			
团队精神	分工明确，团结协作	10			
合计得分					

评分标准（满分为100分）：80—100分为优；70—79分为良；60—69分为中；60分以下为差。

任务二　餐饮产品设计

 任务描述

餐饮投资者和餐饮经营管理者在设计餐饮产品前和经营过程中都会做大量的市场调研，从细分市场中选定自己需要吸引的目标市场，围绕目标市场的需求进行全方位分析定位，再进行菜单筹划和设备设施规划或菜单的调整，确保投资和餐饮经营不脱离市场需求。市场调研是餐饮投资和餐饮经营成功的基础。

一、餐饮目标市场定位

正确进行市场预测和市场细分，是餐饮企业选择目标市场的基础。目标市场，是指在可进入的细分市场中，最符合餐厅经营特色、最有可能购买本餐厅餐饮产品的消费群体，也是餐厅重点进行营销的那部分市场。每个餐厅都有必要将有限的资金和精力集中在吸引最有可能购买自己产品的目标市场上。

（一）选择目标市场的依据

投资者或餐厅经营者通常会选择销售额较大、销售额增长较高、利润空间大、竞争对手少、销售渠道简单的细分市场作为目标市场，选择目标市场应考虑的因素有以下几点。

1. 市场份额大

选择准备开发的这一细分市场消费群体大,人数多,有消费能力;同时该细分市场尚处供不应求的未饱和状态,竞争尚不激烈或未被竞争对手控制,投资者或本餐厅可以大显身手,可以充分利用资源,发挥优势,满足这一细分市场的需求。

2. 有发展潜力

餐厅准备开发的目标市场,虽然可能目前份额不算大,但随着时间的推移,社会的发展和相关环境的完善,会有较大的发展。比如附近很快将通地铁,区域要大发展等。

3. 本餐厅能力

选择目标市场时,应清楚投资者或餐厅的资源状况,如投资总额、场地大小、餐饮设施和服务状况等,考虑自身的资源是否能吸引选定的目标市场。

4. 争者状况

研究竞争对手具备的客观条件及有可能对本企业构成的威胁,应避免与竞争对手选择相同的目标市场而发生直接冲突。

(二)餐饮目标市场定位

所谓目标市场定位,是指餐厅为其产品确定市场定位,即餐饮企业找准自身餐饮产品或服务在顾客心目中的位置,塑造其品牌在目标顾客心中的特定形象,使产品具有特色,适合目标顾客的需求,引发顾客的共鸣,使顾客留下深刻印象,并与竞争者的产品有所区别。定位的对象不是产品,而是顾客的需求,针对顾客的需求来设计产品或企业的形象要素,借助宣传与沟通,实现市场定位。

1. 餐厅主题定位

餐厅主题是指餐厅总体风格所表现出的饮食文化。餐厅主题有多元化的特点,可以涉及不同时期、国家和地域的历史文物、文化艺术、风土人情和宗教信仰等。餐厅主题为餐饮产品开发、菜单设计、服务方式和环境气氛的营造提供了依据,也会对餐饮经营策略、目标、宗旨和组织形式的确定产生影响。常见的有以特定风味为主题的餐厅和偏重以文化为主题的餐厅。

2. 餐厅形象定位

餐厅形象定位即企业形象识别系统定位,是将餐饮企业文化与经营理念统一设计,利用整体表达体系促进餐饮企业产品和服务的销售,包含理念识别、行为识别和视觉识别。比如餐厅的名称、理念口号、服务宗旨、店徽(餐厅 Logo)、建筑外观、装饰风格和主色彩等。

3. 餐饮产品定位

餐饮产品的定位主要是指确定餐厅出售的菜肴和饮料种类。例如,前期已经确定餐厅主题是巴蜀地域风格的川菜,确定餐厅的冷菜、热菜、点心、小吃和饮料组成、规格和品种等。产品定位不可跟风随意变动和拍脑袋决定,而应满足前期调研目标市场的需求。

4. 产品价格定位

餐饮产品的价格是营销组合中的敏感因素之一,餐厅可根据产品的市场定位、自身特点、竞争状况和产品的生命周期等因素,确定选择薄利多销低价策略,还是厚利少销高价策略,又或是中等价位策略。

5. 餐饮服务定位

餐饮服务定位是指根据餐厅确定的主题、菜肴、定价、经营策略,在调研目标市场对服务的需求的基础上,制定服务标准。比如确定选择明档自助点菜还是通过菜单点菜,确定服务程序和规范标准。具体见项目三服务设计。

二、餐厅菜单筹划与设计

菜单是餐厅向顾客提供菜肴和价格的一览表,是菜肴产品的说明书,是餐饮企业经营计划和生产蓝图,是餐厅的"第一推销员"和广告。菜单除了是传播餐饮文化,引导美食风尚的"使者",还决定了餐饮企业设备的选择和购置,决定了员工的整体素质要求和技能水平,决定了原料的采购计划,决定了餐饮成本与费用的控制,也是决定餐厅服务方式的基础和依据,还是餐饮企业主题风格、种类项目、烹调技术、品质特点、服务方式、价格水平等经营行为和状况的总的纲领。

(一)菜单的种类

菜单是根据餐厅的经营方针编制的,由于每个餐厅的经营特色各有不同,餐厅选择何种类型的菜单取决于餐厅提供的菜肴、服务形式和经营功能。常见的分类方法有以下几种。

1. 按照用餐时间和地点分类

依据用餐时间和地点可分为早餐菜单、午餐菜单、晚餐菜单、客房送餐菜单、早餐门把手菜单、酒廊茶座饮料单等。

2. 按照餐别和产品品种分类

依据餐别和产品品种可分为中餐菜单、西餐菜单、其他风味菜单、饮料单、佐餐酒单和甜品单等。

3. 按照餐厅消费特点分类

依据餐厅消费特点可分为零点菜单、套餐菜单、宴会菜单、自助餐菜单、半自助餐菜单等。

4. 按照产品信息载体和呈现方式分类

依据产品信息载体和呈现方式可分为纸质印刷菜单、灯箱广告式菜单、实物菜单、平板电脑菜单、二维码电子菜单、饭店开发的 App、微信小程序和公众号等。

(二)菜单筹划与设计的原则

餐厅菜单筹划是餐饮经营的核心环节,是在市场调研、市场细分和目标市场确立、菜品开发选定、价格制定、资源综合利用的基础上进行的,要以顾客的需求为中心,综合分析市场供给与需求的各种因素。同时,菜单设计制作是艺术性很强的创意策划,也是餐厅形象定位的重要组成部分。菜单筹划依据体系如图 2-2 所示。

菜单筹划与设计应遵循的基本原则如下:

(1)立足于面向市场,以顾客需求为导向。

(2)传统与创新并重,彰显特色树立品牌。

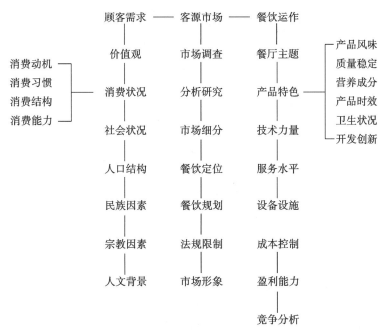

图 2-2 菜单筹划依据体系

（3）技术与艺术俱佳，引领时代饮食文化。

（三）餐厅菜肴的定价

菜单所列餐饮产品如菜肴和酒水等的定价是菜单筹划与设计的重要环节，菜肴的价格政策直接反映餐厅的经营思想。菜肴的价格构成与价值是相适应的，在价值向价格转化过程中，食品原料价值转化为产品成本，生产加工和销售服务过程中的设备设施和家具折旧费分摊、水电气消耗、人员工资和管理费分摊等转化流通费用。菜肴成本和流通费用构成餐饮的经营成本。税金以公共积累的形式上交国家，剩余部分为利润。

$$菜肴价格＝菜肴原料成本＋流通费用＋税金＋利润$$

餐饮经营中，习惯将价格中的费用、税金、利润三者之和称为毛利，即

$$菜肴价格＝原料成本＋毛利$$

1. 菜肴定价的原则

菜肴价格的构成是菜肴定价的基础，菜肴的定价必须遵守的原则如下。

（1）菜肴价格必须符合市场定位和适应市场需求，与餐厅经营的总体目标相协调。

（2）菜肴价格体系在一定时期内保持相对稳定性和灵活性相结合。

（3）菜肴定价策略应服务于餐厅整体营销策略，如市场渗透定价策略、薄利多销定价策略、品牌效应定价策略和随行就市定价策略等。

（4）反对低层次价格战和低质低价出售菜肴。

已经营业的餐厅调整菜肴组成和价格时，还要分析菜单各菜式品种的获利能力和受欢迎程度，从而确定菜式品种的最佳组合和价格调整。用波士顿矩阵表示如下（见图2-3）。

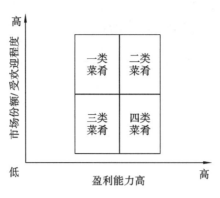

图 2-3 波士顿矩阵

就上图分析得出以下结论:

一类菜肴受欢迎但盈利能力低,应保留并改进或删除,可采取逐步试验性提高价格,进行形象包装,减少分量来提高它的盈利能力。

二类菜肴销量和盈利能力最好,应严格做好质量监控,作为主打品牌菜肴,列于菜单显眼位置,并可以试验其价格敏感度和弹性,适当上浮价格。

三类菜肴既不受欢迎,盈利能力又低,应删除,不再列于菜单上。除非是 VIP 顾客和长期个性化顾客的特殊需要。

四类菜肴不太受欢迎,但盈利能力高,应重新定位,可放于菜单显眼位置加强促销,进行形象包装,降低价格改进工艺,并限制此类菜肴的数量。

数字化运营时代,餐厅可以通过管理软件综合分析波士顿矩阵反映的所有数据,既快捷又便利。

2. 菜肴定价的方法

菜肴定价是菜单设计系统工程重要一环,目前常见的定价方法有以下几种。

1) 原料成本系数定价法

在以成本为中心的定价方法中,原料成本系数定价法简单易行。

$$菜肴销售价格 = 原料成本 \times 定价系数$$

$$定价系数 = \frac{100\%}{菜肴成本率}$$

$$菜肴销售价格 = \frac{原料成本}{菜肴成本率}$$

原料的成本额数据来源于菜品实际烹调,经过反复实践后汇总得出,首先要算出餐厅经营的综合成本率,然后根据不同的餐饮类型和菜肴品种确定具体的成本率。原料成本额高的菜肴及做工简单的菜肴,成本率可高一些;原料成本额低的菜肴及做工精细的菜肴成本率可低一些。以中餐厅为例,制定不同种类菜肴的成本率大致是冷盘 50%,鱼类海鲜 70%,肉类 60%,家禽 60%,素菜 30%,汤类 25%,主食类 25%。

如一份姜葱肉蟹,其原料成本为 98 元,售价=98 元/0.7=140 元。

以成本为出发点的经济定价法,其成本率的确定带有较大的经验性,所以在制定菜肴价格时必须考虑全面,留有余地。

2) 毛利率定价法

$$菜肴售价 = 菜肴成本 / (1 - 内扣毛利率)$$

菜肴售价＝菜肴成本×(1＋外加毛利率)

毛利率通常由物价部门和餐厅综合规定其水平，同样参照综合毛利率和分类毛利率来计算菜肴售价。

3）主要成本定价法

将菜肴原料成本和直接人工成本作为定价依据，并从财务"损益表"中查出其他成本费用率和利用率，即可计算出菜肴的价格。

$$菜肴售价＝\frac{菜肴原料成本＋直接人工成本}{主要成本率}$$

主要成本率＝1－(利润率＋非原料和直接成本率)

4）参照定价法

比较规模、档次、类型相似的饭店、餐厅菜单的价格，分析原料进货渠道和价格等综合因素制定本餐厅菜单的价格。

餐厅菜单筹划定价环节标准菜谱的制定至关重要，标准菜谱是菜肴原料采购、厨房生产质量和成本控制的依据和纲领，由饭店的行政总厨和餐厅厨师长参与制定。标准菜谱文本内容要求如表2-4所示。

表 2-4 标准菜谱文本

餐厅名称：　　　　　　　　　　　　　　菜谱编号：

菜肴名称：	原料成本：	菜肴装盘彩色照片
菜肴类别：	菜肴售价：	
菜肴规格：	毛利率：	
菜肴盛器：	烹制方法：	

原料名称	重量/克	原料形态	金额/元	备注	制作步骤与要领
合计					

（四）各种形式菜单实例

1．实物菜单

有些餐厅将菜肴原料、成品或成品模型在点菜区陈列出来，顾客可以直观了解菜肴原料、配料，以及色香味俱全的菜肴成品的分量和价格（见图 2-4）。特点是放心、直观，但不太方便。

1）灯箱菜单

灯箱菜单，即顾客通过点菜区灯箱展示的菜单点餐（见图 2-5）。

2）电子菜单

电子菜单的形式有平板电脑菜单（见图 2-6）、二维码电子菜单（见图 2-7）、微信小程

图 2-4　实物菜单展示

图 2-5　灯箱菜单

序菜单(见图2-8)和手机App菜单等。App是智能手机的第三方应用程序。餐饮企业可以与点击量高的第三方App平台合作,提供餐厅名称、地址、电话号码、菜肴种类、价格、图片、视频、人均消费额和消费者的评价等信息,甚至可以提供外送食品。电子菜单的特点是方便、灵活、直观、信息量大,方便顾客消费。

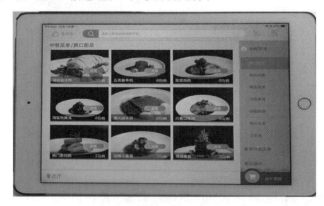

图 2-6　平板电脑菜单

2. 纸质菜单

纸质菜单有单页、活页、折叠页和装订成册多种,特点是有固定规格,不方便变动,印刷成本较高。

1) 单页纸质菜单

单页纸质菜单(见图2-9),可正反两面印刷,纸质较轻,顾客通过打钩点菜,简单快捷。

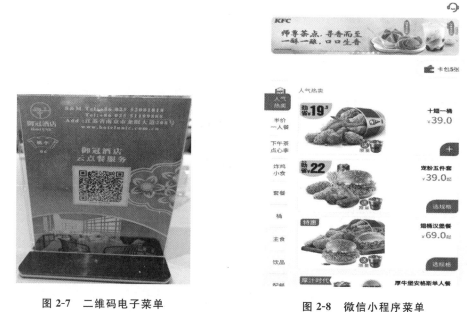

图 2-7　二维码电子菜单　　　　　图 2-8　微信小程序菜单

图 2-9　单页纸质菜单

2）西餐零点餐厅纸质菜单文本

Appetizer
开胃菜
Chef's Daily Imagination of Deluxe Mini Hors D'oeuvres
厨师长特选精美开胃冷菜
￥88

Carpaccio of American Black Angus Beef
with Basil Pesto and Parmesan Souffle

鲜冷牛肉色拉

¥108

Homemade Gooseliver and Pistachio Terrine
with Macademia and Raisin Brioche

精制鹅肝冻

¥138

Imported Parma Ham with Selected Salads
Tossed with Balsamic Vinaigrette

意式火腿色拉

¥108

Composition of Smoked and Marinated Imported Salmon
from the Trolly

特选三文鱼

¥128

Caesar Salad Prepared at Your Table

恺撒色拉

¥78

Hot

热菜

Ragout of Burgundy Snails
in Phyllo and Pinenut Basket

脆皮勃艮第蜗牛

¥108

Deep Fried Oysters
Flavored with Curry on Creamy Spinach

软炸牡蛎配奶油菠菜

¥88

Soup

汤类

Rock Lobster Cappuccino
with Fresh Herb Topping

奶油龙虾汤

¥68

Green Asparagus and Pumpkin Soup
with Smoked Salmon and Caviar

双色浓汤
￥50

Main Course
主菜
Oven Baked Imported Dover Sole
on Mushroom Tartar with Basil and Tomato Sabayon
巴西番茄焗龙利鱼
￥188
Lasagne of Potato and King Prawns
in a Light creamy Curry Sauce
咖喱帝王大虾
￥168
Sliced Duck Breast in Pastry Jacket
with Cherry Beer Sauce
酥皮鸭胸
￥158
Oven Baked Imported Lamb Medallions
Topped with Boursin Cheese and Garden Herbs
"波西"烤羊柳
￥168
Black Angus Sirloin Steak
Prepared the Classical way
风味西冷牛排
￥198

三、餐饮经营场所布局与设计

餐饮经营场所也是餐饮产品的组成部分,餐饮经营场所布局与设计是一门独立性、约束性和综合性相兼容的应用科学,它涉及旅游、建筑、历史、宗教、文化、艺术,以及心理学、材料学、工艺学、工程学、信息工程、卫生防疫、消防安全等各方面的知识。"没有成功的餐厅设计,就没有成功的餐厅",餐饮经营场所布局与设计也是餐厅文化建设的重要组成部分,它借助餐厅环境艺术的设计,造就风格独特的店铺文化。

(一)餐饮经营场所的设计基础

1. 以目标市场餐饮需求为基础

通过市场调研,分析目标市场的容量及餐饮需求的趋势倾向,制定可持续发展的经营目标,并以此作为餐饮需求的趋势倾向,制定可持续发展的经营目标,以此作为餐饮经营场所设计的基础。

2. 以餐饮经营规划蓝图为基础

系统分析研究和制定餐饮经营的主题特色、菜单、服务类型、经营环节、形象设计和投资回报预期等经营规划蓝图,作为餐饮经营场所设计的基础。餐饮规划蓝图可以帮助建筑师、环境艺术设计师明确餐饮经营宗旨和功能设施特点,并以此为基础进行餐厅设计和环境艺术处理,营造独具匠心的餐饮空间氛围。

3. 以文化环保智能引领为基础

随着社会的发展,餐饮经营更加注重文化塑造与传承、追求绿色与环保,以及运用数字化技术提高效率。比如传菜机器人和无线手持点菜设备的运用大大节省了人力。

(二)餐饮经营场所整体功能布局设计

餐饮经营场所整体功能布局设计是餐饮经营场所设计的第一步,应遵守以下几点要求。

第一,充分保证餐饮经营场所内部物流、加工生产流程、服务流程的持续畅通,尽量缩短服务的距离,避免餐厅和厨房内人流、物流的交叉碰撞。既要考虑员工的操作空间,又要考虑顾客的活动空间,动线安排合理。比如餐厅和厨房连接处设进出两个通道,避免服务员进出厨房相互碰撞,以及出餐口和收餐口的交叉污染。

服务项目各异、规格不同的餐饮经营场所,其餐位面积的要求也不相同。不同类型餐厅餐位面积设计要求如表2-5所述。

表2-5 不同类型餐厅餐位面积设计要求

类　　型	单位餐位面积/平方米
大型豪华宴会厅	1.8—2.5
豪华中餐厅	1.5—2.0
普通中餐厅	1.2—1.5
法式西餐厅	1.8—2.5
美式西餐厅	1.2—1.5
自助式餐厅	1.2—1.7
酒吧	1.2—1.4
快餐厅	1.1—1.4

第二,以厨房为中心进行餐饮经营场所布局。独立的餐厅很容易做到餐厅与厨房直接相连,但对于大型饭店的餐饮设施,可以考虑对厨房的类型和功能进行细分,制定相关的仓储领货和厨房生产的管理制度,设立中心厨房负责饭店所有菜肴原料的初加工,再为各个餐厅设计各具特色的厨房,并使餐厅、厨房、酒吧之间密切协作,提高运营效率。

独立的餐饮经营场所中各功能布局占有合理面积的比例大致如下(见表2-6)。

表2-6 功能布局面积占比

设施功能名称	占面积百分比(大致)
餐厅客用区:餐座、客用卫生间、迎宾区等	57%

续表

设施功能名称	占面积百分比（大致）
厨房、备餐区、洗涤区、仓库	37%
员工设施	4%
办公室	2%

第三，厨房作业区域的布局既要单独分隔相对独立，又要整体集中紧凑。不同类型的餐厅每个餐位所需厨房面积也不一样，一般如下（见表2-7）。

表2-7　不同类型餐厅每个餐位厨房面积

餐厅类型	单位餐位厨房面积/平方米
正餐餐厅、风味餐厅	0.5—0.8
自助餐厅	0.5—0.7
咖啡厅	0.4—0.6

厨房总面积确定后，再根据生产流程、生产特点、设备大小和工作量分配各操作单元面积，大致如下（见表2-8）。

表2-8　厨房各功能区面积占比

操作单元	所占面积比例（大致）
初加工	23%
切配、热菜烹调	42%
冷菜、烧烤区	10%
出菜区	8%
厨师长办公室	2%
其他：洗涤、仓库等	15%

第四，餐厅客人活动区域设计要文化定位与功能定位并重。比如通过餐厅区域功能布局和氛围设计突出餐厅主题文化和特色，同时满足不同顾客的就餐需求。

第五，布局设计要以人为本并节约环保。布局设计和设备安装要有利于落实高标准的卫生、安全和消防措施，确保工作场所的舒适和设施设备的安全、高效，如做好空调设备、照明设施、厨房的排气通风设施和餐厅服务功能设计等。

随着餐饮业不断发展和"微利效应"迫使餐饮经营场所布局与设计尽量扩大前场客用面积，缩小后场厨房面积，如设立中心加工厨房生产半成品、选用小型功能化齐全的设备设施和采用明档明厨化设计等，以创造更大的盈利空间。

（三）厨房生产区设计与布局

作为餐饮生产区的厨房，是出品美味的工厂。厨房的设计和布局具有很强的专业性，其设计直接影响餐饮生产及服务质量和效率。厨房的设计布局必须遵循餐饮经营场所总体设计，应将厨房和餐厅作为统一的整体来规划设计和布局。设计要保证厨房加工、生产和出品流程的连续畅通；餐厅和厨房尽量安排在同一楼层平面；厨房各功能区域、作业点安排紧凑,满足生产高效率、流水作业及省时的需求;设备配置安装合理、便于清洁维修和保养,如尽可能套用、兼用和优化组合集中设计热源设备;体现以人为本,并为发展留有余地。

1. 厨房功能布局常见方法

厨房功能布局常见方法如下。

1) 统间式

统间式布局适用于小型厨房,即加工区、烹调区和餐具洗涤区统一布置于厨房即后场的整体空间,增加了厨房管理的透明度,方便各岗位联系,但容易造成厨房动线交叉,适合快餐厅,不需要设立单独的冷菜间。

2) 分间式

分间式布局是将初加工、切配、热菜烹调、面点制作、冷菜制作、出菜备餐、餐具洗涤等设计布局在各自独立的区域,分工明确,互不干扰,动线合理,对设备用途专门化的要求较高,但厨房空间隔断较多,存在造成空间浪费、设备使用率不高和沟通协作不顺畅等问题。

3) 统分间结合式

统分间结合式布局吸收了统间式和分间式两者布局的优点,克服了不足,统筹兼顾厨房和功能的特点。比如厨房内冷菜间和餐具洗涤间单独分设,切配间和热菜烹调间无阻碍设计,面点间和热菜烹调兼用、套用厨房设备。统分间结合式布局必须考虑餐饮生产的动线安排,避免动线碰撞、混乱和交叉,保证高效和卫生。

2. 餐厅厨房设备布局

根据不同特点,餐厅厨房设备布局主要分为以下五种。

1) 直线平行型布局

直线平行型布局是将炒炉、炸炉、蒸炉、烤箱等热源设备按照一定的生产流程,依墙直线排列布局,整体布局上方集中安装排烟罩,与烹制区域相协调的配菜台、打荷台和出菜台等也为直线平行型布局。

2) 相背型布局

相背型布局适用于设备集中使用的方形厨房,烹调设备背靠背组合在一起,上方设置宽大的通风排烟设备,厨师面对面操作,调理台设置在厨师身后。

3) L形布局

L形布局适用于小型厨房,将厨房设备依墙按L状分类排列,两边相连,上方集中安装通风排烟设备,充分利用边角处的面积,使操作空间变得机动、宽裕。如糕饼房、茶餐厅厨房和咖啡厅厨房等。

4) U形布局

U形布局是将加工区、面点区、冷菜区、烹饪区的设备依墙作U形三面布局,并留有原料和人员出入口,适用于设备多、员工人手较少、出品集中的厨房,如柜台式餐厅、美食广场的厨房,将生产和就餐氛围融于一体。

5) 紧凑型布局

紧凑型布局适用快餐厅厨房,设备以电动、多功能为主,布局集中、紧凑,收银、服务柜台、饮料机、保温设备、烹制设备等布局合为一体。

以上几种厨房设备布局也可根据厨房生产的实际需要相互结合采用。

3. 厨房室内环境设计要求

厨房室内环境设计要求如下。

1）门窗

厨房与餐厅连接的门要达到隔音和卫生的效果，一般每道门左右各一扇，进出分设，最好装有自动装置，如自动感应装置或脚踩开关开启，可做180°旋转开闭的门，需配有小型透明玻璃窗，避免人流碰撞。每扇门宽度不小于0.9米，高度不低于2.2米。窗户要求便于采光，设安全窗和纱窗。

2）顶棚

厨房顶棚采用耐火、防潮、无吸附性、无吸湿性的石棉纤维或轻钢龙骨板材进行吊顶，考虑排风、空调管道和花洒等设备的安装。

3）地面

厨房地面一般铺设无釉防滑地砖、硬质丙烯酸地砖或环氧树脂地砖，要求耐磨、耐重压、耐高温、防腐蚀和防滑。墙面与地面的交接处，通常进行圆角处理，防止污水污垢沉积，地面有一定坡度并可设明沟防积水。

4）墙面

厨房从墙角到顶棚贴白色大块瓷砖，增加厨房亮度，同时方便清洁。

5）照明

厨房照明可选用白色荧光灯，光线自然柔和，以两个为一组，安装防护网罩或透明熟料板隔挡，可防止炫光、水蒸气和油烟，便于清洁。安装位置应从厨房正面射出，不能有阴影和阻碍厨师的视线，烹调作业区照度要求200—400勒克斯。

6）噪音

选用性能先进的厨房设备并定期维护和保养，对产生噪音的机械设备采用消音器、消音垫，天棚采用隔音及吸音材料，餐厅和厨房设置两道门进行隔音。控制声音强度在80分贝以下。

7）温度和湿度

厨房适宜的工作温度冬季应控制在22—26 ℃，夏季应控制在24—28 ℃，超过30 ℃厨师会感到体力不支和效率不高。厨房应安装空调通风降温，在热源设备上方安装排风扇和排烟罩，对蒸汽管道和热水管道进行隔热处理，减少热辐射。水蒸气和热气排出的设备管道设计和减少水蒸气散发回流装置设计能将厨房湿度控制在40%—60%。

8）通风

厨房通风应采取自然通风和机电通风相结合的方式以保持空气的流通与清新，减少油烟、二氧化碳、一氧化碳和水蒸气等对厨师的伤害，保证供氧量。

（四）餐厅营业功能区设计与布局

餐厅营业场所设计布局应以经营为导向，统筹兼顾各营业功能区空间资源的规划和组合，合理安置和分配服务设施。应充分考虑顾客就餐的舒适性、便利性、安全性，以及应有利于餐饮服务的顺利实施。

1. 餐饮营业功能区的划分

餐饮营业功能区的划分既要相对独立，又相互结合、功能兼容，应考虑的功能如下。

(1) 门厅候餐区域。供顾客等候进入餐厅时休息、点餐使用。

(2) 迎宾区域。设迎宾台、书报架和衣帽间等。

(3) 展示区域。餐厅门外的展示区域可以展出具有餐厅特色主题的文化艺术品、菜单和食品原料等；餐厅中央或入口的展示区域可以陈列当日需要促销的食品和饮料等；明档点餐展示区域可以陈列餐厅销售的菜肴，方便客人直观点餐；在明档厨房展示区域，顾客可以通过玻璃直接看到厨师操作。

(4) 酒吧区域。设吧台和收银台，方便为餐厅顾客提供酒水饮料和结账服务。

(5) 就餐区域。零点顾客餐位和宴会包间等。

(6) 娱乐表演区域。可设小舞台、小舞池、游戏区等供乐队表演，以及与顾客互动。

(7) 公共区域。如客用洗手间。

(8) 管理区域。如办公室、二级仓库和员工专用区等。

餐厅经营场所空间布局合理是餐厅经营场所设计的第一步，在合理布局的基础上更重要的是餐饮经营场所的气氛设计，气氛设计是餐饮产品设计除菜单外另一个重要环节。

气氛是指在一定环境中给人某种强烈感觉的精神表现和景象。餐厅气氛由有形气氛如外观、内外景色、空间布局和软装等与无形气氛如服务员态度、礼节、效率、能力和让顾客满意程度组成。餐厅气氛的设计应反映餐厅的经营主旨、让顾客的心境愉悦、能吸引目标市场顾客，甚至能够影响顾客的行为，如加速或延长顾客的就餐时间。

2. 餐厅经营场所有形气氛设计

设计餐厅经营场所有形气氛应考虑以下几个方面。

1）外观设计

餐厅外观设计要考虑可视性，考虑整体亮化和局部亮化相结合，餐厅的名字和Logo要醒目，应符合餐厅形象定位的要求，菜单、酒单或美食广告在外墙醒目位置展示，配以射灯，既发挥宣传功能，又有美化作用。门厅设计应宽敞并与内部装潢相呼应，并考虑遮雨、安全和美观。

2）照明设计

餐厅照明可根据餐厅经营特点采用自然光、烛光、白炽光、荧光和彩光等，例如，高规格的法式西餐厅常采用可调控的、柔和的、温暖的白炽光源，餐桌用复古的烛光或油灯照明，再用射灯突出艺术品和古董；而快餐厅往往采用明亮的荧光光源，可选用冷光Led灯管照明。

3）色彩设计

餐厅室内色彩有着影响顾客心境的作用，因此可以通过台布、餐巾、墙纸、菜单装帧和家具等载体的色彩选择实现，并且要符合餐厅形象定位的要求。高规格的餐厅可以用一个色系或两个色系搭配使用，最好不要超过三个色系，否则会让顾客产生杂乱无序的感受；而快餐厅的色彩设计可以更加大胆有突破。不同的色彩对顾客的心理和行为的影响不尽相同，色彩的影响作用如表2-9所示。

表 2-9　色彩的影响作用

色彩的种类	影 响 作 用
红色	振奋、激动
橙色	兴奋、活跃
黄色	刺激
绿色	宁静、镇静
蓝色	自由、轻松
紫色	优美、雅致
棕色	松弛

4）体感设计

体感或称躯体感觉,是触觉、温觉、嗅觉、痛觉和本体感觉的总和。此处体感是指除食物外,餐厅环境给顾客听觉、嗅觉、温觉等带来的综合感觉,直接影响顾客就餐的舒适度。影响顾客体感的因素有餐厅温度、湿度、气味和声响等,设计要求如下。

温度：一般冬季和春季可以保持在 20—22 ℃,夏季和秋季保持在 24—26 ℃。

湿度：一般夏季相对湿度为 55%—65%,冬季相对湿度为 40%—55%。

气味：餐厅大环境应避免闻到厨房的油烟味、地毯的霉味、服务员不洁的体味和洗手间的异味等,保持新风量不低于 25 m³/(h·人)。

以上三点可以通过排油烟系统、空调新风系统和餐厅管理达到。

声响：要避免顾客在餐厅听到厨房生产、窗外街道车流和餐具碰击等噪音,采用双层隔音玻璃和两道入厨门等降低噪音,还可选择应景和音量适中的背景音乐愉悦顾客的听觉,背景音乐可以为音频播放或现场演奏。

5）绿化设计

餐厅、酒吧绿化是让餐厅环境充满活力的重要手段,可根据餐厅形象定位、时令季节和不同国家、地区的花语等因素选择绿色植物。可选用鲜花、盆景等；或为降低成本选用干花、仿真花和观赏植物等。

6）摆件设计

餐厅、酒吧的摆件是指以观赏为主的艺术品、古董等,要求符合餐厅形象定位的要求,可以选用雕塑、古董、工艺品、油画、摄影作品和陶瓷器皿等。例如,中餐厅摆件设计可以用青铜器、唐三彩、青瓷花瓶和工笔画等；西餐厅可以选用西洋雕塑和油画等。

7）展区设计

餐厅可以设计橱窗、入口区域展台、餐厅中央展台、人工景致和动态展示手推车等向顾客推荐餐厅特色餐饮产品、烘托餐厅主题或节日主题。展区可以根据季节、活动主题和节日变化而变化。设计要求突出特色产品、表现主题、层次分明和错落有致,食品原料、黄油雕塑、面塑、餐具、艺术品、酒品和特色物品等都是展区设计常选用的。

8）外部环境设计

餐厅外部环境是指顾客透过玻璃门窗看到的景色,如有条件则可以设计露天餐座、小桥流水和花园,让餐厅内外呼应,处处是景,与自然融为一体。

同步任务

以任务一同步思考所成立的餐饮投资小组为单位,在学校所在城市进行市场调研,并共同编写投资可行性分析报告,内容包含市场调研、确定主要目标市场,确定投资总金额、餐厅选址、餐厅主题、CIS创意设想、菜单筹划与设计、餐厅前后场所布局与设计构想、投资效益分析等。

 同步思考

根据已经确定的小组投资意向,调研同类型餐饮企业的组织架构、人员配置和服务设计等,讨论并思考本小组投资的餐厅的服务设计、人员配置和投资效益分析等,带着思考和疑问学习项目三服务设计、项目四餐饮组织管理及其他项目课程,为进一步完善可行性分析报告做准备。

 任务评价

本任务评价时间可以后延,需经小组多轮讨论、修正、演示发言,以及其他小组提问后进行小组互评和教师评价(见表2-10)。

表2-10 餐饮小组调研设计评价表

评价内容	评价标准	分值	小组互评(50%)	教师评价(50%)	综合得分
小组成员工作态度	积极认真、服从安排	10			
市场调研	数据真实与准确性	10			
餐厅选址	合理性	10			
餐厅主题	主题鲜明有特色	10			
CIS创意设想	餐厅名称、Logo、宗旨、色彩等	10			
菜单筹划与设计	符合餐厅经营宗旨和满足目标市场需求	10			
前后场所布局与设计	满足经营、生产、消费和服务的需求	10			
投资效益分析	数据真实有效	10			
团队精神	分工明确、团结协作	20			
合计得分					

评分标准(满分为100分):80—100分为优;70—79分为良;60—69分为中;60分以下为差。

知识活页

企业识别系统

企业识别系统,英文为 Corporate Identity System(简称 CIS),是将企业文化与经营理念统一设计,利用整体表达体系最终促进企业产品服务和销售的一种企业形象设计,包含理念识别、行为识别和视觉识别。理念识别即确立企业独具特色的经营理念,是企业生产经营过程中设计、研发、生产、营销、服务、管理等经营理念的识别系统。行为识别即以经营理念为基本出发点,对内建立完善的组织制度、管理规范、职员教育、行为规范和福利制度;对外则开拓市场调查,进行产品开发,透过社会公益文化活动、公共关系、营销活动等方式来传达企业理念,以获得社会公众对企业识别认同。视觉识别即以企业标志、标准字体、标准色彩为核心展开的完整、体系的视觉传达体系,将企业理念、文化特质、服务内容、企业规范等抽象语义转换为具体符号的概念,从而塑造出独特的企业形象。

(资料来源:根据相关资料整理。)

 通过本项目的学习,学生能够开展餐饮市场调研,了解市场需求,确定目标市场,围绕目标市场的需求定位设计餐饮产品。餐饮产品设计的内涵包括餐厅主题确定、菜单筹划与设计、厨房布局与设计和餐厅营业场所布局与设计等。

 关键术语

可行性分析、市场调研、需求分析、目标市场定位、设计与布局

 项目训练

知识训练:

1. 餐饮投资项目进入运营阶段后,取得的营业收入中很大部分都将被各项成本费用开支抵消,成本开支通常有_____、_____、_____、_____。

2. 达到保本点时,餐饮企业的营业收入应为_____。

3. 餐饮市场调研的内容十分广泛,因调研的目的和要求不同,其调研的侧重点也有所不同。通常餐饮市场调研的内容主要涉及以下五个方面:_____、_____、_____、_____、_____。

能力训练:
1. 简要分析市场需求和确定目标市场的方法。
2. 简述菜单的作用,以及筹划与设计的原则和方法。
3. 简述餐饮企业厨房、餐厅营业场所布局设计与气氛营造的基本原则和方法。

◆**本课程阅读推荐**

任成元《产品设计:品质生活》,人民邮电出版社,2016年版。

项目三
服务设计

 项目描述

餐厅服务管理是酒店餐饮部运行与管理的重要组成部分。酒店根据其规模不同包含中餐厅、西餐厅、咖啡厅、宴会厅等多种不同类型的餐厅,此外还有自助餐厅、房内用膳服务等,不同的餐厅由于顾客类型和需求不同,其服务要求和服务规程也不相同。

 项目目标

知识目标
1. 掌握中西餐服务程序与标准。
2. 熟悉餐厅服务管理的主要工作内容。
3. 掌握房内用膳和自助餐服务的标准与管理内容。

技能目标
1. 能按照不同的服务方式提供中餐服务。
2. 能完成零点服务、宴会服务的工作。
3. 能进行房内用膳和自助餐的服务。

思政目标
1. 培养学生正确认识服务的含义。
2. 培养学生正确看待对客服务工作。
3. 培养学生运用所学知识解决实际问题的意识。

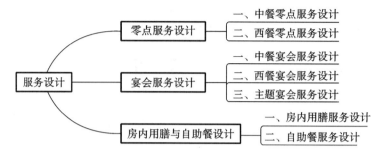

1. 中西餐服务程序与标准。
2. 能按照不同的服务方式提供服务。

  某国际大酒店餐饮功能齐全，中餐厅、风味餐厅、法式西餐厅、咖啡厅、红酒吧、大堂吧、行政观景酒廊等餐饮设施一应俱全，将自己打造成了一个充满中西美食的天堂。

  一楼的大堂吧清净优雅，面积达240平方米，是客人休憩、会客、小酌的好地方；咖啡厅营业面积达620平方米，能为客人提供中西自助餐和世界各地的风味美食。

  二楼中餐厅面积达450平方米、风味餐厅面积近300平方米，另外拥有33个风格迥异，面积为45—90平方米的宴会包房，尽收以淮扬、港粤为核心的中国美食，让客人尝尽舌尖上的中国滋味；法式西餐厅的面积达320平方米，邀请法国大厨为客人精心制作法式大餐，美食、美味、美酒、美景，让人流连忘返。

  三楼多功能宴会厅面积达1800平方米，可同时容纳1000人就餐，是大型会议、豪华婚宴和各类饮宴活动的极好选择。

  位于酒店顶层的行政观景酒廊和红酒吧环境静谧、幽雅，在这里，人们可将滨江风光带和金融中心等尽收眼底，休憩、品酒、品茗可以使客人一洗喧嚣的烦忧，让内心获得宁静。

  根据酒店的部门设置，我们应该提供哪些不同种类的服务？

任务一　零点服务设计

 任务描述

本任务要求学生能按照基本服务流程进行中餐、西餐零点服务的餐前准备、餐中服务和餐后结束工作,并在服务过程中掌握零点服务的基本程序与要求。

一、中餐零点服务设计

中餐零点服务工作内容如下。

(一)餐前准备工作

餐前准备是开餐前非常重要的一项工作。它包括任务分工、准备工作、了解菜单、召开餐前会等相关内容。既能够确保为客人提供优质服务,又能够保证餐厅的正常运转。

1. 任务分工

(1)区域划分。

餐厅区域划分是将餐厅的不同餐桌进行编号。划分的方式有多种,可以按服务动线的距离,也可以按照座位的数量进行划分,还可以按照不同的性质与功能进行区域的划分。服务区域的划分因餐厅的格局而异,在绝大多数零点餐厅,服务区域基本是按照餐厅的构造自然分隔的。

(2)人员分工。

根据餐厅正常客情和运营情况,管理者应结合餐厅人员情况,将服务人员分配到相应的工作区域,服务员开始餐厅服务的准备工作。原则上分为两组,一组负责前场服务,另一组协助与后场沟通。在前场的服务管理中,始终需要保持服务区域内至少有一人值台,不至于出现无人管理值台区的状况发生。除餐厅服务员外,管理者还要考虑到迎宾、预订、结账等重要岗位的人员安排,确保餐厅服务工作的完整性。备餐间的传菜员一般是相对固定的,在任务布置时要强调其工作重点和注意事项,尤其是备餐间的餐具准备工作要充分。

2. 准备工作

一家中式零点餐厅的准备工作(见图3-1)主要包括以下工作内容。

(1)餐桌和餐椅检查。

对已经预订席位的客人,需要检查是否安排好空间充足的餐桌与数量足够的餐椅。检查餐桌椅时要根据餐厅布局进行餐桌定位,并检查桌椅的稳固性,凡发现桌椅不稳或有损坏,应立即报修,避免用餐过程中出现意外。

(2) 餐具准备。

餐具准备包括餐厅摆台用餐具、餐中服务用具两部分。摆台餐具的准备一般按服务区域座位数进行,并适当增加20%,以防用餐过程中客人人数出现临时变化。服务用具方面,要检查餐具是否完好无损,任何有缺损的餐具都不应上桌,还需检查餐具的卫生。凡是餐具洗涤不干净、有污渍的,都必须退回洗碗间重新洗涤。

(3) 工作台准备。

工作台又称餐具柜,工作台准备是餐前准备的一项重要工作内容。许多餐厅在进行区域划分时都会在每个区域配备一个工作台,这样既可以存放餐具、餐厅服务备品,又可以作为工作台,方便服务员对客服务的操作。服务员在开餐前必须将各种餐具、调料和服务用品领来,存放在本区域的工作台中。不同餐厅,所选择的工作台是不一样的。工作台是餐厅存放对客服务用品的专用柜,一般员工的私人物品如手提包、化妆袋、钥匙包等是严禁放入的。

(4) 摆台。

摆台是餐前准备的一项非常重要的准备工作。摆台包括铺台布、摆餐具、摆公用品和检查等工作内容。铺台布时首先要选择合适的尺寸,不同的餐桌配备不同规格的台布。在铺台布时应注意:不管是方桌还是圆桌,台布四周下垂部分要均等,一般为40厘米左右,台布边正好接触到椅面。铺台布时布缝朝上,餐厅内所有台布的正缝方向要一致。铺设的台布要求平整、挺括,无皱折、无破损。台布铺好后开始摆台。摆台时需按用餐的要求配备和摆放餐具,具体摆法取决于餐厅的服务方式和供应的菜肴品种。此外,应用干净托盘装餐具摆台,不得图省事而用手捧或拿杯筐当托盘使用。摆台时应使用正确的方法握拿餐具,瓷器要拿其边沿,玻璃杯拿杯脚或底部,刀、叉、勺拿把柄。摆台时应一边摆一边再次检查餐具有无破损。摆台时,注意餐具间的距离要均等,台面要美观整齐(见图3-2)。所有餐具摆完后要仔细检查餐具是否摆放齐全,其他用品是否都已准备到位。

图3-1 餐桌准备工作

图3-2 餐台

3. 了解菜单

服务员在开餐前必须熟悉当日的菜单,特别是需要了解特选菜、急推菜、售缺菜的情况,这样在为客人点菜时才能将厨房供应信息准确地告诉客人。此外,了解菜单还有利于服务员在接受点菜时向客人提供建议,因为大多数去餐厅消费的客人对餐厅的菜单并不熟悉,对一些菜肴的制作方法、烹调原料等也不太清楚,这就需要服务员为客人介绍和推荐。

4. 召开餐前会

餐厅开始营业之前,需召开餐前会。餐前会是一个很好的培训机会,管理者可以利用这个机会就服务中的某些问题对服务员进行培训。虽然餐前会的培训时间不长,但是若能长期坚持,及时发现问题,及时培训和解决,这对餐厅服务水平的提高非常有帮助。

管理者还可以利用这个机会进行重要客情通报。重要客情通报是任务分配的重要环节,管理者需对预订、重要客情等进行布置。服务员接受任务分配后,要了解本区域的餐桌是否已经有预订,预订客人有无特别要求等,同时放置留座卡并按预订要求布置台面。

餐前会一般由餐厅经理或主管主持,会议的主要任务是检查餐前准备和布置工作,具体有三方面的内容。

第一,检查服务员的出勤情况和仪表仪容情况。

第二,总结上一餐的开餐服务情况,指出服务中存在的问题以及解决这些问题的方法。通报餐厅预订情况及客人的特殊要求,并提醒相关区域的服务员掌握预订情况,掌握预订客人的特殊需求。通报厨房菜肴供应情况,如特选菜、急推菜和售缺菜等。

第三,传达部门例会的有关信息。根据餐厅整体工作安排,适当做一些简单培训。

餐前会结束后,餐厅服务员、引座员、传菜员等所有人员将迅速进入各自的工作岗位,做好开门营业的准备。

(二) 中餐零点开餐服务

开餐服务是餐厅对客服务工作的开始,也是餐厅服务工作的重要一环。中餐零点服务的内容包括迎宾入座、接受点菜、点单入厨以及值台服务等整个中餐对客服务流程的工作。其中回答客人询问、向客人推荐菜肴等也是开餐服务的重要内容。

1. 迎宾入座(引座)

引座服务既能使客人感受到欢迎,对餐厅留下美好的第一印象,也可以有能力控制餐厅里客人的流动量,使餐厅处于有效的控制之中。安排客人就座的工作在一般情况下通常由餐厅经理、专职的引座人员负责。这种服务方式使客人可以自己挑选餐厅的餐位,也能够加强与客人之间的互动。

在安排客人就座时,需要提前掌握餐厅里的客流信息情况,要避免将同时进入餐厅的两批客人安排在同一个服务区域内,尽量分散安排,这样既可以避免某一服务区域的服务员负担过重,同时也可以为客人提供更优质、更迅速的服务。

在就餐高峰期,有时会出现客人必须排队等候的状况,引座员要注意根据客人到达和登记的先后次序去安排他们入座用餐。对于已经预订的客人,应在预约时间里安排入座。

2. 接受点菜

在客人入座并看了菜单之后要进行点菜服务,如果是引座员或领班安排入座的客人,去招呼的服务员要先向客人问候,并询问客人是否可以点菜。

征得客人同意后,由领班或服务员为客人进行点菜服务。如使用菜单点菜,服务员在接受客人点菜时应站在客人的一侧,手拿点菜记录用的订单,记录客人点的菜肴;如用二维码或电子类产品点菜,服务员需要告知客人如何扫码登录,如何下单等操作。

点菜订单的填写要工整清楚,符合规范要求。通常为了方便厨房安排生产加工,冷菜、热菜和点心等不同类别需要分开下单。填写订单时要写清菜肴规格和数量,以及客人的特殊要求。另外,订单中用餐人数、台号等固定栏目的内容也必须填写清楚。

服务员在记录完客人点的菜以后,应向客人重复一遍他们所点的菜肴,核对点菜内容,以便得到确认。

在接受客人点菜过程中,服务员还需要回答客人的各类问题,尤其是关于菜肴、酒水饮料方面的问题。在沟通中,服务员与客人建立良好的关系,有助于推销菜肴。推荐菜肴是一项重要的沟通技能。好的推荐,既可以使客人满意,又能为餐厅增加营收。推荐要掌握恰当的时机,不能让客人感到服务员在为餐厅不断推销,应当使客人感到服务员是站在他们的立场上,为他们提供服务的。因此,推销的沟通技巧非常重要,应多使用建设性、选择性的语言。

3. 点单入厨

服务员接受客人的点菜后,开好点菜单,在餐饮操作系统中进行菜单的建立和输入,然后将一联送至厨房,由厨师按顺序配菜,进行菜肴的加工和制作。服务员去厨房下订单时必须注意遵守秩序,如有特殊情况需与厨师长沟通,不得擅自打乱点菜单的先后顺序。订单上的特别要求需与厨师长或厨师当面核对或解释。

4. 值台服务

值台服务的内容包括上菜及台面服务。这种服务方式是指把客人点的食品、饮料及时端上餐桌,并在整个进餐过程中注意观察客人的用餐进度,解决客人用餐过程中可能发生的问题,为客人提供优质、高效、舒适的服务。

在上菜服务之前,应首先进行菜肴检查,防止出错。需要核对菜肴,避免上错菜的情况发生。此外,还需要注意检查菜肴的出品质量,如菜肴点缀美观,菜品摆放整齐。如果发现情况,应向厨师长或管理人员报告。

在上菜和台面服务过程中,应做好相关的服务工作。

(1) 在指定位置为客人上菜,并清楚地报菜名。适当时,可为客人介绍菜品的口味、特点、烹制方法等。此外,还需要随时注意观察客人的台面,整理餐桌上的菜盘,撤去空盘,避免餐盘重叠。

(2) 及时为客人添加饮料和酒水。关注客人,有需要时,为客人撤换骨碟、烟灰缸,一般情况下烟灰缸内烟蒂不得超过三个。

(3) 如客人用餐过程中离座,服务员应为客人拉椅,待客人返回时再帮助客人拉椅入座。当客人用完餐后,应及时从客人右侧撤掉所有餐具,只留下酒杯和饮料杯,并及时为客人提供热茶和毛巾。

(4) 收下的脏餐具要整理放入服务台上或托盘里,由服务员或传菜员送入洗碗间。操作时声音要轻,不要在餐桌上叠加盘子并堆放在餐桌上。

在就餐服务工作中,由于时间紧凑,为了掌握好服务的节奏,提高对客服务工作的效率也是很重要的。

缩短对客服务的时间,不仅可以提高工作效率,还可以增加客人用餐的人数。操作中应尽量减少不必要的走动。因为过多走动,既浪费时间,又影响客人就餐,还会给客人一种忙乱的感觉。

有效的服务包括,上菜要及时,保持菜品的温度、口感等。在就餐过程中,服务员要能够观察、关注客人。此外,服务员还需要注意少出差错,争取能够自我纠正,避免客人的抱怨和投诉。

(三)餐后结束工作

餐后结束工作包括结账、收尾、餐后小结等。

1. 结账

客人可以到账台付款,也可以由服务员为客人结账。餐厅结账一般有现付、签单、信用卡结账、电子支付等几种方式,不同的方式其结账的程序有所不同。

(1)现付。

当客人提出结账的要求时,服务员应迅速到账台取来客人的账单并进行核对,确认无误后将其放在账夹或小托盘里递给示意要结账的客人。如客人对账单有疑问时要负责解答,客人付款后,服务员应立即将钱款送到账台,由收款员收账找零。服务员再将找零和发票回呈给客人,并向客人致谢,欢迎再次光临。

(2)签单。

如果是住店客人,签单也是一种常见的结账形式,餐费在离店结账时与房费等酒店内的其他消费一并结算。当客人示意结账时,服务员应迅速到账台取来账单,核对无误后将账单放在账夹里交给示意结账的客人。客人签单时,一般应出示房卡,服务员也应对照客人的房号、房卡上的签字是否与客人所签一致。客人签完单后,服务员应向客人致谢,欢迎再次光临,然后迅速将签过字的账单送交账台。

签单结账的另外一种形式是月结或者迟交消费,也就是说相关的公司或单位与酒店签署消费合同,先消费,然后每个月结一次账,或者是先预付部分费用,然后进行消费。无论采用何种消费方式,签订合同时都会指定相关的签字人,并留有签名备查。接受这种形式的消费结账时,服务员必须将客人签字交给账台核对,确认无误后方可生效。

(3)信用卡结账。

信用卡结账是目前国际上比较通用的一种结账方式。首先服务员要了解本餐厅所接受的信用卡种类,在客人示意结账时,服务员取来账单,核对无误后放在账夹内交给示意结账的客人,待客人确认账单无误后,再将账单和信用卡一道送交账台,由收款员负责刷卡,打印收款单,然后请客人在收款单上签字。结账完毕服务员向客人致谢,欢迎再次光临。

(4)电子支付。

如餐厅有电子结账系统,服务员应告知客人扫描结账的二维码,然后根据系统结算金额,可选择微信、支付宝等电子支付方式买单。

接受付款的形式还有支票、签字挂账等。结账工作要求准确、迅速、有礼有节。

2. 收尾

客人用餐完毕离开餐厅时，餐厅经理或引座员应主动向客人道谢，欢迎客人再次光临。

（1）服务员：待全部客人都已离开餐厅后，各值台区域的服务员应进行收台清扫工作。按照规定的要求重新布置台面，摆齐桌椅，清扫地面。擦净调料盛器和花瓶等，将转盘用清洁剂擦洗干净。服务台收拾整齐，补充必备品，归还借用的服务用品。

（2）引座员：整理客人意见，填写餐厅记录簿。

（3）餐台经理：检查收尾工作，召开餐后会，简短总结，交代遗留问题。

3. 餐后小结

餐后小结的内容主要有两个。一是总结本次开餐服务的情况，并对服务员进行现场培训。这种培训虽然时间不长，内容不多，但和餐前会一样，现场讲解，能起到很好的效果，服务员也比较容易接受。二是收集服务信息。服务员在对客服务过程中往往会听到客人对菜肴、服务等方面的意见，用餐结束后，管理人员应立即予以收集、整理，用于指导和改进餐厅的工作。这些信息如果不立即收集，服务员很快就会忘记，且很少会主动向管理人员汇报，导致管理者失去大量的客人意见。

同步案例

210包房服务员小田发现有位客人不习惯用铁筷子，总是夹不住菜，于是她主动为客人更换了一双木筷，客人对她点头表示感谢，用餐结束后客人还拿出50元钱给她，被小田婉言谢绝，她对客人说："这些都是我应该做的。"客人表示下次来用餐时还要小田来服务。

晚上10:30左右，餐厅走进来一位客人，说："还能在这儿吃点夜宵吗？累了不想再往外跑了。""可以，您想吃点什么？我去给您准备。"服务员对客人说。客人一听开心地说："太好了，谢谢你小姑娘，我们一起三个人，随意上点饭菜就行。"十分钟过后，饭菜上齐。服务员从客人的交谈中得知，这三位客人是来济南看病人的，不知道去医院怎么走，他们是开车过来的。于是服务员详细地给客人讲了去医院的路线，还简单地画了一张地图给客人，并且画了回酒店的路线。服务员耐心细致的服务得到了客人的好评，客人临走时直夸餐厅服务热情、周到，服务员的素质高，还说："下次我还来你们餐厅就餐"。

（资料来源：https://wenku.baidu.com/view/84e85fbd5a0216fc700abb68a98271fe910eafa0.html.）

同步思考

（1）以小组为单位，在实训室模拟中餐零点开餐服务流程，掌握中餐服务程序。

（2）考察某家酒店的中餐厅，了解酒店中餐服务运作流程。

任务评价

本任务评价由小组互评和教师评价共同构成(见表3-1)。

表3-1 中餐零点服务评价表

评价内容	评价标准	分值	小组互评(40%)	教师评价(60%)	综合得分
餐前准备工作	内容完整,掌握熟练,操作规范	20			
开餐服务	内容完整,掌握熟练,操作规范	40			
餐后结束工作	内容完整,掌握熟练,操作规范	10			
服务规范与服务习惯	各项操作符合规范,养成良好操作习惯	10			
服务意识	具有良好的服务意识	10			
团队精神	分工明确,团结协作	10			
合计得分					

评分标准(满分为100分):80—100分为优;70—79分为良;60—69分为中;60分以下为差。

 知识活页

安排入座的技巧

安排客人的座位需要讲究技巧,不同的客人对餐位的需求不一样,因此,安排时应注意以下几点。

(1)一张餐桌只安排同一批的客人就座。

(2)要按照一批客人的人数安排适当的餐桌。比如将全家一同前来就餐的客人安排在大圆桌席位上,而将一对夫妇或情侣安排在只供两人用的小餐桌席位上。

(3)吵吵嚷嚷的大批客人应当安排在餐厅的单间里或餐厅靠里面的地方,以避免干扰其他客人。

(4)老年客人或残疾客人应尽可能安排在靠餐厅门口的地方,这样就可以避免多走动。

(5)年轻的情侣喜欢被引领到安静而又有优美景色的角落里的餐桌旁。

(6) 服饰漂亮的客人可以渲染餐厅的气氛,可以将其安排在餐厅中心引人注目的位置。当然,最主要的是不违背客人的意愿,安排在其喜欢的席位就座。
(资料来源:根据相关资料整理。)

二、西餐零点服务设计

西餐零点餐厅工作内容如下。

西餐零点餐厅是以体会异国风味的餐饮为目的的餐厅,餐厅不仅为客人提供西餐零点菜品的休闲服务,还为客人提供商务、休息、小憩、会客、社交、用餐等服务。

西餐零点服务的程序主要包含:摆台,迎宾,领位,点单,下单,饮品、菜品服务,巡台,结账,送客,收台等。

(一) 餐前服务

餐前主要服务为摆台。摆台物品应擦拭干净、完整无损,摆台物品如印有餐厅的标志,标志面须一律朝向客人观赏面。西餐零点摆台可按照不同餐厅的要求、用餐风俗习惯进行摆放,西餐零点的摆台方式一般是摆放刀叉、勺子、饮料杯、口布等。

(二) 餐中服务流程

(1) 迎宾。零点西餐厅一般不设专门的迎宾员,所以要求每一个员工都要有迎宾的意识,即使你没有站在迎宾的位置,见到客人都应主动向其打招呼并热情接待。

(2) 领位。服务员或迎宾员面带微笑问候客人,并将客人引领到客人喜欢的位置入座。

(3) 饮品服务。客人入座后,服务员先给客人呈上一杯冰(热)水或免费提供的柠檬水,再根据客人需要为客人提供餐前饮料服务。

(4) 点单。服务员将酒水单、菜单双手呈递给客人,一般从客人的右手边呈上。如餐厅提供二维码点菜,可告知客人二维码的扫码处,并辅助客人点单。

(5) 面包服务。点单后,服务员为客人呈上餐厅的面包和黄油。

(6) 下单。服务员开单时要清楚而准确地写明所点饮品、菜肴的内容,并向客人复述,确保无误;开单时须写清日期、台号、人数、开单人姓氏及内容;离开时请客人稍等;下单时应提醒吧台、厨房有特殊要求的饮品、菜品。

①填写订单。因为西餐服务中每位客人都是各自点菜,其所点的菜肴可能完全不一样,所以西餐厅接受客人订单时,第一步是先将客人所点内容记录在一张纸片上,第二步是将同类项合并,再填写到正常的订单上。

②下订单。服务员将填写好的订单送到厨房,或由餐饮运营系统将点单传送至厨房。

(7) 饮品、菜品服务。根据客人所点的菜品和饮品,吧台、厨房加工出品,及时为客人提供饮品和菜品。

①开胃品服务。服务员根据客人的点单,为客人呈上开胃品。在开胃品上桌前或

开胃品上桌后为客人提供相应的开胃酒。等全桌客人用完后撤餐盘、酒杯。清理完餐盘、酒杯后,主动为客人加满冰水。

②汤或色拉(第二道菜)服务。服务员在清理完开胃品盘后10分钟内为客人上汤或色拉。上汤时,一般为客人提供面包。上汤或色拉时,如果客人点了配套的酒水,应按照规范为客人提供酒水服务。客人用完后应及时撤掉餐具和酒杯,并进行简单的餐桌清理。

③主菜服务。服务员根据客人所点的主菜,依照先女后男、先宾后主的顺序为客人提供主菜服务和相应的调味汁服务。西餐中非常讲究菜肴与酒水的搭配,一般点主菜时,会特别挑选与主菜相适应的葡萄酒搭配。因此,在上菜前,还需要按照葡萄酒服务的程序为客人提供酒水服务。客人用完主菜后及时清理主菜盘、空杯等,只留水杯或饮料杯。撤走所有调料,如盐、胡椒等。用刷子将桌上面包屑扫进餐盘,保持台面整洁。

(8)巡台。巡台是整个服务流程中的重要内容,也是优质服务的体现。在服务的过程中,应勤换烟灰缸、勤加水等,应随时留意客人的意向。每个员工都应有良好的巡台习惯。

(9)结账。当客人买单时,服务员应先到收银台拿取账单,请客人核对后再按程序完成收银工作,并向客人表示感谢。如扫码买单,应适当提醒客人付款方式,协助客人付款。

(三)西餐零点餐后服务流程

(1)甜品服务。服务员询问客人是否需要甜点,然后按照点单餐具搭配的要求,清理完主菜餐具后为客人提供餐后甜品服务。先摆上甜点盘、甜点叉、甜点刀、茶匙等,再上甜品。

(2)咖啡或茶服务。服务员在上甜点后,或者与甜点同时上咖啡或茶,根据客人的点单,布置咖啡或茶的服务用品,摆上乳脂、糖、牛奶以及咖啡杯碟等。

(3)收尾工作。

①当全部客人用餐完毕后进行收尾工作。

②结账服务。服务员及时根据客人需要为客人提供结账服务,并向客人表示感谢。

③送客。当客人离开时,服务员要提醒客人带好随身物品,并对客人的光临表示感谢,欢迎客人再次光临。

三、餐厅管理工作

餐厅日常管理工作的主要内容包括以下几方面。

1. 人员管理

建立餐厅服务及管理的组织结构,合理配置工作人手。制定严格的员工管理制度,运用激励手段,加强人际沟通,使员工在良好的餐厅环境中凝聚成具有团队精神的集体。根据营业情况分派服务工作任务,安排服务班次,做到既保证服务的需要,又节省人力成本。

2. 制度管理

制订餐厅工作计划,有重点、分步骤地抓好各项具体工作。制定餐厅各岗位的操作规范和相应的服务程序,并组织全体员工认真学习,贯彻执行。

3. 质量管理

抓好餐厅服务质量管理工作，提高客人满意度。抓好餐厅的主要设施、设备的日常维护工作，保证餐厅环境卫生。抓好餐厅主要用品的成本控制、保管发放和使用工作。

此外，还需要加强与厨房及其他相关部门的沟通与联系，保证餐厅的前台服务工作与后台生产工作协调一致，给客人一种完美的用餐享受。

餐厅管理是在餐饮管理者的领导下，执行既定的计划，组织并运用各种人、财、物等资源，搞好销售、服务，以及财务、成本控制和卫生等各方面的工作，以提高餐厅的经济效益。

同步案例

某天早上，餐厅吃早餐的客人很多，服务员都在紧张地进行服务工作。这时，走来一对夫妇，丈夫是外国人，妻子是中国人。由于客人很多，服务员为这对夫妇找到了一张桌子，但是这张桌子还没有来得及收拾，服务员便建议这对夫妇先将行李放到酒店房间再来吃早餐，这样既能避免等待又能节约时间，客人觉得建议很好，于是就上楼去了。但是当这对夫妇放好行李再次回到餐厅的时候，刚才那个位置已经坐下其他客人了。于是服务员很快又给他们安排了另一个位子，位子的问题解决了，但是从开始吃饭到结束，始终没有一位服务员来询问他们要喝咖啡还是茶，这是不符合五星级酒店餐厅服务程序的。中午，他们来到西餐厅吃午餐，发现点的蘑菇汤不对，被换成了番茄汤。晚上，这对夫妇写了一封投诉信交给大堂副理。大堂副理在第一时间通知了餐饮部经理，餐饮部经理了解情况后，马上带着一个果篮来到该夫妇住的房间，首先向他们表示了歉意，然后表示要立即加大服务质量管理力度，保证避免此类事件的再次发生。

（资料来源：https://wenku.baidu.com/view/f5fd4c0ca48da0116c175f0e7cd184254a351bf8.html.）

同步思考

（1）在实习餐厅以小组为单位模拟零点西餐厅服务程序，形成酒店西餐厅早、中、晚餐服务规范和标准。

（2）考察、观摩酒店西餐厅服务。

任务评价

本任务评价由小组互评和教师评价共同构成（见表3-2）。

表 3-2　中、西餐零点服务管理评价表

评价内容	评价标准	分值	小组互评(40%)	教师评价(60%)	综合得分
餐前准备工作	内容完整,掌握熟练,操作规范	20			
开餐服务	内容完整,掌握熟练,操作规范	40			
餐后结束工作	内容完整,掌握熟练,操作规范	10			
服务规范与服务习惯	各项操作符合规范,养成良好的操作习惯	10			
服务意识	具有良好的服务意识	10			
团队精神	分工明确,团结协作	10			
合计得分					

评分标准(满分为 100 分):80—100 分为优;70—79 分为良;60—69 分为中;60 分以下为差。

 教学互动

(1) 学生按每组 6—8 人,分为若干小组,采取角色扮演的形式,各小组轮流扮演客人和餐厅服务员,按照西餐零点服务流程进行模拟练习。

(2) 考察、观摩酒店西餐厅服务,总结西餐厅摆台和服务的要领。

任务二　宴会服务设计

 任务描述

本任务要求学生能按照宴会服务的类别和特点,独立组织宴会并规范熟练地为客人提供中餐、西餐宴会服务,掌握宴会服务程序与标准以及宴会主题的设计方法。

一、中餐宴会服务设计

中餐宴会服务工作内容如下。

(一)准备工作

宴会前的各项准备工作都是大量的。准备工作的好坏,直接关系到宴会服务质量的高低,是服务工作能否顺利完成的关键。因此,耐心细致地完成好宴会前的各项准备工作是非常重要的。

1. 掌握通知单内容

接到宴会通知单后,餐厅服务员应做到知晓主人身份、宾客国籍、宴会标准、开餐时间、菜式品种、烟酒茶果、收费办法、邀请对象,以及主办单位或主办宾客的房号、姓名。此外,还需要了解宾客的风俗习惯、生活忌讳、特殊需要、进餐方式,以及主人和宾客的特殊爱好。如果是外宾,还应了解其国籍、宗教、信仰、禁忌和口味特点。

2. 分工明确,任务落实

宴会接待需要确定总指挥。总指挥在开餐前的例会上,要向全体工作人员分配工作任务,明确宴会接待的重要性,要求工作人员从思想上重视,提出宴会服务的具体要求及注意事项。在人员分工方面,要根据宴会的特点及要求,对迎宾、值台、传菜、酒水供应、衣帽间、贵宾厅等岗位人员进行明确分工,具体任务落实到人。做好人力、物力的充分准备,保证宴会顺利进行。

中餐宴会的人员配比一般为,1名值台服务员要为10位客人提供餐台的就餐服务;1名传菜服务员要为20位客人提供传菜服务;1名迎宾服务员要为20—50位客人提供引领、迎送服务。如遇重要宴会,应设专门的迎宾服务员,负责专人的迎送服务。

3. 宴会布置

宴会要注意进餐环境和情调,因此在餐厅布置方面,应根据宴会的性质和规格的高低来进行,既体现出隆重、热烈、美观、大方,又具有中式的传统特色。

(1) 休息室的布置。

宴会厅应设有供赴宴客人在宴会前后休憩的休息室。休息室内应备有高级沙发、茶几,铺高级地毯,装饰名人名画,摆放装饰性的鲜花或盆景,以及体现高雅、豪华的宴会气氛的相关设施。如无休息室,应在宴会厅一角设置休息区域。

(2) 场景布置。

宴会厅的室温要注意保持稳定,并且与室外气温相适应。一般冬季保持在18—20 ℃,夏季保持在22—24 ℃。

宴会厅场景应根据宴会规模、宴会厅的面积和形状,以及宴会主办者的要求进行设计布置。根据宴会的目的、性质和主办者的要求,在宴会厅的正上方悬挂如"庆祝××公司成立"等相关横幅标志等。举行隆重的大型正式宴会时,灯光照明需要完全打开,场地明亮、光线充足;宴会厅周围要求摆放盆景、花卉,或在主席台后面用屏风、盆栽等进行装饰,以营造隆重盛大、热烈友好的宴会气氛。

一般的婚宴、寿宴等,应在酒店大堂设欢迎牌,在宴会厅的醒目位置(一般在主桌后的墙壁上)挂大红"喜"字或"寿"字以烘托喜庆的主题。如主办者有宴会中致辞的要求,应在主桌右后侧设置致辞台,上放麦克风,以便宾主致辞。有乐队伴奏或文艺演出的,有舞台的要利用舞台,没有舞台的应设计供乐队演奏或演出的专门场地。

4. 台型布置

台型布置涉及社交礼仪等问题,要根据宴会的桌数、宴会厅的面积和形状,以及主办者的要求灵活进行设计。台型布置的原则需要注意突出主桌,采用"中心第一,先右后左,高近低远"的设计原则。

(1)突出主桌。无论宴会桌数的多少,在台型设计时都应将主桌摆放在宴会厅的醒目位置,并设有专门的工作台。主桌的中心装饰物要特别鲜艳突出,桌面装饰要具有较强的感染力。主桌的餐具的规格应高于其他餐桌。

(2)规格统一。除主桌规格可大一些外,宴会厅内的其他餐桌、座椅的式样和规格应完全统一,以体现协调、整齐、美观的设计要求。

(3)布局合理。宴会厅内餐桌、座椅必须排列整齐,餐桌之间应疏密均匀,餐桌之间的距离不应小于1.5米,餐桌与墙壁的距离不应小于1.2米,高档宴会的餐桌之间的距离还应加宽,以方便客人出入和进餐,以及方便服务员进行席间服务。

5. 熟悉菜单

服务员应熟悉菜单和主要菜点的风味特点,做好上菜服务,对于客人提出的问题有相关的思想准备。同时,应了解每道菜点的服务程序,保证准确无误地进行上菜服务。对于菜单应做到:能准确地说出每道菜的名称和上菜顺序;能够描述每道菜的风味特色;能准确讲出每道菜肴的配菜和配食佐料;能知道每道菜肴的制作方法及时间;能准确做好每道菜肴的服务工作。

6. 物品准备

物品准备是宴会前准备工作的重要内容之一,是宴会顺利进行的物质保证,同时,物品准备的质量也体现出宴会的服务水平和管理水平的高低。为了保证宴会的顺利进行,必须充分准备宴会所需物品,符合宴会标准及要求。宴会需要准备物品如下。

(1)餐具:餐碟、汤勺、汤碗、味碟、筷子、筷套、筷架、茶壶、茶杯、酱油壶、盐和胡椒瓶、刀叉、洗手盅等。

(2)酒具:水杯、红酒杯、黄酒杯、白酒杯等,如客人选用其他外国酒水,还应准备相应的白兰地酒杯、香槟杯等。

(3)其他用品:台布、桌裙、餐巾、香巾、托盘、花瓶或花盆、鲜花、宴会菜单、开瓶器、桌号牌、席位卡、牙签、火柴、烟灰缸、热水瓶、茶叶、垫盘、衣帽间的衣架、存衣牌等。

各种餐酒用具应准备充足,并有20%的备量,同时还应检查酒具有无缺损、破碎,是否洁净。如餐酒用具有破损或不洁净,则应及时更换,以确保用餐客人的安全与卫生。

7. 铺设餐台

宴会开始前,根据宴会要求,铺台布,摆放餐具及用品。在副主人位的一边,面向宴会厅入口摆放餐桌号,重要的宴会还要在每个餐位的水杯前摆放客人的名牌。菜单应放在正、副主人筷子的右侧。将各类开餐用具摆放在规定的位置,保持宴会厅内干净整齐。

8. 冷菜摆放

开餐前需要根据宴会的标准上冷菜。服务员到冷菜间领取冷菜,摆放在客用的转

微课

托盘服务

盘上,要求造型统一,荤素、颜色搭配合理。在开餐前15分钟撤去冷菜保鲜膜,并将餐盘边缘的指纹、油渍擦干净。

9. 宴前检查

在准备好各项工作后,各岗位的服务人员及宴会厅的各级管理人员应立即进行全面的宴前检查,防止由于准备工作不足而出现服务问题。检查工作主要如下。

(1) 客人用餐区域检查。摆台要符合宴会要求,餐具及酒具齐全、完好,酒水、饮料、冷菜的种类数量无误并按要求摆放好。

(2) 卫生检查。服务人员的仪容仪表、着装与宴会要求一致,宴会厅明亮、整洁、干净,餐具及酒具无水印、手印、污渍。

(3) 设备检查。宴会的空调、音响、麦克风、灯具等正常运行。

(4) 安全检查。宴会厅出入口应畅通无阻,厅内桌椅完好无损,各种灭火器材完备,地板无水渍等。

(二) 就餐服务

1. 迎宾

根据宴会的入场时间,宴会迎宾员提前在宴会厅门口迎接客人,值台的服务员站在各自负责的餐桌旁。客人到达时,要热情迎接,微笑问好,表情自然大方。

(1) 接挂衣帽。

在宴会厅房门前放衣帽架,如为小型宴会,可不设专门的衣帽间,需要安排服务员接挂并照看好客人的衣帽;如为大型宴会,则需设衣帽间,客人凭牌存取衣帽。接挂衣物时应握衣领,切勿倒提,以防衣袋内的物品倒出。贵重衣物要用衣架,以防衣服变形,贵重物品请客人自己保管。

(2) 递巾端茶。

客人进入休息厅休息时,服务员应招呼客人入座并根据接待要求递上热毛巾、热茶或酒水饮料。

2. 席间服务

当客人入席时,值台服务员要面带微笑,拉椅,帮助客人入座,先宾后主,先女后男;待客人坐定后,帮助客人铺餐巾,撤筷套,拿走台号席位卡、花瓶或花插。

3. 斟酒服务

(1) 按斟酒服务规范操作,第一次斟倒时,用托盘斟酒,席间服务时可徒手斟酒。

(2) 一般宴会应在其开始前10分钟左右斟好酒,一般是将葡萄酒杯斟到五六分满,白酒杯斟至八分满。如有多种酒水,应使用托盘斟酒,先斟葡萄酒或黄酒,再斟烈性酒,最后斟啤酒及软饮料。

(3) 如果客人不喝某种酒时,则应及时撤走相应的酒杯。如果客人需要冰块,则应将冰块及冰块夹及时拿给客人。

4. 上菜服务

根据宴席类型、特点,上菜时要注意以下几点。

(1) 选择正确的上菜位置,操作时站在"上菜口",在摆放菜肴后应转动转盘,将食物的头部位置转向主人,使食物的腹部或胸脯位置正对主宾。

(2) 在宴会中,上菜应遵循一定的程序。上菜的总原则是先冷后热、先炒后烧、先咸后甜、先清淡后浓重。每上完一道菜要后退一步站好,然后向客人介绍菜名和风味特点,表情要自然,吐字要清晰。此外,服务员还可以介绍与这道菜相关的典故,有些特殊的菜肴还应介绍其食用方法。在介绍菜肴前,应先将其放在转台上,向客人展示菜的造型,使客人能够欣赏菜的色、香、味、形、质,然后边介绍边转动转台一圈,让所有的客人均可看清楚,最后转到主宾位。

(3) 上菜之前,需要先移好空位,如有空盘,可先撤去,再上菜;如盘中菜的分量不多时,可征询客人是否将大盘换为小盘,如同意,则更换小盘后放回转台。要保证台面菜盘间隙适当,严禁"盘上叠盘"。应注意控制上菜时间,不可时快时慢。

(4) 上菜时,先上酱料再上菜。上菜时需要保证菜品的温度,趁热上,放上转台后方可打开菜盖。

5. 分菜服务

在用餐标准较高或是客人身份较高的宴会上,每道菜均需分派给客人。一般宴会视情况分菜。分菜时要注意以下几点。

(1) 分菜时,先将菜放到转台上转动一圈,展示菜肴,再端至备餐台为客人分菜。分菜时,应将有骨头的菜肴如鱼、鸡等大骨头剔除。分菜时应尽量避免发出声响,并注意主配料搭配,要掌握好菜的分量与数量,做到分派均匀。

(2) 凡配有佐料的菜,在分派时要先沾(夹)上佐料再分到餐碟里。

(3) 分菜可采用转盘式分菜、旁桌式分菜、分叉分勺式派菜、各客式分菜等方法,也可将几种方式结合起来服务。对于大型宴会,每桌服务人员的派菜方法应一致。

6. 值台服务

在客人用餐的过程中,服务员要眼观六路,耳听八方,主动服务,密切关注客人。

(1) 撤换骨碟。在宴会服务中,客人每吃完一道菜后都应撤换骨碟。普通规格的宴会一般不少于三次。在客人用餐过程中,服务员如果发现客人骨碟中的骨、壳、刺等杂物的面积超过骨碟面积的三分之一,就应及时撤换。在撤换时,应从主宾开始,按顺时针方向进行。

(2) 香巾服务。宴会中香巾服务一般不少于四次。客人刚到达宴会厅时提供一次香巾服务,喝完汤羹后再提供一次服务,吃完海鲜类菜肴后也要提供服务,一般在吃完水果后提供最后一次服务。

(3) 酒水服务。在客人用餐过程中,服务员应时刻关注客人酒水饮用的情况而随时添加酒水。当客人杯中酒水不足三分之一时或接近于空杯时,应帮助客人添加酒水,白酒应斟至八分满,红葡萄酒斟至五六分满。

(4) 桌面整理。在用餐过程中,如果客用的桌面上有空的菜盘,应随时撤走;如有菜肴洒落在餐桌或转台上,服务员应及时用服务叉、匙进行清理,但要注意不要用手直接拿取;如客人不慎碰翻酒杯,应迅速扶起酒杯,将餐具移开,用干净的餐巾铺在有酒渍的台布上,摆好餐具后,重新为客人斟酒。在斟酒前应检查酒杯有无破损,如有破损则应及时更换,并清理桌上、椅上和地面上的碎块,以确保安全。

(5) 洗手盅服务。如果上了需要用手剥食的菜肴(如蟹、虾等),应及时提供洗手盅,盅内盛装温茶水(七分满左右),之后需要为客人更换一次香巾。

（6）撤换烟灰缸。当客人的烟灰缸内，已有两个烟头时，服务员应为客人撤换烟灰缸。当看到客人需要抽烟时，应主动为客人点燃打火机或火柴等。

（三）餐后工作

1. 结账准备

服务员上菜后，即可做结账的准备。服务员需要清点所有酒水、菜品，以及宴会菜单以外的相关的费用，并在系统中进行核对。在结账时需要准备好收银夹，站在主人旁边，小声告知宴会的相关金额，并表示感谢。如付现金则现收，如是签单或支票转账，则应将账单交客人或宴会经办人签字后送收款处核实，并及时送财务部入账结算。

2. 询问宾客意见

客人用餐完毕后，征求其意见，对客人提出的意见要记录清楚，虚心接受，并向客人表示感谢。

3. 拉椅送客

客人离开餐厅时，衣帽间的服务员应根据取衣牌号或凭记忆及时、准确地将衣帽取递给客人。宴会结束时，服务员要提醒客人带齐相关随身物品。当客人起身离座时，要主动拉开座椅，以方便客人行走。不要在客人刚刚起身还未走出宴会厅时便忙于收台。服务员应送客人至餐厅门口，热情告别，期待客人再次光临。若宴会后安排休息，则要根据接待要求进行餐后服务。

4. 检查收台

在客人离席的同时，服务员要检查台面上是否有未熄灭的烟头，是否有客人遗留的物品，在客人全部离开后应立即清理台面。清理台面时，按餐具的类别分类收拾，凡贵重餐具需要当场清点。各类物品要按规定位置复位，重新进行摆台，恢复原样以备下次使用。

5. 关闭电器、门窗

收尾工作做完后，当班服务员需要检查电器、门窗是否关闭，待全部关好后方可离开或下班。

同步案例

某日，酒店二、三楼分别接待了两个规模及标准较高的婚宴，因当时人手紧张，餐饮部申请了从酒店各部门调配人手。各部门人员到位后，都集中安排至备餐间进行传菜工作。在传菜过程中，一名保安因没听清楚传菜要求，将三楼的湘辣霸王肘送至二楼，导致二楼多上一道菜。三楼菜式因在时间上耽搁而导致菜上慢，最后客人有意见。后餐饮部经理及时发现，并采取了补救措施。

在事发过程中，餐饮部经理及时发现了事情的严重性，并采取了措施，虽没有造成客人较大的投诉，但给部门带来了一定损失。该经理当即与备餐间及宴会厅管理人员召开紧急会议，对事件进行了细致的分析，要求书面写出事情经过，并对相关人员进行了严厉的批评及处罚，以杜绝类似事件的再次发生。

（资料来源：https://wenku.baidu.com/view/4f0064bfec630b1c59eef8c75fbfc77da369972f.html。）

 **同步思考**

按学习小组,讨论此案例中餐前准备工作的不足之处,结合案例完成餐前准备工作的程序与内容。

 任务评价

本任务评价由小组互评和教师评价共同构成(见表3-3)。

表 3-3 中餐宴会服务评价表

评价内容	评价标准	分值	小组互评(50%)	教师评价(50%)	综合得分
餐前准备工作	内容完整,掌握熟练,操作规范	20			
开餐服务	项目完整,程序清晰	40			
餐后结束工作	内容完整,掌握熟练,操作规范	10			
服务规范与服务习惯	程序清晰,内容完整、规范	10			
服务意识	具有良好的服务意识,宴会服务流程顺畅	10			
团队精神	分工明确,团结协作	10			
合计得分					

评分标准(满分为100分):80—100分为优;70—79分为良;60—69分为中;60分以下为差。

 知识活页

国宴的故事

国宴是许多重要历史事件的载体,见证着一个国家重要的外交发展史。国宴是一种文化展示,是集国家饮食文化特色和礼仪文化特色于一体的国典形式,以浓墨重彩来形容它也绝不为过。

1949年：开国第一宴。

1949年10月1日开国大典，礼成之后，为了招待各界代表，新成立的中华人民共和国政府在当时最豪华的北京饭店设宴，这顿大餐被称为"开国第一宴"。新中国的开国元勋们以及社会各界代表、来宾共计600余人出席该宴会。

这场超大型宴会在当年引起了高度重视，就连总理都亲自过问，政务院典礼局局长也亲自出马，操持此事。经过多方调查研究，大家都认为淮扬菜历史悠久、特色突出、菜品丰富，而且不甜不咸，被接受的范围最广，所以这次宴会就以淮扬菜为基础了。

1959年：建国十周年国庆招待会。

建国十周年庆祝大会于1959年9月28日至29日在人民大会堂隆重举行。建国十周年国庆招待会则于1959年9月30日下午7时至9时在人民大会堂宴会厅举行，菜单标准为5元/人。参加国庆招待会的共计5000多人，场面十分宏大。

当时几经讨论，厨师们定下菜单，并交由总理审定。秉承国宴菜肴的一贯特点，此次菜肴以清淡、软烂、香醇、口感温和、不刺激为主。由于大会堂加工能力有限，多数菜品为冷菜，热菜只有两道，另有点心、水果、饮料供宾客享用。

1972年：尼克松访华欢迎晚宴。

1972年2月21日，美国总统尼克松抵达北京，受到了中国方面的热烈欢迎。这是历史性的一刻，象征着中美两国的关系揭开了新的一页。当晚7时，为欢迎尼克松及其夫人一行举办的盛大欢迎晚宴在灯火通明的人民大会堂宴会厅拉开了帷幕。

为招待好来自大洋彼岸的贵宾，中国方面在宴会流程上做了细致、周到的安排，排菜多达几十道，从规格上讲，这是中华人民共和国成立后所少有的。其中包括九道冷盘、六道热菜、七道点心，以及甜品、水果、酒水饮料等。美国方面也为这次宴会做了全面充分的准备，比如尼克松在出访前埋头苦练了一个多月用筷子的技巧，在宴会上才能轻松自如地使用中国筷子。

1997年：香港回归国宴。

1997年7月1日，人民大会堂举行了庆祝香港回归的国宴，这次的国宴菜品很简单，经常被用"大方实惠"这四个字来形容。

2010年：上海世博会欢迎宴会。

2010年4月30日，上海世博会欢迎宴会在上海国际会议中心滨江大酒店举行。宴会的菜单由开胃冷盘、四道热菜、一份点心和一份水果组成。

2014年：南京青奥会欢迎宴会。

2014年8月16日，青奥会开幕式前，中国作为东道主在南京紫金山庄举行了欢迎宴会，欢迎前来出席第二届夏季青年奥林匹克运动会开幕式的国际贵宾。欢迎宴会菜单上包括五菜一汤、一份茶点、一份水果和一份冰激凌，都是市民餐桌上常见的菜品，主要体现温润婉约的江南风味。

2016年:G20杭州峰会欢迎宴会。

2016年9月4日,G20峰会在杭州召开,迎接各国首脑及外方代表团的欢迎晚宴在西子宾馆举行。晚宴以杭帮菜为主,所用的餐具也非常有特色,体现出了"西湖元素、杭州特色、江南韵味、中国气派、世界大国"的国宴布置基调。

2018年:上合组织青岛峰会欢迎宴会。

2018年6月9日,在青岛国际会议中心举办的上合组织青岛峰会欢迎宴会上,宾客们品尝了极具齐鲁特色的孔府宴。

(资料来源:根据相关资料整理。)

 教学互动

以小组为单位,考察酒店宴会服务流程,分析酒店宴会服务流程的优劣,提出改进之处,形成完整的宴会服务程序。

二、西餐宴会服务设计

餐前准备工作内容如下。

摆台前应对摆台所用的餐具、酒具进行检查,发现不洁或有破损的餐具、酒具要及时更换,确保符合干净、光亮、完好的标准。摆放时,手不可触摸盘面和杯口。摆台时,要用托盘盛放餐具、酒具及其他用具。摆放金银器皿时,应佩戴手套,保证餐具清洁,防止污染。

(一) 餐前准备

(1) 餐具准备。餐具准备包括摆台餐具、餐中服务用具两部分。摆台餐具的数量一般按用餐人数进行准备,并适当增加20%备用餐具,以防用餐过程中客人人数出现临时变化。

(2) 服务用具。一方面,要检查餐具是否完好无损,任何有缺损的餐具都不应上桌;另一方面,还需检查餐具的卫生,凡是餐具洗涤不干净,有污渍的,都必须退回洗碗间重新洗涤。

(3) 工作台准备。工作台是餐厅存放对客服务用品的专用柜。

(二) 宴会台面摆放及标准

(1) 摆展示盘。服务员可用托盘端托,也可徒手操作。徒手操作的方法是用左手垫好口布,把展示盘托起,从主人位开始,按顺时针方向用右手将餐盘摆放于餐位正前方,盘内的店徽图案要端正,盘边距桌边1.5厘米,餐盘间的距离要相等。

(2) 摆餐刀、餐叉、餐勺。从展示盘的右侧按顺序摆放餐刀、叉餐、勺餐。摆放时,应手拿刀、叉、勺柄处,从主菜刀开始摆。

微课
西餐服务

微课
西餐餐具使用规则

①主菜刀摆放于展示盘的右侧,与餐台边呈垂直状,刀柄距桌边1厘米,刀刃向左,与展示盘相距1厘米。

②鱼刀、汤勺、头盘刀按顺序摆放,餐具摆放间距0.5厘米,除鱼刀外,其余餐具手柄距桌边1厘米,刀刃向左,勺面向上。

③主菜叉放于展示盘左侧,与展示盘相距1厘米,叉柄距桌边1厘米。

④摆放鱼叉时,叉柄距桌边5厘米,叉头向上突出。头盘叉(开胃叉)叉面向上,叉柄与主菜叉叉柄平行。

⑤甜品叉,放在展示盘的正前方,叉尖向左与展示盘相距1厘米。甜品勺放在甜品叉的正前方,与叉平行,勺头向右,与甜品叉的叉柄相距0.5厘米。

(3)摆面包盘、黄油碟、黄油刀。展示盘左侧摆面包盘。面包盘与展示盘的中心轴对齐,黄油碟摆在面包盘右上方,距面包盘3厘米,图案摆正。黄油刀放在面包盘内右侧三分之一处,刀刃向左,黄油刀中心与面包盘的中心线平行,刀柄朝下。

(4)摆酒具。摆酒具时,服务员要拿酒具的杯脚或杯底。白葡萄酒杯摆放在开胃菜刀上方,杯底与开胃菜刀背平齐。红葡萄酒杯位于白葡萄酒杯左上方,水杯位于红葡萄酒杯右上方,三杯杯底成一条直线,并与餐台边成45°角,杯肚间距0.5厘米。

(5)摆放餐巾。餐巾折花放于展示盘内,餐巾折花花型搭配适当,将观赏面朝向客人。

(6)摆蜡烛台、盐和胡椒瓶。西餐宴会一般摆两个蜡烛台,蜡烛台摆在台布的中线上、餐台两侧适当的位置。盐和胡椒瓶要在台布中线上按左椒右盐对称摆放,两瓶瓶壁相距1厘米,瓶底与蜡烛台台底距离10厘米左右。

(7)摆牙签筒、烟灰缸。牙签筒、烟灰缸要放在正、副主人展示盘的中心垂直线上,距椒盐瓶2厘米。

(三)台面物品布置

装饰花瓶放在桌子中央,台面的装饰品可以根据宴会的主题设计和摆放。

(四)餐中服务

1)迎客入座

服务员见到客人应主动向其打招呼并热情接待,当客人来到席前时,服务员要面带微笑,并根据预订情况,按照先宾后主、女士优先的原则,帮助客人拉椅入座。

2)铺餐巾服务

待客人入座后,为客人进行铺餐巾服务,并拿走宴会桌上的台号席位卡、花瓶等。

3)冰水服务与黄油和面包服务

客人入座后,先给客人斟倒一杯冰(热)水,再上黄油和面包。在服务时要注意,黄油先上桌,面包后上桌。

4)酒水服务

根据宴会预订提供的酒水,需要为客人提供酒水服务。一般酒水都是按照菜肴进行搭配的,按照菜肴口味从清淡到浓郁的原则,酒水的搭配原则为先上白葡萄酒,再上红葡萄酒。

5）上菜服务

西餐宴会菜肴顺序一般是开胃菜、汤、副盘、主菜、甜品、咖啡或茶。

（1）开胃菜。根据客人的点单，首先为客人上开胃菜。在上开胃菜前为客人提供搭配的酒水。等全桌客人用完开胃菜后撤餐盘、酒杯。

（2）汤。开胃菜上完后，再上汤。上汤时可为客人提供面包。如果有配套的酒水，应按照规范先为客人提供酒水服务。客人用完汤后应及时撤掉餐具和酒杯，并进行简单的餐桌清理。

（3）副盘。副盘多半以鱼肉类、海鲜类的菜品为主。汤上完后，再上副盘。如果有配套的酒水，应按照规范先为客人提供酒水服务。客人用完副盘后应及时撤餐盘，并进行简单的餐桌清理。

（4）主菜。在上主菜前，还需要按照葡萄酒服务的程序为客人提供酒水服务。根据客人所点的主菜，依照先女后男、先宾后主的顺序为客人上主菜和调味汁。客人用完主菜后及时清理主菜盘、空杯等，只留水杯或饮料杯。撤走所有调料，如盐和胡椒瓶等。并将桌上面包屑清扫干净，保持台面整洁。

（5）甜品。主菜上完后，再上甜品。在上甜品之前，先将甜品叉、勺规范摆放，然后再按照先女后男、先宾后主的顺序进行甜品服务。

（6）咖啡或茶。按照客人的要求，上红茶或热咖啡。

（五）结束工作

客人用餐完毕离开餐厅后，应主动向客人道谢，期待客人再次光临。全部客人都已离开餐厅后，再进行收台清扫工作。按照相关规定及要求重新布置宴会厅。摆放餐具，进行餐前布置。

同步案例

2020年，随着第92届奥斯卡金像奖颁奖礼落下帷幕，所有人都欣然前往庆功晚宴——The Governors Ball。为了确保这场千余人的狂欢派对完美举行，除华丽、安全、有趣外，当然更需要精致的美食。名厨Wolfgang Puck当仁不让，这已是他第26年为奥斯卡晚宴掌勺。

1995年，Wolfgang首次为奥斯卡晚宴掌勺，Wolfgang带领着两三百人的团队，约使用了113千克帕玛森干酪、14千克勃艮第冬季黑松露、240千克宫崎牛肉搭配龙虾、鱼子酱、蟹腿……极致奢华。

但2020年情况不同了，除了黑松露、鱼子酱等保留食材，约136千克意面、90千克茄子、花菜等赫然在目。这一年晚宴菜单的"大部头"是素食，占据菜单的70%，肉类和海鲜只占30%。

在金球奖决定采用素食菜单，以蘑菇制作的扇贝搭配意大利烩饭、烤蔬菜做主食替代原本菜单中的智利海鲈鱼后，奥斯卡金像奖的主办方美国电影艺术与科学学院（The Academy of Motion Picture Arts and Sciences）也宣布奥斯卡晚宴以素食为主，节能减排，为环保助力。

（资料来源：根据相关资料整理。）

同步思考

(1) 查阅宴会服务的相关资料，收集相关程序与标准。

(2) 成立学习小组，每组6—8人，各学习小组通过酒店实践周活动，参与酒店大型宴会的接待服务工作，深入了解酒店宴会服务的流程与标准，并进行分析。每组选出组长，负责工作任务的实施。

任务评价

本任务评价由小组互评和教师评价共同构成（见表3-4）。

表3-4 西餐宴会服务评价表

评价内容	评价标准	分值	小组互评（50%）	教师评价（50%）	综合得分
餐前准备工作	内容完整，掌握熟练，操作规范	20			
开餐服务	项目完整，程序清晰	40			
餐后结束工作	内容完整，掌握熟练，操作规范	10			
服务规范与服务习惯	程序清晰，内容完整、规范	10			
服务意识	具有良好的服务意识，宴会服务流程顺畅	10			
团队精神	分工明确，团结协作	10			
合计得分					

评分标准（满分为100分）：80—100分为优；70—79分为良；60—69分为中；60分以下为差。

知识活页

西餐宴会菜单

图3-3所示为西餐宴会菜单。

Menu

Classical Caesar Salad

with Fresh Asparagus , Anchovy, Garlic and Parmesan Cheese

青山翠谷

（第 14 届奥斯卡最佳影片奖）

****

Supreme Cream Cappuccino

with Sweet Corn, Chicken Floss Cigar and Chopped Parsley

黄金时代

（第 19 届奥斯卡最佳影片奖）

****

Fish au gratin Italian style

with Mashed pea, Fresh Chevil, Sun-dried Grape Tomato Oil

罗马假日

（第 26 届奥黛丽赫·本获奥斯卡最佳女主角奖）

****

Mixed Grill American Style

with Pommes Lyonnaise, Seasonal Vegetables and Port Wine Sauce

百老汇歌舞

（第 2 届奥斯卡最佳影片奖）

****

Panna Cotta

美丽心灵

（第 74 届奥斯卡最佳影片）

图 3-3　西餐宴会菜单

教学互动

各学习小组分别模拟不同规模宴会的接待服务，在模拟练习中掌握宴会服务程序。

三、主题宴会服务设计

（一）主题宴会设计的含义

根据顾客对宴会主题的不同要求，餐饮部门对宴会环境、餐桌台面、宴会菜单和酒水、用餐服务流程等方面进行统筹设计，并拟定整个宴会流程叫作主题宴会设计。主题宴会设计对餐饮宴会运营的相关活动和内容具有一定的安排与部署作用，并且对宴会主题的设计与开展具有一定的指导作用，对宴会产品及服务质量具有一定的保障作用。

微课

西餐主题宴会设计

（二）主题宴会设计内容

1. 宴会环境设计

宴会环境设计是指对宴会举办场地的整体环境进行合理选择和科学利用的设计过程。宴会环境设计是采取多种手段和方法对进餐环境进行艺术加工和布置，使其既符合宴会主题，又满足客人心理需求的一种环境艺术创造。

宴会环境设计主要体现在宴会场地的设计与安排上，宴会设计者要根据宴会主办者的要求及宴会的相关主题,合理利用宴会所在地的自然环境及餐厅风格,通过对宴会场地的装饰布置、家具陈设、灯光设计、空气与温度等因素的选择与利用,达到突出宴会主题、烘托宴会氛围的目的。宴会环境设计的要求是指需要考虑宴会的自然环境、餐厅建筑风格及宴会场地规模三方面因素。

2. 宴会氛围设计

宴会氛围的设计,是主题宴会设计的关键因素之一。宴会氛围设计是指宴会的整体环境给人带来的某种强烈感觉的精神表现。通过有主题的氛围营造可以突出宴会主题,从而影响与传递就餐者就餐全过程的情绪和心境。宴会氛围设计要素有以下四个方面。

1) 宴会场地光线

场地的光线对宴会的质感有着至关重要的作用。光线是宴会氛围设计需要考虑的关键因素之一,因为光线能够决定宴会厅的格调,光线的不同能产生不同的氛围效果。例如,中式宴会以金黄和红黄的暖色光线为主,但使用此类光源可能会产生轻度眩光;西式宴会应该凸显幽静、安逸、雅致,故西餐厅的照明应偏暗、柔和。宴会厅中的照明应强于过道、走廊的照明,但宴会厅的其他照明不能强于餐桌照明。

2) 主题宴会的色彩

色彩是宴会气氛中非常重要的因素,是设计人员用来创造各种环境视觉的工具。在进行餐饮空间的室内设计时,应多采用暖色调,这样可以增进食欲。例如,中餐厅若是皇家宫廷式的,则色彩热烈浓郁,以红色、蓝色或金色为主;若是园林式的,则以粉墙为主,带暖色、褐色的木构架穿插其中,也可以木质本色装饰。而西餐厅则更多地采用较为淡雅的暖色系,如粉红色、粉紫色、淡黄色或白色等,当然也有用熟褐色的,有的高档餐厅还施以描金。在一些小餐厅中也有采用冷色调的,如有的海洋主题的餐厅为了体现海底世界的特征,采用蓝色色系,再辅以鱼等装饰挂件,很好地体现了设计主题。

3) 宴会内部装饰品

内部的装饰品是餐饮空间气氛营造的重要手段,室内装饰品包含的面非常广,从字画、雕塑、工艺品等艺术品,到人们日常生活的用具与用品,都可以成为室内装饰品,只是设计师应根据需要以及不同类型的餐厅去选用相应的室内陈设。室内装饰品可以为就餐者提供文化享受,增加就餐乐趣。宴会厅的装饰品的选择要与宴会厅的规格、风格、档次等相一致。

4) 主题宴会音响

宴会期间的背景音乐或现场演奏的乐曲,可以烘托宴会的主题,营造欢快热烈的气氛。宴会厅应加强对噪声的控制,从而有利于宴会的顺利进行。一般宴会厅的噪声不应超过 50 分贝。

3. 宴会台型设计

宴会台型设计是根据主办方的要求、餐厅的形状、餐厅内陈设的特点、就餐人数等因素来进行设计的。设计的基本要求是餐桌排列间隔适当,合理利用宴会厅场地,既能表现出主办方的用意,又能体现宴会的规格标准,还能方便客人就餐及服务员提供宴会服务。根据宴会类型不同,台型设计也有一定的区别。宴会台型设计基本原则如下:

(1) 根据宴会厅的形状、宴会规模和人数设计台型,根据宴会厅的档次设计餐位面积。

（2）宴会台型布局的一般原则是"中心第一，以右为尊，近高远低，以面对门、可观景或背靠主席台为上"。

（3）宴会厅的通道及动线设计应体现宽敞、流畅、便利、安全。

4．宴会台面设计

一个成功的主题宴会台面设计，既要考虑到客人用餐的需求，又要有大胆的构思、创意，将实用性和观赏性完美地结合，不仅可以给人以美的享受，令人增进食欲，还可以深化宴会主题，起到烘托宴会气氛的作用。因此，宴会台面设计能够体现宴会的鲜明主题，并且有较强的文化内涵，台面设计是主题宴会设计成功的关键。

1）主题宴会的台布与装饰布

在大型宴会、正式宴会中，一般使用白色台布，这既符合国际交往的礼节，又显得隆重、庄严。白色台布通常配红色、黄色或墨绿色的装饰布，这样能够提高宴会的档次，烘托宴会热烈隆重的气氛。设计者应根据宴会的主题、宴会厅的环境、主办方的要求，选择不同颜色、式样的台布。现在许多宴会厅大都铺设两层不同颜色的台布，即第一层铺设一张能盖住整张餐桌台面和桌脚的圆形台布，第二层铺设装饰台布，不再铺台裙。这样比较环保。有些台布可以用烫印、镶图造型，即用不同颜色的小朵鲜花或绢花在台布上镶出各种图案或字样，用以渲染宴会气氛，展现宴会设计工艺水平。

2）主题宴会餐椅的装饰

为了突出宴会的主题和档次，主题宴会餐椅一般采用加椅套、椅背花、纺织品坐垫等装饰物，以改变餐椅的风格与色调，使其与整个宴会主题、环境、餐具的风格、色调相协调。例如，在中式婚宴中常添加一些设计感的椅套，突出宴席的辉煌与热烈；在西式婚宴中，将粉色纱及鲜花扎于椅背，突出宴席的温馨与浪漫。

3）宴会的餐具选择

餐饮市场上的餐具风格各异，质地、形状、档次也有相当大的不同。在进行宴会餐具设计时，选择不同风格或定制的餐具，可以搭配出形态万千的摆台造型。不仅满足了客人进餐的需要，同时也起到了渲染主题氛围、美化餐台的重要作用。

4）餐巾折花造型

各式各样的餐巾通过一些折叠方法和创新，可以设计出千姿百态的造型来表达美好的寓意，并衬托不同宴会主题和气氛。

5）主题宴会菜单设计

主题宴会菜单可以反映不同宴会的情调和特色。主题宴会菜单对宴会厅不仅有装饰、推销的作用，还是主题宴会的重要标志，因此，设计者必须根据宴会的主题，精心设计菜单。

6）餐垫、筷套、台号、席位卡的布置与装饰

在主题宴会台面布局中，餐垫、筷套、台号、席位卡虽是一些小的装饰元素，但其作用不容忽视，设计者必须根据宴会的主题风格、主色调、餐具的档次、宴会的规格、客人的需求等精心策划与制作这些小装饰。

7）主题宴会的花台造型

（1）插花造型，即采用花卉、花瓶、花器等装饰台面中央，使餐厅充满大自然的生

机,贴合主题。插花造型是一种既大众化又高雅的设计方法。

（2）果品造型,就是将水果或绿叶等其他装饰物,置于高脚盘中,既供观赏又供食用,也可将各色瓜果改切拼摆成各式主题图案,置于餐桌中央,以显示宴会的主题。

（3）茶点造型,即以各种可食用的面团为原料,运用不同的加工手法,根据宴会主题设计造型,摆放在餐台中央,供客人鉴赏、品尝。茶点造型既能美化宴会台面,又有较高的食用价值。

（4）组合造型,就是将多种造型手法的特点汇集在一起,达到既美化台面,又突出宴会主题的目的,如通过雕塑、图案、装饰物等的良好寓意,突出宴会设计的主题。

5．主题宴会酒水设计

主题宴会使用的酒水通常依据宴会的规格、档次和主办单位的要求而准备。但要注意酒水与宴会的搭配、酒水与菜肴的搭配,并能够遵循一定的规律和人们的饮用习惯。

上海某五星级酒店应主办方的要求,设计了"一千零一夜"主题宴会。宴会的背景是接待常年在中东地区工作的人。

该主题宴会环境氛围设计如下：

从宴会厅的3个入口至宴会厅内的3桌主桌,用黄色丝绸装饰成蜿蜒的沙漠之路;宽大的宴会厅背板上,展示出了中东地区的标识性建筑物;背板前高大的骆驼昂首迎候着来宾;8张宴会餐台错落有致地散立于展台的左右,金黄色的座椅与丝绸颜色一致,高脚水晶杯和银质餐具整齐地摆放在白色台布上。

（资料来源：根据相关资料整理。）

（1）结合资料,分析主题宴会设计成功之处表现在哪些方面？还有哪些不足？

（2）请以"蝶舞江南"为主题,设计一个主题宴会台面。

本任务评价由小组互评和教师评价共同构成(见表3-5)。

表 3-5 主题宴会设计评价表

评价内容	评价标准	分值	小组互评(40%)	教师评价(60%)	综合得分
宴会主题	主题新颖、独特,具有时代感	40			
餐台布置	餐台布置符合基本规范,有创新	10			
装饰物选用	装饰物选用能较好地体现主题	10			
台面整体效果	台面整体风格协调、美观、艺术感较强	10			
课堂展示	表述清晰、PPT制作优良,报告完整	10			
团队精神	分工明确,团结协作	20			
合计得分					

评分标准(满分为100分):80—100分为优;70—79分为良;60—69分为中;60分以下为差。

知识活页

主题台面赏析

一、西餐主题台面赏析——奥斯卡之夜

奥斯卡金像奖自1929年设立,旨在鼓励优秀电影的创作与发展,它不仅是对表演技艺的表彰,更蕴藏着对世界电影艺术不可忽视的影响。考虑到"奥斯卡之夜"的宴请嘉宾对奥斯卡电影情有独钟,"奥斯卡之夜"以"奥斯卡小金人"造型作为主景;考虑到五星级酒店的宴会品质,宴会陈设用材考究、大方,力求符合出席宴会的人士的身份及高星级酒店的品质;考虑到现代人用餐的习惯和审美标准,餐台用具含蓄、奢华,细节处透出浓烈的奥斯卡文化内涵,处处贯穿着电影元素,彰显着主题;菜单设计画龙点睛,着力突出流金岁月般经典的电影主题;餐具及插花具有一定的现代感,用现代简洁的风格彰显出奥斯卡电影的浓厚氛围。

西餐主题台面设计如图3-4所示。

图 3-4　西餐主题台面设计

二、中餐主题台面赏析——相逢忆当年

俗话说"一辈子同学，三辈子亲"，同学友谊就是割不断的情，也是分不开的缘。"相逢忆当年"主题台面设计正是以"同学聚会"为背景，展示了青葱岁月中抹不去的回忆。藏青色的桌布、针织钩花的椅套，表现出一种怀旧、亲切气息。古朴手帕纹的餐巾选用，永久牌自行车、老式钢笔的加入，突出了人文的情怀。走近餐台，煤油灯上的菜单使人们仿佛穿梭于历史长廊之中。

中餐主题台面设计如图 3-5 所示。

图 3-5　中餐主题台面设计

教学互动

（1）以小组为单位，设计一份中餐主题宴会报告，并进行场景、台面、席位、菜单设计，要求主题突出，具有独创性，并通过 PPT 进行课堂汇报。

（2）通过参加婚宴、寿宴等活动，观察酒店主题宴会设计，分析设计利弊，撰写分析报告。

任务三　房内用膳与自助餐设计

任务描述

本任务要求学生能按照基本服务流程进行房内用膳和自助餐的服务工作,并在服务过程中掌握房内用膳和自助餐服务的服务程序与要求。

一、房内用膳服务设计

（一）房内用膳服务含义

房内用膳,即为住店客人提供房内用膳的服务,是星级酒店的必备服务项目之一,也是为了满足客人的需求,提高酒店在客人心目中的地位,提高与其他酒店竞争的能力,增加酒店收入来源的一种方法。

酒店的规模对房内用膳机构的设置有较大的差别,规模较大的高星级酒店通常为房内用膳设立一专门场所和配备送餐所需的一套设施设备及若干人员,而一些中小型酒店通常是与经营时间较长的咖啡厅合作。因此,房内用膳机构的设立要根据每个酒店的具体情况分别设定。房内用膳的运行管理需要一个有效的机构和明确职责。因此,确立机构和职责是餐饮部经理管理工作中一项重要的决策和任务。

（二）房内用膳服务程序

房内用膳服务不同于一般的餐厅服务。主要有两种形式,一种是用门把手菜单预订,另外一种是客人通过电话预订。无论采用哪种送餐方式,服务必须保证准时、准确地将客人所点的食物送入房间,并提供热情、有效的服务。

1. 预订工作

（1）铃响 10 秒钟以内接听,迅速拿起电话用敬语问候:"您好,房内用膳,请问您需要什么?"语调亲切、自然。

（2）问清客人具体要求:姓名、人数、订餐内容和送餐时间,以及其他特别要求等。

（3）按照礼仪要求,使用敬语,注意语音、语气、语调。

（4）确认订单后道谢,待对方挂上电话,才能挂电话。

（5）认真、清晰地填写好订单并将订单交给送餐员。

（6）详细认真地填写房内用膳预订记录簿。

2. 送餐程序

（1）接到订单后根据订单内容,准备餐车或托盘,以及口布、餐具、账单、签字笔等用具,从厨房或酒吧取出食品或饮料。

(2) 按规定的送餐路线到客房门口,确保食品的安全。确认客人的房号准确无误后,有节奏地敲门或按门铃,并说:"房内用膳送餐员。"待客人开门后,用敬语说:"您好!我可以进来吗?"得到客人同意后,进入客房,询问客人推车或菜肴摆放的位置,并进行餐台的摆放,告诉客人:"这是您订的早餐(午餐、晚餐),请用餐!"将账单用双手递给客人,请客人签字,然后说:"谢谢,还需要我为您做些什么吗?"在客人说没有以后,热情地对客人说:"请慢用。"

(3) 然后退出客房,将门轻轻地关上。按规定路线迅速返回。账单立即交收银台,并做好日常的记录。

(三) 房内用膳早餐服务

早餐在房内用膳服务中占有较大的需求,尤其是在高星级酒店,早餐的房内用膳服务量较大,在房内用膳早餐服务中,最关键的是要做好早餐菜单的收集信息工作。

早餐门把手菜单一般由客房部夜班服务员负责收集,收集的时间为凌晨 1 时和 4 时,分两次进行。收集的方法是从最高楼层开始按房间号由小到大的顺序走到尽头,然后按房号从大到小的顺序返回起点,沿途再次检查有无遗漏的菜单,需要反复核对。

将收集的早餐菜单交订餐员,并由订餐员核对服务员所记房号是否为客人所写的房号,核对完毕后将订餐信息抄写在订餐记录簿上,然后开具订单送至厨房,提前打印好账单,交给当班管理者,安排送餐时一并带给客人结账。

(四) 房内用膳管理注意事项

因为房内用膳是一种较为特殊的用餐形式,所以房膳管理应注意以下事项:

(1) 菜肴品种应易于制作,尽量避免提供制作时间过长、等候时间过久的菜品。菜单设计必须以酒店的客源市场为依据。

(2) 菜单必须使用中英文对照,针对客源比较特殊的酒店,在外文翻译上应予以特殊的方式处理。

(3) 菜单上要明确标注供餐时间及相应的说明。

(4) 在接受客人预订时,应告知客人需等候的时间。菜肴制作完成后应立即送至客人房间。

(5) 送餐前要认真核对菜肴品种、数量是否与订单相符合,餐具等是否齐全。

(6) 要注意及时回收餐具,以减少餐具的流失。

(7) 客人签过的账单应及时送交收款台入账。

(8) 凡接受客人现金结账的,应当面点清钱款,并及时送交收款台结清。

同步案例

阳光、沙滩是海边度假型酒店的独特的资源。度假型酒店还发起了一种全新的体验式餐饮形式,某社交 App 最近兴起了海边酒店的"悬浮早餐"。客人只需要通过提前预订,就可以在游泳池边享受这种"网红"早餐。

同步思考

请你结合学到的房内用膳的知识,想一想悬浮早餐的送餐服务的程序与标准。

 任务评价

本任务评价由小组互评和教师评价共同构成(见表3-6)。

表3-6 房内用膳服务评价表

评价内容	评价标准	分值	小组互评(50%)	教师评价(50%)	综合得分
房内用膳预订服务	操作规范,内容正确	30			
房内用膳送餐服务	操作规范,服务内容完整	30			
房内用膳收餐服务	服务及时,操作规范	10			
服务规范与服务习惯	各项操作符合规范,养成良好操作习惯	10			
服务意识	具有良好的服务意识	10			
团队精神	分工明确,团结协作	10			
合计得分					

评分标准(满分为100分):80—100分为优;70—79分为良;60—69分为中;60分以下为差。

 知识活页

酒店门把手早餐菜单

早餐门把手菜单又称早餐牌,通常悬挂在客人房间的门把手上,菜单通常为2—4种套餐。每种套餐内的菜式有多个品种,客人可在喜欢的套餐和品种前面打钩,并将选好的菜单于入睡前挂在本房间外的门把手上。服务员会在相对固定的时间段收取早餐牌并送至厨房进行准备,次日清晨在客人要求的时间内送至客房。早餐门把手菜单的预订方式多用于外宾较多的高星级酒店。

(资料来源:根据相关资料整理。)

教学互动

（1）运用学校实训基地，模拟训练房内用膳的预订、送餐服务，设计出房内用膳的预订表、送餐记录表、餐具回收表等，并制定出完善的房内用膳服务程序。

（2）成立学习小组，每组4—6人，每组选出组长，负责工作任务的实施。采用情景模拟方式演习房内用膳服务流程。

二、自助餐服务设计

自助餐是一种较为流行、轻松的用餐方式。自助餐能满足人们喜爱自己动手、各取所需的习惯。自助餐的接待对象一般为零散客人或团体客人。

自助餐服务有许多优点：一是人们只要花较少的钱，便可品尝到具有地方特色、品种繁多的菜肴；二是菜肴丰富，陈列精美，能唤起人们的食欲；三是自助餐就餐的速度较快，客人进餐厅后几乎无须等候，餐座的周转率高，从而有利于增加餐厅的营业收入；四是自助餐的菜肴是一种客我两便的服务方法，因此可调剂厨师忙闲不均的状况，缓和高峰时期厨房的忙碌和厨师人手紧张的矛盾。

酒店提供早餐自助服务较为普遍。开设自助餐必须确保一个最低客流量，顾客太少，显然是不划算的。自助餐有设座和不设座两种，以前者居多。

（一）自助餐厅设计与布置

自助餐厅服务能否成功，关键在于餐厅的布置。自助餐厅应具有独特的风格，并能以鲜明的形象给客人留下深刻的印象，同时，精美的菜肴也至关重要。此外，根据特别活动而设的自助餐是自助餐服务的主体，这类自助餐的餐厅应按其主题进行布置，并将该主题作为指导思想贯穿于餐厅装潢、背景布置、餐台装饰和食品推销。例如，德国啤酒节自助餐、小龙虾自助餐等。

餐具和陈列菜肴的容器也是餐厅布置的一部分内容，设计可以别出花样，除瓷器、玻璃器皿和银器外，木器、竹器、瓜壳盅、大贝壳等都是能起点缀作用的容器。

在灯光使用上，一般以暖色和强烈的灯光为主，这种灯光使食品能够清楚地显示出来。自助餐台应明亮、显眼，应是餐厅内众所瞩目的地方之一。

自助餐厅装饰布置所选用的材料也应为突出主题服务，墙壁背景、屏幕、盆栽、旗帜和其他活动装饰都可以作为招徕生意的手段。

（二）餐台设计与安排

食品陈列桌旁应该留有宽敞的空间，使客人在取菜时不必排长队和造成拥挤，并根据客流方向合理安排使用的空间。因为一种食品的摆放区域所需的面积通常不小于30平方厘米，所以在计划时应该考虑在一个特定的时间里供应品种的多少和所能接待的客人数。否则周转很慢，客人将排队等候。

大型自助餐为保证客人迅速顺利地取菜，一般设几个分散的食品陈列桌，分为几个不同的取餐区域，以便分区域疏散客人。

除采用完整的自助餐台外,也可以将一些特色菜分立出来,如在西式自助餐中设立色拉台、甜品台、烧烤台,设置专门的肉食品切割车等,并且单独设立酒水吧台、水果台等。

自助餐可以根据场地来选择各种形状的餐台台面,如长方形、圆形、螺旋形、半圆形和梯形等,用这些台子可以组合出各种雅致的自助餐台。

在自助餐台的后面应留有空间进行布置,渲染餐台气氛,餐台的中央一般以花篮、雕塑、烛台、鲜花、水果、冰雕等装饰物为点缀,形成餐台的中心,增强布置效果。

(三)菜肴的摆放与陈列

自助餐餐台的食品陈列,要求根据用餐的顺序以及客人的取食习惯来排列。在布置餐台时,还要充分考虑各类菜肴的摆放位置,如果增加了各种冷菜和热蔬的消耗量,热主菜的消耗量就比较节省。如将成本较低的冷菜和热蔬放在引人注目的地方,这样客人就会因盘中放满了冷菜和热蔬而少食用价格更昂贵的热主菜。

取餐盘通常摆在自助餐台的最前端,整齐地堆放在一起,用保温台加热保温餐盘,站立式自助餐在盘边还配置一个夹杯托,以便客人将酒杯安放在杯托上。

色拉、开胃品和其他各种冷菜一般是经过厨师精心制作和装盘的,它们既可以摆放在自助餐台的前端,也可以在餐台中心区摆放,以配合餐台的主体造型,因为这类菜肴的盛器一般都比较新颖、别致。

其他热主菜通常用自助餐保温锅保温,它们是自助餐台的主要餐品,应当有规律、整齐地陈列在自助餐台上。如果自助餐的人数较多,热菜保温锅可以围绕餐台中心对称摆放,需同时上两组甚至多组热菜。与上述菜肴搭配的汤汁、调料和装饰物应与这些菜肴摆放在一起,便于客人取食和调配。

餐后甜品和水果等在自助餐中十分诱人,它们可以单独设台,也可以用分格的大盘盛装,其布置和摆放也应当十分讲究。

(四)自助餐的服务要求

根据计划和要求布置餐厅,自助餐服务要求和西餐正餐基本相似,必须先摆好台,保持餐厅内清洁、整齐。高级的自助餐,可以提供半自助服务,常在客人去自助餐前,就把开胃菜和汤送到客人的桌上。饮料、面包、黄油也是由服务员送到餐桌上,服务的规格与正餐一样。

在自助餐服务中,整理自助餐台的工作一般由厨师负责。厨师可以向客人介绍、推荐和分送菜肴,整理餐台,保持其美观,及时更换和添加菜肴,检查设备,保持食品的温度,回答客人问题,如果客人使食物洒落或汤汁滴落在餐台上,应及时提供帮助。

在餐厅发生意外,如客人打翻盘子时,服务员要迅速帮助处理,打翻在桌上的食物要立即清理到空盘内,除去污迹,再盖上清洁的口布,打翻在地上或地毯上的食物要立即通知有关人员清扫,在此之前可先盖上一块口布,以免其他客人踩踏。

管理人员应经常检查现场的服务运转情况,协调厨房与餐厅的服务工作,及时处理各种突发事故,使自助餐厅顺利经营。

同步案例

某酒店中式自助餐菜单内容如下。

（1）冷菜类：盐水鸭、油爆虾、五香牛肉、卤水鹅掌、蝴蝶鱼片、凉拌海蜇、白斩鸡、辣白菜、蒜泥黄瓜、卤冬菇、红油莴苣、咖喱冬笋。

（2）热菜类：椒盐基围虾、咕咾肉、蘑菇烩鸡条、红烧牛筋、烤乳猪、京都羊排、脆皮鱼条、开洋萝卜丝、蚝油生菜、大煮干丝、面拖花蟹、草菇鸭舌。

（3）汤类：木耳鱼圆汤、山药无骨鸡汤、排骨冬瓜汤。

（4）面食类：素菜包子、水饺、炸春卷、枣泥拉糕、三鲜炒面、烧卖、扬州炒饭、山芋煮饭。

（5）甜羹类：桂花元宵、橘子西米露、冰糖银耳。

（6）水果类：橘子、香蕉、西瓜、猕猴桃、葡萄。

（7）饮料类：橙汁、牛奶、可乐、绿茶。

 同步思考

根据案例中自助餐的菜品，自助餐展台可分为哪些区域？

 任务评价

本任务评价由小组互评和教师评价共同构成（见表3-7）。

表3-7 自助餐服务评价表

评价内容	评价标准	分值	小组互评(50%)	教师评价(50%)	综合得分
餐台设计与布置	餐台设计与布置科学、完整、新颖	20			
服务计划	内容完整，可操作性强	20			
服务计划实施	计划周密，安排合理	30			
服务规范与服务习惯	各项操作符合规范，养成良好操作习惯	10			
服务意识	具有良好的服务意识	10			
团队精神	分工明确，团结协作	10			
合计得分					

评分标准（满分为100分）：80—100分为优；70—79分为良；60—69分为中；60分以下为差。

知识活页

自助餐的起源

自助餐(Buffet),是起源于西餐的一种就餐方式。厨师将烹制好的冷、热菜肴及点心陈列在餐厅的长条桌上,由客人自己随意取食,自我服务。这种就餐形式起源于公元8—11世纪北欧的"斯堪的纳维亚式餐前冷食"和"亨联早餐"(Hunt Breakfast)。

相传这是当时的海盗最先采用的一种进餐方式,至今世界各地仍有许多自助餐厅以"海盗"命名。海盗们性格粗野、放荡不羁,以至于用餐时讨厌那些用餐礼节和规矩,只要求餐馆将他们所需要的各种饭菜、酒水用盛器盛好,集中在餐桌上,然后由他们肆无忌惮地畅饮豪吃,吃完不够再加。海盗们这种特殊的就餐形式,起初被人们视为不文明的现象,但久而久之,人们觉得这种方式也有许多好处,对客人来说,用餐时不受任何约束,随心所欲,想吃什么菜就取什么菜,吃多少取多少;对酒店经营者来说,由于省去了客人的桌前服务,自然就省去了许多人力,可减少服务员的数量,为企业降低人力成本。因此,这种自助式服务的用餐方式很快在欧美各国流行起来,并且随着人们对美食的不断追求,自助餐的形式由餐前冷食、早餐逐渐发展成为午餐、正餐;由便餐发展到各种主题自助餐,如情人节自助餐、圣诞节自助餐、周末家庭自助餐、庆典自助餐、婚礼自助餐、美食节自助餐等;按供应方式,由传统的客人取食,菜桌成品发展到客前现场烹制、现烹现食,甚至还发展为由顾客自带食物原料,自烹自食。

随着西餐传到中国以后,自助餐的就餐方式自然随之传入我国。这种就餐方式最早出现于20世纪30年代外国人在中国开的大饭店里,而它真正与中国的老百姓接触,是在20世纪80年代后期,随着我国对外开放,新兴的旅游合资宾馆,酒店将自助餐推广到我国大众化餐饮市场,自助餐以其形式多样、菜品丰富、营养全面、价格合理、用餐简便而深受消费者喜爱,尤其受青年、儿童的青睐。

(资料来源:根据相关资料整理。)

 教学互动

利用学校各种大型活动的机会,设计出一个主题自助餐的布置方案,方案包括自助餐台的布置,服务场所布置,菜肴、点心、水果的准备,以及服务接待方案等。

餐厅服务管理是酒店餐饮部运行与管理的重要组成部分。酒店根据其规模不同包含中餐厅、西餐厅、咖啡厅、宴会厅等多种不同餐厅功能,此外还有自助餐厅、房内用膳服务等,不同的餐厅由于客人类型和需求不同,其服务要求和服务规程也不相同。但是,纵观各类餐厅的服务,基本都涵盖了迎接客人、安排客人就座、接受客人点菜、点单入厨、厨房出菜、餐厅服务、结账送客等环节,每个餐厅、每个环节都有具体的规范和标准。做好每个餐厅、每个环节的服务管理,提高餐厅服务质量,是提高餐饮服务与管理水平的重要手段。

关键术语

餐厅、餐厅服务、服务方式、自助餐、房内用膳

项目训练

知识训练:

一、填空题

1. 开餐服务是餐厅对客服务工作的开始,也是餐厅服务工作的重要一环。中餐零点服务的内容包括_____、_____、_____、_____,以及厨房出菜等相关整个中餐对客服务流程的工作。其中回答客人询问、向客人推荐菜肴等也是开餐服务的重要内容。

2. 餐后结束工作包括_____、_____、餐后整理等。

3. 西餐厅日常管理的主要内容包括_____、_____、_____、_____。

4. 房内用膳一般由夜班服务员负责收集早餐门把手菜单后交给订餐员,订餐员务必核对服务员所记的信息,并将_____、_____、_____及特殊要求抄写在订餐记录簿上。

5. 在客人用餐过程中,服务员应时刻关注客人酒水饮用的情况并随时添加酒水。当客人杯中酒水不足_____时或接近于空杯时,应帮助客人添加酒水,白酒应斟至_____分满,红葡萄酒斟至_____分满。

二、选择题

1. 西餐对肉类菜肴的老嫩程度很讲究,并有专门的表述,其中"Well Done"表示牛羊肉_____熟。

A. 三成　　　　B. 五成　　　　C. 七成　　　　D. 全熟

2. _____是一种源自欧洲贵族阶层的正规的服务方式,又称为"手推车服

务"。

  A. 法式服务   B. 俄式服务   C. 美式服务   D. 英式服务

  3. 西餐服务中,为客人服务主菜时应依照_____的顺序为客人提供菜肴和相应的调味品的服务。

  A. 先女后男、先宾后主   B. 先女后男、先主后宾

  C. 先男后女、先宾后主   D. 先男后女、先主后宾

能力训练:

1. 简述中餐宴会服务的工作内容。
2. 简述西餐零点服务的工作内容。
3. 简述主题宴会设计的主要内容。
4. 简述自助餐管理的主要内容。

◆ **本课程阅读推荐**

1. 林静宜《鼎泰丰自述:有温度的完美》,文汇出版社,2017年版。
2. 丹尼·迈耶《欢迎光临》,中信出版社,2008年版。

项目四
餐饮组织管理

 项目描述

  为保证餐饮业务活动的顺利开展并达到预期的管理目标,就必须建立科学的组织机构,明确餐饮管理的职能。餐饮组织管理主要包括餐饮部组织机构的设置和餐饮人员的配备两方面,这是餐饮经营管理的基础,也是餐饮经营管理的重要组成部分,它不但关系到餐饮服务与管理体系的建立,而且对实现经营管理目标起到十分重要的作用。

 项目目标

知识目标
1. 熟悉餐饮部组织机构设计的原则、方法。
2. 熟悉餐饮部主要岗位职责的内容。
3. 掌握人员配置的依据。
4. 熟悉人员的培训与激励的方法。

技能目标
1. 能根据餐厅特点和餐厅工作需要确定餐厅工作岗位。
2. 能对不同类型的餐厅进行人员配置。
3. 会根据经营需要进行班次安排。

思政目标
1. 培养学生正确认识餐厅工作的内容及含义。
2. 培养学生正确认识餐饮组织架构的意义及作用。
3. 培养学生解决实际工作中遇到的问题的能力。

项目四 餐饮组织管理

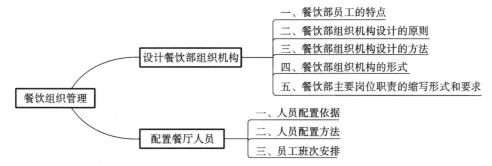

1. 餐饮部组织机构设计的方法。
2. 餐厅人员配置的方法。
3. 餐厅员工班次的安排。

万豪酒店如何激励自己的员工？

1. 善待员工能换来忠诚

在如何激励员工方面，万豪确实有自己的独特之处。它秉承了一个理念，那就是如果公司能够善待自己的员工，那么员工将会用忠诚来回报企业，这些忠诚的员工会为客户提供优质的服务，从而让公司获得巨大的利益。

万豪不是谷歌，也不是苹果，更不是脸书，它只是一家国际酒店集团，里面大多数的员工不是坐在办公室的电脑面前编写代码，他们都是在为客户服务、收拾房间等。这听上去并不是"体面"的工作，但是你能从这些员工口中听到最多的一个词就是"家"。这些员工对自己的公司和同事们赞不绝口。

在全球知名的招聘职位搜索引擎 Indeed 中，雇员对于万豪酒店的评价达到了 4.1 分（满分 5 分），其中一个雇员写的评论很有代表性："每天早上醒来，我都期待着去上班，不仅是我热爱我的工作，而且去上班的时候看到我的家人也在那里工作真是太棒了。宾至如归，感觉就像在家里一样，每天迎接新老朋友。"

2. 以核心文化激励员工

万豪酒店会以自己的核心价值理念去影响、去激励自己的员工。这些公司所信奉的、根深蒂固的企业文化正在不断地深刻影响着每个万豪酒店的员工。其企业文化是，我们把人放在第一位。因此，善待我们的同仁等于善待我们的客户。我们追求卓越的服务——每一处细节都体现出了我们对于客户的奉献。我们乐于拥抱变革——万豪的发展史一直伴随着创新。我们坚持正直诚实——我们坚持不妥协的道德和法律标准。这延伸到我们日常的商业行为，我们的员工政策，我们的供应链政策，我们的环境计划和实践，以及我们对人权和社会责任的承诺。我们服务于世界——我们的"服务精神"使我们的公司更加强大。我们支持我们生活和工作的社区。万豪国际关注全球五大社会问题：扶贫、环境、社区劳动力发展、儿童福祉、全球多样性和包容性。

万豪员工在这样的企业文化的指引下，为客户提供优质的服务，获得客户的认可和赞许，成就感得到极大的满足。整个万豪酒店被这样的工作氛围所包围，愈发成为一个整体，成为员工的一个"家"。

3. 让员工幸福快乐

要想激励员工，精神层面不容忽视，特别是能让员工在工作时感到幸福、快乐。因此，万豪公司采取了很多的措施，比如干洗服务、健身房、日托，甚至是灵活的工作时间。弹性工作时间允许员工平衡工作和家庭生活。在全球范围内，在酒店物业工作的部分员工会被授予优秀的业绩奖，万豪酒店则会为这些员工举办年度颁奖典礼，而员工参加这个颁奖典礼感觉就像参加奥斯卡一样。

4. 注重员工培训

万豪非常注重培训，而且在招聘的时候主要是基于个性和态度，因为它一直秉承的观念是"快乐的员工提供更好的客户服务和增加利润"。平均而言，万豪的员工在开始工作之前，要花大约30天的时间进行培训。这主要是为了让新员工融入企业。在培训过程中，员工将会了解其工作的方方面面，以及企业文化。当员工完全接受培训后，会对自己的工作充满自信，从而降低离职率。辞职员工的不断减少意味着花在培训、招聘上的费用不断削减。

万豪也会利用轮岗培训对员工进行激励。这意味着一名员工可以尝试不同的工作岗位。因此，在万豪，你可能会发现前台接待的员工也被训练来设置宴会桌，打扫客房，甚至做厨房任务。这一做法的出发点是，每个员工都有机会了解酒店的不同方面。这对于企业的好处就是有了可以在需要的时候投入工作的员工。因此，这是一个双赢的结果。

（资料来源：http://www.chnihc.com.cn/research-center/research-case/case-impellist/29612.html.）

任务一　设计餐饮部组织机构

任务描述

餐饮部必须建立一个完整、健全的组织机构,以保证独立、顺利地执行本部门的各种功能。本任务要求学生通过学习能够掌握组织机构设置的基本原则和方法,并能根据不同类型的酒店进行餐饮部组织机构的设置。

一、餐饮部员工的特点

(一) 员工数量多

餐饮部的员工数量要高于酒店的其他部门。员工数量多也意味着餐饮部门的人力资源管理工作量较多、工作难度较大,表现在员工招聘、培训、考核及管理的每一个环节上。

(二) 员工流动性大

近年来,由于酒店业的蓬勃发展,餐饮岗位就业机会大大提高,提薪和升职的频率加快,餐饮部门员工流动性越来越大。

(三) 性别特征明显

酒店餐饮部门的员工主要分布在两大区域工作,即前台的对客服务区域和后台的产品生产制作区域。在对客服务区域,以女性员工为主;在产品生产制作区域(厨房),以男性员工为主。这种性别上的特征,首先对酒店的人力资源管理提出了如何依据不同性别,进行针对性管理的问题;其次对女性占绝大部分的服务部门,也提出了一系列需要妥善加以解决的矛盾和困难。

二、餐饮部组织机构设计的原则

(一) 根据业务需要设计组织机构

餐饮部的组织机构因酒店规模的大小和餐饮部自身职能的不同而有所不同。但是,不管餐饮部的规模和职能存在多大差异,其主要的业务活动并没有多大区别。餐饮经营的业务活动主要包括菜单设计、原料采购、验收、贮存、发放、厨房生产和餐厅销售服务等。餐饮部组织机构的设计必须从这些业务活动的实际出发,合理安排,其中每一个岗位的设置都必须有利于经营管理,符合部门运转的需要。

(二)层次分明,职权相当,指挥统一

业务环节多、所属员工多是餐饮经营较明显的特征,为了能够确保餐饮部的经营管理工作井然有序,必须形成一个指挥核心,在统一指挥的原则下组织各项业务活动,保证各项工作指令的顺利贯彻落实。同时,在内部关系上采用垂直领导的方式分层次进行管理,自上而下形成完整的指挥链,使每个人都明白自己的上下级关系,尽量避免横向指挥和越级管理。此外,在权责方面还应遵循权职相称、权责分明的原则,给相应的职位授予相应的权限,真正做到职权相当、权责分明,以保证各个部门业务活动顺利进行。

(三)合理分配工作,充分调动员工的积极性

组织机构设置的目的是提高工作效率,调动员工的工作积极性。因此,在进行人员定岗和工作分配时,必须根据每位员工的能力、技术水平和个人素质合理安排,从组织上保证员工各得其所、人尽其才,保护员工的工作激情,充分调动员工的工作积极性,使员工的聪明才智和能力能够得到充分的发挥。

(四)科学设置机构,避免机构臃肿,人浮于事

根据指挥幅度原则和现代酒店发展的趋势,餐饮部的组织机构应根据有效的指挥幅度进行科学设置。特别是现在劳动力成本越来越高,精兵简政已成为机构设置的必然趋势。因此,餐饮部的组织机构中不应有任何不必要或可有可无的位置,应尽量避免机构臃肿、人浮于事的现象出现,结构层次应尽量减少,以保证各级管理人员之间和职工之间有快捷、正确的信息渠道,提高工作效率和管理效率。

三、餐饮部组织机构设计的方法

(一)根据规模档次和接待对象确定餐饮部组织机构的大小和形式

酒店餐饮部组织机构的大小和形式都是由其规模、档次和接待对象决定的。不同规模、档次的酒店,其餐饮部组织机构的形式也不一样。

(二)确定部门划分和岗位设置

酒店根据其规模以及提供的餐饮服务内容,进行部门内部分工,设立相应的分支机构,并根据业务组织需要确定餐厅的各个岗位。

(三)制定各岗位职责

要在部门划分和岗位设置的基础上根据不同的岗位任务、职责、权限分别制定出各个岗位的职责。其内容包括不同岗位员工的主要职责、具体职责、权限、资历要求等。制定各岗位职责,一方面有利于明确各岗位的主要工作任务;另一方面有利于人力资源部门对组织机构中各岗位人员进行选择和任用。

(四) 根据各岗位工作任务和职责规范选派人员

要根据各岗位的工作任务、职责规范、任职条件选派相应人员,形成正式、有效的组织管理,形成完整的组织建设,确保餐饮部各项经营管理任务的有序进行。

四、餐饮部组织机构的形式

餐饮部的组织机构根据酒店餐饮规模的不同、业务范围的差异而不一样,但不论其规模大小,一般都由三类人员来共同完成餐饮部的运营管理工作。

(1) 食品原料采供人员。他们的任务是及时提供餐饮生产所需的食品原料和酒水饮料。

(2) 厨房加工人员。厨房加工人员即厨师,他们负责整个餐饮生产工作,进行菜肴质量控制和成本控制。

(3) 餐厅、酒吧服务人员。他们通过优质服务,为前来消费的客人提供舒适、愉快的餐饮服务。

不同规模的酒店餐饮部在这三类人员的构成上也存在一定的差异。一般来说,在一些中小型的酒店,餐饮部可能会包含上述全部三类人员,而在一些大型酒店或比较正式的经营型酒店,为了加强和发挥对餐饮的监督和管理职能,往往会将食品原料的采供人员划归财务部统一管理,或成立隶属于财务部的采购部,直接负责食品原料的采购和保管工作。

(一) 小型酒店餐饮部的组织机构

图 4-1 为小型酒店餐饮部组织机构图,其机构设置比较简单,分工较粗,往往一个岗位需要负责多方面的工作,管理者的职责也比一般酒店的管理人员多。例如,餐厅经理除负责餐厅的日常运转管理外,餐厅酒水的供应和服务、餐具的洗涤管理等工作也都归其统一管辖。这种组织机构设置也适用于普通的、有一定规模和档次的社会餐馆或酒楼。

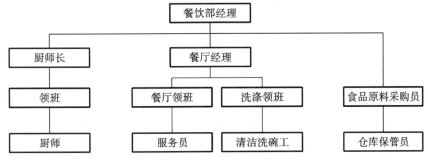

图 4-1 小型酒店餐饮部组织机构图

(二) 中型酒店餐饮部的组织机构

图 4-2 为中型酒店餐饮部组织机构图。中型酒店的特点是餐饮功能比较齐全、分

工较细,特别是星级酒店,无论是功能的配置还是业务范围都相对较大,不但有设备齐全的中餐厅、宴会厅、酒吧、西餐厅等也一应俱全。因此,在机构设置上,相对小型酒店来说,中型酒店的餐饮部组织机构更复杂和齐全。

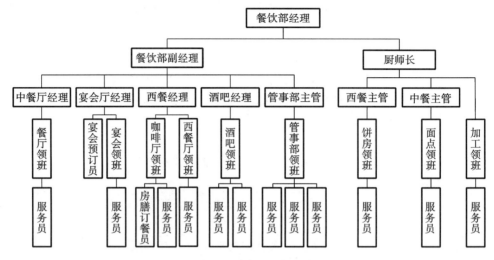

图 4-2 中型酒店餐饮部组织机构图

(三)大型酒店餐饮部的组织机构

图 4-3 为大型酒店餐饮部组织机构图。大型酒店一般档次较高、餐饮设施齐全、经营范围广,因此,其餐饮部的组织机构层次较多、分工更细。在一些大型酒店,鲜活原料的采购也直接划给餐饮部统管,财务和餐饮共同领导成本核算人员,以达到部门内人、财、物统一管理的目的。大型酒店餐饮部在高层管理者中设立餐饮总监,全面管理餐饮部的运转工作。下设餐饮副总监分管前台服务,行政总厨分管厨房生产,三人构成一个部门领导核心。但也有一些酒店将副总监升格,作为总监的助手,协助总监管理整个部门的业务,具体设置方法因店而异。

五、餐饮部主要岗位职责的编写格式和要求

为了更好地保证组织机构在餐饮管理中发挥积极作用,餐饮部对本部门的每一个岗位必须设立书面的岗位职责,使每一个职工和管理者明确自己的职责、任务、职务要求和权力以及隶属关系。

岗位职责作为现代酒店管理规范和管理体系的一个重要组成部分,在编写时必须统一格式,简明扼要地将岗位职责各部分内容表述清楚,使各岗位员工容易理解和掌握。

岗位职责的编写格式包括以下几方面的内容。

(一)岗位名称

岗位名称是指各岗位的具体称呼(见图 4-4、图 4-5、图 4-6)。我国酒店业在岗位名称的统一上虽然有规范,但由于地域辽阔,各地区发展不平衡,文化背景也不完全相同,

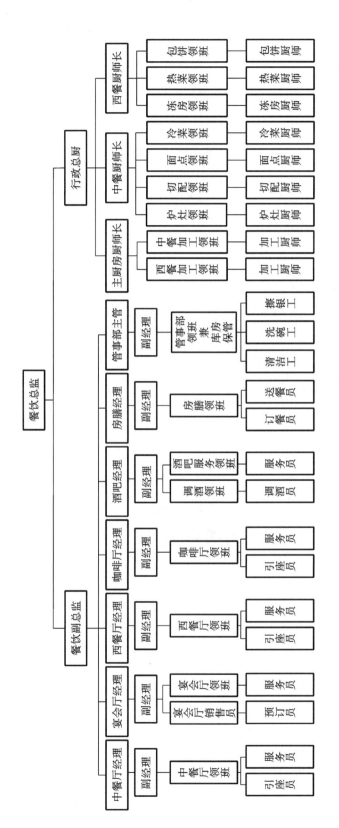

图 4-3 大型酒店餐饮部组织机构图

因此对于各岗位名称的称呼仍然存在一定的差异，特别是南北差异表现得较明显。此外，同一个酒店不应出现一个岗位两种叫法的现象，而应该在酒店内部首先统一岗位名称。其次，岗位职责中的岗位名称还必须与组织机构图中的称呼相一致。

餐饮部经理　　餐厅经理　　餐厅领班　　洗涤领班
厨师长　　中/西餐厨师　　食品原料采购员
仓库保管员　　服务员　　清洁洗碗工

图 4-4　小型酒店餐饮部岗位名称图

餐饮
餐饮部副经理　中餐厅经理　宴会厅经理　西餐厅经理　酒吧经理　管事部主管　餐厅领班
宴会预订员　宴会领班　咖啡厅领班　西餐厅领班　酒吧领班　管事部领班　房膳订餐员
服务员

厨房
厨师长　西厨主管　中厨主管　饼房领班　面点领班
加工领班　凉菜领班　热菜领班　服务员

图 4-5　中型酒店餐饮部岗位名称图

餐饮
餐饮总监　餐饮副总监　中餐厅经理/副经理　西餐厅经理/副经理　宴会厅经理/副经理
咖啡厅经理/副经理　酒吧经理/副经理　房膳经理　管事部主管/副主管　中/西餐厅领班
咖啡厅领班　宴会厅销售员　宴会厅领班　调酒领班　酒吧服务领班　房膳领班
管事部领班兼库房保管　引座员　服务员　预订员　调酒员　订餐员　送餐员
清洁工　洗碗工　擦银员

厨房
行政总厨　主厨房厨师长　中/西餐厨师长　中/西餐加工领班　炉灶领班　切配领班
面点领班　冷菜领班　冻房领班　热菜领班　包饼领班　加工厨师　炉灶厨师
切配厨师　面点厨师　冷菜厨师　冻房厨师　热菜厨师　包饼厨师

图 4-6　大型酒店餐饮部岗位名称图

（二）岗位级别

岗位级别适用于实行岗位技能工资的酒店的岗位职责的编写。目前，很多酒店为了鼓励员工到一线直接为客人服务，减少行政编制，推行岗位技能工资制，即将酒店自总经理到实习生分别划入不同的工资等级（见图 4-7、图 4-8、图 4-9、图 4-10），一岗一薪，易岗易薪，充分调动员工的工作积极性。在编写岗位职责时，直接将该岗位的级别标注在岗位职责中，使每一个员工都清楚地知道自己所在岗位应享受何种待遇。

（三）直接上司

所谓直接上司，即本岗位的直接管理者。注明直接上司的目的就是使每个员工清楚地知道自己应向谁负责，服从谁的工作指令，向谁汇报工作。例如，餐厅服务员的直接上司应该是餐厅领班，餐厅领班的直接上司应该是餐厅主管或餐厅经理。

岗位名称	酒水部经理	岗位编号	
所在部门	餐饮部	岗位定员	1人
直接上级	餐饮部经理	工资等级	6级
直接下级	酒水部领班、调酒员	薪酬类型	结构工资制
所辖人员	15人	岗位分析日期	2021.11.22
工作综述			
负责饭店内各餐厅、酒吧的酒水经营管理工作、制定和实施酒吧优质服务标准和程序，督导本部门员工为客人提供优质高效的饮品服务			
职责与工作任务			

职责一	职责表述：负责制定酒吧服务程序和服务标准，并组织实施 工作时间百分比：10%	
	工作任务	将所有的服务程序和服务标准以文本形式存档并对员工进行培训
		严格按照程序及标准开展日常工作
		对发现的问题及不合理之处及时修改程序和标准，使其更能符合工作需要及客人的需求
		负责组织及实施工作程序、贯彻工作标准
职责二	职责表述：负责建立并实施酒水质量检查控制制度，杜绝酒水浪费现象 工作时间百分比：10%	
	工作任务	制定严格的量化出品标准，对于零散出售的酒水、饮品必须依据出品标准进行出售
		每月定期进行商品盘存清点检查，对于账物不相符的要按酒店规定予以处理
		不定期对库房进行抽查，如某个品种的数量，某批存货的生产日期及外包装完整程度等，确保商品质量
		吧台商品、酒水严禁任何人擅自借用或未经许可授权私自拿取，一旦发现按酒店规章制度处理
		瓜果蔬菜等商品严格按使用标准验收，不允许浪费
职责三	职责表述：负责酒水成本控制 工作时间百分比：15%	
	工作任务	配合采购部门进行市场采价，对比同档次经营场所及市场价并进行分析，对于进价过高的商品有权拒绝使用
		根据进价定出销售价并控制毛利率
		对于市场价的波动，应及时做出适当调整及变更，以确保毛利率
		每月严格按制度进行盘点清查，杜绝跑、冒、滴、漏现象及严重积压、滞销现象

图 4-7　酒水部经理岗位职责

岗位名称	调酒员	岗位编号	
所在部门	餐饮部	岗位定员	11人
直接上级	酒水部领班	工资等级	10级
直接下级		薪资类型	结构工资制
所辖人员		岗位分析日期	2021.11.22
工作综述	负责酒吧酒水服务工作,以高质量的服务水准对客服务			
职责与工作任务				
职责一	职责表述:负责吧台每日管理及出品工作　　　　　　工作时间百分比:40%			
	工作任务	每日领取钥匙,打开吧台,展示酒水品种,凭单出货		
		每日统计销售数量、金额,做报表		
职责二	职责表述:负责领料　　　　　　　　　　　　　　　工作时间百分比:20%			
	工作任务	每日盘点存货		
		开具领料单		
		至库房领料		
职责三	职责表述:负责红酒、香槟服务(冷餐酒会)　　　　　工作时间百分比:20%			
	工作任务	询问客人需要,将酒水展示给客人		
		开瓶后先倒给客人尝,待客人确认后方可继续斟酒		
		及时补充、添加客人杯中的酒水		
职责四	职责表述:负责水果拼盘制作　　　　　　　　　　　工作时间百分比:20%			
	工作任务	根据订单标准,制作水果拼盘		
		制好后送至传菜间		

图 4-8　酒水员岗位职责

岗位名称	部门经理	岗位编号	
所在部门	餐饮部	岗位定员	1人
直接上级	餐饮部总监	工资等级	4级
直接下级	餐饮各分部主管及厨师长、员工食堂主管	薪资类型	结构工资制
所辖人员	188人	岗位分析日期	2021.11.22
工作综述	全面负责制订并实施餐饮部工作计划和经营预算，督导餐饮部日常运转管理，确保为客人提供优质高效的餐饮服务并进行成本控制		
职责与工作任务			
职责一	职责表述：负责制订餐饮部营销计划，长短期经营预算，带领全体员工积极完成经营指标　　　　　　　　　　　　　　　　　　　工作时间百分比：12%		
	工作任务	收集有关资料，制订部门营销计划	
		落实并实施有关计划，完成经营指标	
职责二	职责表述：建立和完善餐饮部的规章制度及服务程序与标准，并督导实施　　　　　　　　　　　　　　　　　　　　　　　　　工作时间百分比：30%		
	工作任务	制定部门各项规章制度及服务程序与标准	
		对员工就规章制度进行宣讲	
		对员工进行培训相关服务程序与标准	
职责三	职责表述：定期同餐饮各分部主管、厨师长研究新菜点，推出新菜并有针对性地进行各项促销活动		
	工作任务	同餐饮各分部主管、厨师长研究新菜点	
		进行各项促销活动	
职责四	职责表述：定期深入各部门听取汇报并检查工作情况，管控餐饮各项收支，制定餐饮价格，监督采购和盘点工作，进行有效的成本控制　　　　　　　　　　工作时间百分比：12%		
	工作任务	到各部门听取汇报并检查工作情况	
		管控餐饮各项收支，制定餐饮价格，进行有效的成本控制	

图 4-9　餐饮部经理岗位职责

岗位名称		服务员	岗位编号	
所在部门		餐饮部	岗位定员	42人
直接上级		餐厅领班	工资等级	10级
直接下级			薪资类型	结构工资制
所辖人员			岗位分析日期	2021.11.22
工作综述				
按照规格化、程序化的优质服务标准,向客人提供餐饮服务,了解客人需求,积极推广产品,为提高饭店的经济效益和社会效益努力工作				
职责与工作任务				
职责一	职责表述:负责开餐前的准备工作,按照规定要求摆台　　　　　　　　　　　　　　　　　　　　　工作时间百分比:10%			
	工作任务	铺台布、摆转心、花瓶		
		按标准摆餐具,折口布花		
职责二	职责表述:规范餐饮酒会服务操作程序,为客人提供规范、周到的酒会服务　　　　　　　　　　　　　　　　　　　　　工作时间百分比:20%			
	工作任务	客人进入活会场所后,服务员用托盘托好斟好的酒杯巡视		
		及时收回客人手中、台面上已用过的酒杯,勤巡视、送餐巾纸、派酒水和小吃		
		酒会结束,服务员应送客,做好结束工作		
职责三	职责表述:负责餐厅环境、家具、台面、地面的整洁和清洁卫生工作　　　　　　　　　　　　　　　　　　　　　工作时间百分比:10%			
	工作任务	做好地面卫生		
		负责门、桌椅等的卫生		
		负责餐具的卫生,做到餐具清洁光亮、不变形		
		按照要求做到"三光四洁"		
职责四	职责表述:规范餐饮多功能厅会议接待服务的程序,为客人提供周到、满意的会议服务　　　　　　　　　　　　　　　　　　　　　工作时间百分比:20%			
	工作任务	按会议主办单位的要求布置会场		
		会议进行过程中,站立于规定位置,随时观察客人动向,为客人提供服务		
职责五	职责表述:规范中餐服务操作规程,为客人提供规范、得体、到位的中餐就餐环境　　　　　　　　　　　　　　　　　　　　　工作时间百分比:40%			
	工作任务	上前致意,为客人上茶水、点菜		

图 4-10　餐饮部服务员岗位职责

（四）管理对象

管理对象是针对管理岗位设立的，目的是使每个管理者清楚地知道自己的管辖范围，避免工作中出现跨部门或越级指挥等现象。组织机构中基本上按照指挥幅度的原则相应地规定了每个管理岗位的管辖范围和管理幅度，其目的就是要充分发挥各管理岗位管理人员的潜能，做好各自的管理工作，保证企业的正常运转，同时也避免了各岗位的管理者越级指挥或横向指挥等现象的发生。

（五）岗位提要

岗位提要又称为职责提要、主要职责，即用非常简明的语言描述岗位的主要工作职责。

（六）具体职责

具体职责是从计划、组织、协调、控制等方面具体规定每个岗位的工作内容，其目的就是要使该岗位的工作人员通过具体职责的学习，清楚地知道自己应该履行哪些职责、应该完成哪些工作任务。因此，具体职责实际上是各岗位的一份翔实的工作任务书。具体职责的编写应注意明确任务，简明扼要，尽量减少不必要的描述性说明，以及标准、要求、工作步骤等应该属于工作程序的内容。

（七）任职条件

任职条件又称为职务要求，也就是明确此岗位员工必须具备的基本素质要求。任职条件一般包括以下五个方面的内容。

(1) 态度，指工作态度和个人品德要求。

(2) 知识，即从事此岗位的员工必须具备的基本知识要求。

(3) 技能，是指从事此岗位的员工必须具备的基本技能要求。对于管理岗位，还包括各项管理能力要求，如计划组织能力、文字和口头表达能力、沟通能力等。

(4) 学历和经历，是指从事此岗位的员工必须具备的最低文化程度要求，以及管理岗位的工作、管理经历。

(5) 身体状况，是针对每个岗位的具体情况提出的身体素质方面的要求。

（八）权力

权力是针对管理岗位设立的一项内容，按照层级管理的原则，相应岗位的管理人员应该做到职、权、利相统一，赋予他们相应的管理权限是为了更好地把管理工作做好。至于授权幅度，各酒店不完全相同，有的酒店授权至领班，有的授权至主管，而也有的酒店只授权至部门经理。

同步案例

餐饮总监岗位职责如下。

1. 岗位设置

直接上级：总经理。

直接下级：餐饮部下属各部门经理、行政总厨。

2. 岗位职责

(1) 参与制订并组织实施餐饮部的一切业务经营计划。

(2) 监督、推行本部门的各项管理制度。

(3) 参加直接下级部门经理协调工作会议。

(4) 考核直接下级部门经理及主管的品行和业绩，并实施激励和培训。

(5) 检查所属部门的经营情况，以及一切安全、卫生和服务工作。

(6) 定期召开本部门的例会、成本控制会议和预算会议。

(7) 熟悉本酒店的主要目标市场，了解消费者的餐饮需求，并有针对性地开发和提供能满足他们需求的餐饮产品和服务。

(8) 制订和改进各项经营、管理的新计划、新措施。

(9) 与厨师长一起，进行固定菜单和变动菜单的计划与设计，不断推出新的菜肴品种。

(10) 督促总厨对厨房生产进行科学管理，健全厨房组织，合理进行布局，保证菜肴质量，减少生产中的浪费，调动厨房工作人员的积极性。

(11) 每周与厨师长、采购员一起巡视市场，检查储藏室、冷库等，了解存货和市场行情。

(12) 加强餐厅的日常管理，提高对客服务质量，培养餐厅经理的管理督导能力。

(13) 促进宴会销售，加强宴会组织与管理，提高宴会服务质量。

(14) 对餐饮采购、验收和储存进行管理与控制，降低成本，减少浪费。

(15) 每周召开餐饮成本分析会议，审查菜肴和酒水的成本情况。

(16) 制订餐饮推广、促销计划，拓宽餐饮销售渠道，提高餐饮销量。

(17) 发挥全体员工的积极性，监督本部门培训计划的实施，采取有效的激励手段。

(资料来源：根据相关资料整理。)

同步思考

分小组进行中餐厅、西餐厅、咖啡厅的组织机构设计。实施过程中可以参照以下要点：

(1) 根据各小组的分工，确定主要工作任务；

(2) 根据组织机构设置原则，设计各餐厅的组织机构；

(3) 根据工作任务和餐厅职能，拟定各岗位的职责。

任务评价

酒店餐饮部中每一个岗位的设置都必须有利于经营管理,符合部门运转的需要。不同餐厅由于功能差异,在机构设置时应有所区别,同时,还必须考虑到行业发展的新趋势,并在机构设置时有所创新。根据各小组设计情况,教师和学生共同进行评分(见表4-1)。

表4-1　餐厅组织机构设计图评价表

小组:

评价内容	评价标准	分值	小组自评(20%)	小组互评(30%)	教师评价(50%)	综合得分
科学性	符合设计原则	20				
专业性	符合餐饮特点	20				
可行性	对特定餐厅可操作	20				
创新性	有一定新意	10				
设计展示	制作清楚,展示到位	20				
团队精神	分工明确,协作完成	10				
合计得分						

评分标准(满分为100分):80—100分为优;70—79分为良;60—69分为中;60分以下为差。

 教学互动

(1)学生按每组6—8人,分为若干小组,每个小组按照中型酒店餐饮部组织架构配置小组成员。

(2)各小组成员轮流扮演餐厅各个岗位的员工,按照餐厅服务各个岗位职责进行模拟练习。

(3)各小组按照模拟练习情况及感想,形成PPT进行课堂汇报。

(4)考察、观摩酒店餐饮部的运营情况,结合课堂所学知识,形成餐饮部岗位职责调研报告。

微课

餐厅人员配置

任务二 配置餐厅人员

任务描述

餐厅人员的配置是指在岗位职责确定后根据工作需要进行人员的定岗定编，它是餐厅人力资源管理的基础工作。人员的配置是根据酒店餐饮的规模、档次、经营特色、餐饮设施的设计和布局以及部门组织机构的设置情况，会同酒店人力资源部协商决定员工的配置数量，确定各工种的用工比例，以满足生产和服务的需要。通过学习，学生能够了解人员配置的依据，掌握人员配置的方法，并能根据餐厅经营情况进行人员配置和班次安排。

一、人员配置依据

理想的员工配置和工作安排是让餐厅工作人员能够比较紧凑地工作，而客人无须等待服务。这样在完成餐饮产品和服务规定标准的前提下，既能尽量节省人工费用，又能提高劳动生产率。

不同规模、不同档次的酒店，其餐饮设施、经营范围和经营特色都不相同，因此，餐厅人员配置数量也不相同。影响员工配置的因素很多，只有综合各方面的因素才能准确核定员工编制。餐厅人员配置的依据概括起来有以下几方面。

（一）餐饮的经营功能及特色

任何一家餐厅都必须以经营某种风味为主，推出自己的特色产品以吸引客人。中国地域辽阔，菜系多，分工细，菜肴变化多样，生产方法和服务方法也不尽相同，因此，对餐厅工作人员数量的需求也不一样。以粤菜为例，由于粤菜品种多，使用原料广，生产制作工艺相对复杂，服务要求较高，因此，无论是生产还是服务，需要的人员都比其他菜系更多一些。

另外，不同的用餐形式和不同的服务方式对人员的配置也有很大的影响。例如，西餐厅由于其服务方式相对比较复杂，需要配置的人员就比中餐厅多；零点用餐比自助餐配置的人员要多一些，等等。

（二）餐饮的布局和设施

餐饮经营和生产场所布局设计合理，结构紧凑，工作流程顺畅，服务与货物运输线路短，餐饮服务和生产的人员就可以相对减少；反之，人员就要适当增加。例如，餐厅离厨房的距离，厨房各加工、生产点相距较远或不在同一楼层、同一建筑物内等都会影响到人员的配置。

另外,服务设施、生产设施设备是否先进,配套是否合理,功能是否齐全等不仅影响人员配置,而且还会影响服务与生产的效率以及生产的规模。设施先进、配置合理、功能齐全可以减少人员,提高工作效率;反之,则需多配人手,增加人员,以确保服务与生产的需要。

(三) 营业时间和工作班次

营业时间是指餐厅对客服务的时间。餐厅营业时间的长短对服务和生产人员的配置有很大关系。有些酒店除正常的一日三餐外,还要经营夜宵,提供下午茶和较长时间的房内用餐,营业时间越长,需要的工作人员就越多。

同时,合理安排餐厅、厨房工作班次,提高员工的有效工作时间,既可以减少员工的压力,确保工作间隙有足够的休息和调整时间,还可以有效地降低餐饮人员配置数量,降低劳动力成本支出。

(四) 服务与产品的标准

服务标准是服务质量的基础,优质的服务质量是建立在优质高效的服务标准的基础之上的,而餐厅的服务标准是通过餐厅服务员的具体劳动来体现的,服务标准高,服务人员投入的工作精力和劳动时间就会相对较多,那么餐厅配置的员工数量也就会相应地增加。厨房生产是以菜单为依据的,菜单品种丰富,规格齐全,菜品加工制作复杂,加工标准要求高,无疑会加大生产的工作量,则需配置较多生产人员;反之,厨房生产人员则可相对减少。例如,快餐厨房由于供应菜式固定、品种有限,厨房的人员配置就要比零点厨房少得多。

(五) 员工的技能水平

员工的技能水平严重影响员工个人技术的发挥,同时对餐饮人员的配置也有很大影响。员工技能、技术水平全面、稳定,操作熟练程度高,工作效率就高,餐厅和厨房配置的人员就可以相对少一些;如果员工队伍以新手为主,或者对操作规程、产品质量标准不熟悉,相互之间配合不默契,那么其工作效率就比较低,不仅需要配备较多的员工,而且生产和服务的差错也会较多。

二、人员配置方法

根据餐饮经营的需要,餐饮部的人员配置一般有按比例定员、按劳动效率定员、按岗位定员等方法。

所谓按比例定员是指按照酒店的等级、规模定员,再确定各工种、各岗位的人员数量的定员方法。例如,餐饮部员工占酒店总员工数的30%左右,服务员、厨师等工作人员和管理人员的比例是10∶1,餐厅人员与厨房人员的比例是1∶1,炉灶人员与切配人员的比例是4∶1等。

所谓按劳动效率定员是指按照员工的工作效率配置人员。例如,零点餐厅每20个餐位配置一名服务员,宴会包间按一间或一桌配置一名服务员,炉灶按每50个餐位配置一名厨师等。

按岗位定员则是按照部门组织机构图和职责范围配置一些部门内部必需的文职人员。

上述三种方法在酒店餐饮部的人员配置中曾经发挥过较好的作用,但是,随着餐饮业的发展和变革,竞争越来越激烈,劳动力成本的控制已经被经营者越来越重视,在传统的人员配置方式的基础上,餐饮经营者也逐步采用一些与经营相关联的新方法来进行人员的配置。以餐厅为例,目前餐厅人员配置的方法有以下几种。

(一) 建立操作标准,合理安排人员

建立操作标准是为了规定员工必须履行的各项任务,以及他们正确完成任务的方法。餐厅经理必须和餐饮部经理、厨师长以及其他人员一起合作,共同制定各项质量标准,然后把这些质量标准体现在各项操作程序中去,而操作程序又必须具体规定员工如何去完成各项任务,即完成工作的步骤和要求。

(二) 分析销售量,巧妙安排人员

餐厅员工的需求量与工作量有密切的关系。餐饮与客房及其他产品不同,在每星期不同的天数里往往需求量不同,这种需求量的变化虽然受到许多主观、客观因素的影响,但在一段稳定的经营期之后仍然会有一定的规律可循。因此,经营者有必要对每日的营业量做具体分析,根据每日客人数量和菜点销售数量的统计来较精确地预测每日的营业量。这样,管理人员就能根据经营规律对每日营业量进行预测,并根据预测确定一周中每天需要的员工数量。

(三) 根据营业量变化,灵活安排人员

每日营业量分析能帮助管理人员安排职工的工作日和休息日,但仍不能解决由于需求量不同而使职工在生意清淡时无事可干、在高峰时人手不够的问题。特别是24小时经营的咖啡厅和经营时间较长的酒吧(大堂吧),更有必要统计午、晚餐高峰时段及下午3:00—6:00清淡时段的客人数量。在中餐厅的早、午、晚餐营业时间中有高峰或非高峰时段,不同时段应配备不同的职工数量。

(四) 根据劳动定额,科学安排人手

所谓劳动定额,是指核定各岗位人员工作量的标准。工作量是指各岗位的职工在一定服务时间内应提供的服务或生产产品的数量。

餐厅工作量通常是以开餐时间为计算单位,也可以以每小时或每班的工作时数为时间单位。经营者可以根据员工操作技能标准来核定相应岗位的劳动定额,然后根据服务班次、实际预测的用餐人数等因素来确定餐厅或厨房所需要的人员数量。

以厨房为例,计算厨房定员的方法是,首先确定劳动定额,然后计算人员数量。其计算公式分别如下:

$$Q = \frac{Q_r}{A+B}$$

式中，Q 表示劳动定额（灶台/人），Q_x 表示测定炉灶数量，A 表示测定上灶厨师数量，B 表示为厨师服务的其他人员数量。

$$N = \left(\frac{Q_n \times F}{Q \times f}\right) \times 7 \div 5$$

式中，N 表示定员数量，Q_n 表示厨房炉灶数量，F 表示计划班次（两班制、三班制），f 表示计划出勤率。

总之，员工配置的方法有多种，管理者必须结合本酒店的具体实际，综合运用几种不同的方法加以合理安排，其目的只有一个，那就是以最佳的人员配置实现酒店最终的经营目标。

三、员工班次安排

班次安排是劳动组织中一个重要的内容，它是以岗位或班组为单位的劳动分工形式，既要做到业务分工上的合理性，又要做到工时安排上的合理性。班次安排非常讲究技巧和方法，在排班时，要考虑"闲时少留人，忙时人手足"，以适应营业需要。

（一）餐饮部员工的班次

常见的班次安排有两种形式：一是按作业时间区分，排成时间班；二是按工作性质的业务内容区分，排成业务班，如管事班、卫生班等。

餐饮部常见的时间班有以下几种。

1. 一班制（正常班）

一班制即一天内员工同时上班，同时下班。它的优点是营业时间内没有交接班，缺点是营业时间短。因此，一班制不适用于前台人员，只能用于后台服务的行政、后勤人员。例如，某酒店餐饮部文员的上班时间为 8:00—17:00。

2. 两头班

两头班即在每天的两个营业高峰时段工作，中间的非营业或生意清淡时休息。例如，某中餐厅营业时间是 11:00—14:00 和 17:00—21:30，有一班次服务员的工作时间为 10:30—14:30 和 17:00—22:00。

3. 两班制

两班制即一线的服务人员的工作时间往往超过了 8 小时，为了保证服务的需要，可把员工分成先后两班，每班工作 8 小时，中间有一个交接班的过程。例如，某供应早餐的茶楼营业时间是从 7:00—21:30，服务员早班工作时间为 6:30—14:30；晚班工作时间为 14:00—22:00。

4. 三班制

三班制跟两班制类似，即为保证服务的需要，把员工分成先后三个班，每班工作 8 小时。例如，某酒店送餐部提供 24 小时送餐服务，送餐员排成了三个班，A 班员工的工作时间为 6:30—14:30；B 班工作时间为 14:30—22:30；C 班工作时间为 22:30—6:30。

5. 半班制

半班制就是员工一天只上 4 小时的班。半班制的工作时间一般安排在营业的高峰时段，如 10:00—14:00 或 17:00—21:00。

（二）排班方法

合理的人员配置是建立在合理、巧妙的员工班次安排的基础之上的。员工班次安排得当，不但可以节约劳动力，而且可以提高员工的工作效率和服务水平，以及餐厅的服务质量。

在安排餐厅班次时，应遵循以下原则：

（1）班次的安排应与营业情况相适应，确保营业高峰时间餐厅工作人员数量最多。

（2）要针对不同的餐厅经营特点，合理安排班次。一般来说，中餐采用两头班的比较多，咖啡厅采用两班制或三班制，而晚间营业的酒吧多采用一班制。

（3）班次安排既要能最大限度地发挥员工的潜力，又要考虑员工的承受能力和客观困难，关心和保护员工的健康。

（三）餐厅员工班次安排的基本方法

餐厅员工班次安排的基本方法如下。

1. 根据餐厅服务工作需要合理排班

让全体员工同时上下班这种传统的排班方法现在基本上被绝大多数酒店摒弃，因为这种方式表面上看起来每个员工每个班次工作8小时，既不违反《劳动法》的规定，又能保证餐厅服务的需要，但这种方法最大的缺点就是员工的有效劳动时间较少，实际工作效率较差，同时还增加人员，增加企业负担。相反，如果能够根据餐厅业务量的大小和营业期间客流量的变化来灵活安排员工的班次，即采用交叉排班的方法来安排员工的班次，就会提高员工的有效劳动时间，减少员工数量，降低劳动力成本，餐厅服务质量也不会因此而受到影响。

这种灵活的排班方法被称为插班制，即让大多数员工在开餐客流量的高峰时间来餐厅上班，其他时间只适当安排少量人手负责餐前、餐后的准备和结束工作。

以某中餐厅为例，餐厅提供三餐服务，排四个班次，具体工作时间如下：

A班	早班	6:30—14:00	负责早餐、午餐
B班	早晚插班	7:00—10:00	负责早餐、晚餐
		17:00—21:30	
C班	午晚插班	11:00—14:00	负责午餐、晚餐
		17:00—21:30	
D班	晚班	14:00至结束	负责晚餐

在上述案例的班次中，A、D两个班次只需要1—2名服务员，他们除正常的开餐服务外，主要还负责各种餐前准备和餐后结束工作，B、C两个班次的员工相对数量多一些，以保证开餐服务的需要。

2. 通过服务领班衔接全日工作

如前所述，由于餐厅工作量不可能是均衡的，一个餐厅的正常营业高峰时间明显少于业务清淡时间，因此，根据这种情况，在工作日程的安排上应尽量减少全日制员工数量。通常只有少数管理工作需要设立全日制工作岗位，这完全可以通过设立"服务领班"的方式来解决这一问题，即将领班安排在连续性的工作班次中，领班既负责餐厅日常管理性工作,又具体做一些非管理性的服务工作。

3. 编制餐厅员工排班表

不管是每周排班,还是一个月排一次班,餐厅排好班后应填制餐厅员工排班表,提前一周张贴在餐厅告示栏内,告知所有员工,一方面,让员工清楚自己的上班时间,以免造成工作事故;另一方面,员工可以根据班次来安排个人的生活和学习计划,以免与自己工作发生冲突。

 同步案例

某餐厅一周工作安排表如表4-2所示。

表4-2　某餐厅一周工作排班表

员工	时间						
	星期一	星期二	星期三	星期四	星期五	星期六	星期日
张红	OFF	A	A	A	A	A	A
李梅	A	OFF	A	A	A	A	A
李娜	B	B	OFF	B	B	B	B
罗雪华	B	B	B	OFF	B	B	B
吴旭	C	C	C	C	OFF	C	C
丁凯成	C	C	C	C	C	OFF	C
张旭松	C	C	C	C	C	C	OFF
赵凯	A	A	B	B	C	C	OFF
……							

其中,A(早班)为6:00—14:00;B(晚班)为14:00—22:00;C(插班)为11:00—14:00和17:00—22:00;OFF为休息。

 同步思考

某中餐厅有260个餐位,营业时间为11:00—13:30和17:00—20:00,其中营业高峰在午餐和晚餐时间。

某西餐厅有150个座位,营业时间为7:00—23:00,同时还提供24小时送餐服务。

请根据所学知识,为这两个餐厅配置相应工作人员。人员配置可遵循以下步骤:

(1) 确定餐厅工作班次和工作时间,如早班的工作时间为10:00—13:00;

(2) 根据不同班次以及营业量与接待能力,确定每个班次的人数;

(3) 根据组织机构确定管理人员人数，如主管、领班等；
(4) 确定餐厅最终人数。

 任务评价

人员配置既关系餐厅人力资源的使用，又关系餐厅劳动力成本。因此，每个餐厅的人员配置既要满足工作，特别是营业高峰时工作的需要，又要考虑到劳动力成本的控制，必须科学、合理。根据人员配置情况，教师和小组间进行评分，具体分值见表4-3餐厅人员配置评价表。

表 4-3　餐厅人员配置评价表

评价内容	评价标准	分值	小组自评(20%)	小组互评(30%)	教师评价(50%)	综合得分
科学性	人员配置具有一定科学性	20				
可行性	能满足餐厅对客服务需要	20				
可操作性	班次安排、人员配置具有可操作	20				
创新性	符合行业发展新需求	10				
设计展示	制作清楚，展示到位	20				
团队精神	分工明确，协作完成	10				
合计得分						

评分标准（满分为100分）：80—100分为优；70—79分为良；60—69分为中；60分以下为差。

 教学互动

(1) 考察1—2家酒店餐饮部，了解现阶段餐饮部人员配置的新变化。
(2) 结合所学知识，考察1—2家酒店餐饮部，了解餐饮部各餐厅人员配置情况，分析该酒店餐饮部人员配置的科学性，并分析班次安排是否高效、合理，有无改进之处。
(3) 形成考察PPT，进行课堂汇报。

项目小结

餐饮组织管理涉及餐饮部组织机构的设置和餐饮人员的配备,这是餐饮经营管理的基础,也是餐饮经营管理的重要组成部分,它不但关系到餐饮服务与管理体系的建立,而且对实现经营管理目标起到十分重要的作用。本项目重点讲授了餐饮组织机构设置的原则,不同类型酒店的组织机构模式,餐饮部岗位职责的内容,排班的基本方法等。

关键术语

组织机构、人员配置、排班

项目训练

知识训练:

一、填空题

1. 餐饮部员工存在的一般特点为_____、_____、_____。

2. 餐饮部岗位职责编写一般包括:岗位名称、岗位级别、直接上司、_____、_____、_____、_____、权力等方面。

3. 餐饮部的组织结构一般情况由_____、_____、_____三类人员构成。

二、选择题

1. 以员工在一定服务时间内应提供的服务或生产的产品数量为依据编制定员的方法称为_____。

　　A. 按岗位定员　　　　　　B. 按比例定员
　　C. 按餐厅类型定员　　　　D. 按劳动定员

2. 一班制(正常班)的优点是营业时间内没有交接班,适合于排班的岗位是_____。

　　A. 楼面收银员　　　　　　B. 餐厅服务员
　　C. 传菜员　　　　　　　　D. 餐厅办公室文员

能力训练:

1. 简述餐饮组织机构设置的方法和步骤。

2. 简述餐厅经理的岗位职责。

3. 实地考察一家餐饮企业或酒店餐饮部某餐厅,结合经营工作需要和所学知识,制作一份餐厅人员配置计划和班次表。

◆本课程阅读推荐

宋宣《从零开始做餐饮》,中信出版社,2017年版。

项目五
餐饮原料管理

 项目描述

餐饮原料管理是餐饮运营管理中非常重要的工作内容之一,餐饮原料管理包括食品原料采购、食品原料验收、原料贮存管理和发放管理工作。

 项目目标

知识目标
1. 掌握采购程序。
2. 熟悉采购控制方法。
3. 掌握原料采购质量标准知识。
4. 熟悉各类贮藏库管理的内容。

技能目标
1. 能制定基本原料的采购规格。
2. 会进行原料采购的控制。
3. 能进行一般原料的验收。
4. 能进行原料的日常管理。
5. 会填写永续盘存表。

思政目标
1. 培养学生的职业素养。
2. 培养学生的职业道德。
3. 培养学生的工匠精神。

项目五　餐饮原料管理

　**思维导图**

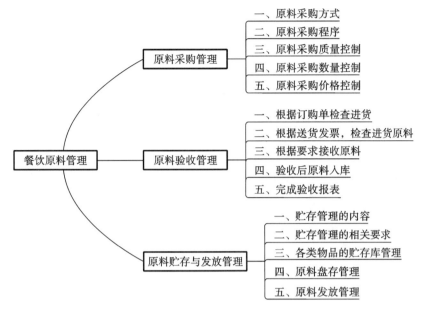

　学习重点

1. 掌握食品原料采购的程序和方法。
2. 掌握食品原料验收的程序和方法。
3. 掌握食品原料贮存管理的内容和食品原料发放管理的方法。

　项目引入

  2018年1月19日,据鲁网报道,因采购不符合食品安全标准的食品原料,济南市天桥区六乃喜风味餐馆、山东金德利集团槐荫快餐连锁有限责任公司中央厨房被通报处罚。

  济南市天桥区六乃喜风味餐馆因采购不符合食品安全标准的食品原料,被济南市天桥区食品药品监督管理局(现市场监督管理局)依据《中华人民共和国食品安全法》(以下简称《食品安全法》)对其罚款9600元,没收违法所得129.3元。

  山东金德利集团槐荫快餐连锁有限责任公司中央厨房采购不符合食品安全标准的食品原料,济南市槐荫区食品药品监督管理局依据《食品安全法》第一百二十五条第一款第(四)项对其罚款20000元并没收违法所得90元。

  现行《食品安全法》(2021年修正)第一百二十五条是这样规定的:

  违反本法规定,有下列情形之一的,由县级以上人民政府食品安全监督管理部门没收违法所得和违法生产经营的食品、食品添加剂,并可以没收用于违法生产经营的工具、设备、原料等物品;违法生产经营的食品、食品添加剂货值金额不足一万元的,并处五千元以上五万元以下罚款;货值金额一万元以上的,并处货值金额五倍以上十倍以下罚款；情节严重的，责令停产停业，直至吊销许可证：

（一）生产经营被包装材料、容器、运输工具等污染的食品、食品添加剂；

（二）生产经营无标签的预包装食品、食品添加剂或者标签、说明书不符合本法规定的食品、食品添加剂；

（三）生产经营转基因食品未按规定进行标示；

（四）食品生产经营者采购或者使用不符合食品安全标准的食品原料、食品添加剂、食品相关产品。

生产经营的食品、食品添加剂的标签、说明书存在瑕疵但不影响食品安全且不会对消费者造成误导的，由县级以上人民政府食品安全监督管理部门责令改正；拒不改正的，处二千元以下罚款。

（资料来源：https://2ly4hg.smartapps.cn/pages/article/article?articleId=217892061&authorId=99917487&spm=smbd.content.share.0.1630746462131tLeUu2a&_trans_=010005_wxhy_shw&hostname=baiduboxapp&_swebfr=1.）

任务一　原料采购管理

任务描述

本任务要求学生了解原料采购管理的方式和程序。

一、原料采购方式

原料采购的定义就是餐饮生产规模和业务要求，并结合市场实际情况进行比较分析，从而选择适合于本酒店厨房的最佳采购方式。如今，市场上采购方式多种多样，酒店如何选择采购方式呢？目前，酒店常见的采购方式有以下几种类型。

（一）归类采购方式

归类采购方式是指同一类的食品原料、调味品等由同一个供应商进行归类的原料采购。例如，酒店向一家蔬菜公司采购所需的蔬菜原料，向一家饮品公司采购的相应的饮品，向同一个调味料供应商购买所有的调味品等。这种采购方式，每次只需向供应商开出一份订单，接收一次送货，处理一张发票，节省了大量人力和时间。

归类采购方式的缺点是采购的部分原料质量不一定是同类中最好的。

（二）集中采购方式

集中采购方式是指各酒店或餐饮部门将所需的原料、数量定期上报部门或采购部门,待采购部汇总原料需求后,再集中进行采购。有些需要的食品原料,可以进行源头采购或其他采购方式。原料订购后,可由供货单位分别运送到各酒店,也可以由采购部统一验收,再行分送。

一些酒店管理公司或连锁品牌集团酒店会建立地区性的采购办公室,为本公司(或集团)在该地区的各酒店企业采购各种食品原料。

集中采购方式的优势在于,便于与更多的供应单位联系,大批量购买往往可以享受价格上的优惠,原料质量有更多的挑选空间;集中采购方式有利于一些原料的大量贮存,因此才能保证各酒店的原料供应;同时,这种采购方式也能减少各酒店企业采购部门徇私舞弊的机会。

但是,集中采购方式也存在着一些问题。例如,各酒店、厨房可能会被迫接受采购部采购的食品原料,不利于厨房按自己的需要进行采购;由于需要集中采购,各酒店不得不放弃当地可能出现的廉价原料,而且集中采购可能会使各酒店菜单趋向雷同,各酒店可修改菜单的空间也会受到局限,因此不利于酒店展示个性化,不利于创造酒店的独特风格。

(三)竞价采购方式

竞价采购方式常用于采购次数频繁且需要每天进货的食品原料。在酒店中,厨房绝大部分鲜活原料、新鲜原料等采购业务,都属于这种采购方式。

这种采购方式需要酒店把采购的原料物品、名称、具体规格标准告知各有关供应商,并取得供应商给出的相关产品的报价,采购部门根据市场调查的价格、产品的质量,最终选择合适的供应商。

这种采购方式的周期,一般以两周或半个月为宜。竞价采购方式采用周期性定价法进行定价,每个周期都需要根据市场情况,重新进行询价、报价,确定供应商。

(四)无选择采购方式

酒店运营过程中,时常会遇到一些特殊事件。例如,厨房需要采购某种原料,但是市场上缺乏;或者需要采购的原料只有一家单位供货;又或者遇到特别高规格宴会且重要的接待活动时,厨房急需某种宴会接待的食品原料。在这种特殊情况下,酒店往往会采用这种无选择采购方式。

这种无选择采购方式,只有在不得已的情况下才会被使用。如果经常使用,反而会使酒店对此原料的成本管理失去控制。

(五)成本加价采购方式

成本加价采购方式是另一种较为特殊的采购方式。这里的成本指的是批发商、零售商等供应单位的原料成本。在采购的过程中,某种原料的价格涨落变化发生了较大变化,或较难确定其价格时,往往会使用成本加价采购方式。在一些情况下,供应商和采购单位双方都把握不住某件产品的市场价格动向时,就会采用此种采购方式。这种采购方式是指在供应商购入原料所花的成本上增加一些比例来作为供应商的盈利部分。例如,刚上市的螃蟹、水产类的价格起伏较大,即可在供应商收购价格的基础上,加价10%左右,作为酒店的买入价格。对供应商来说,这种采购方式是比较有利的,因为这种方式也减少了价格骤然下降带来的亏损危险。

酒店使用成本加价采购的次数不可过多。选择此采购方式的主要问题在于很难确切掌握供货单位原料的真实成本价格。

以上这几种采购方式,各酒店应根据自己的风格特点、类型、规模、经营模式、业务类型、市场条件等因素选择使用。除此之外,餐饮生产原料需要区分干货原料和鲜活原料,分别采用灵活的长期或定期的日常采购或订货采购等方式。

二、原料采购程序

每家酒店可以根据自己的管理方法,制定各种不同的采购程序。

图 5-1 为食品采购程序示意图。餐饮部向采购部门提出采购的申请(见表 5-1),采购部向供应商发起订购单(见表 5-2),供应商进行报价,最后确认原料价格、货品后,财务部审核并进行付款。之后,供应商发货,提供相应的原料,相关部门验收货品。之后,餐饮部向仓库申领原料,通过一些申领的手续即可进行办理。当仓库的库存量低于规定的数额时,就要进行必要的补货。

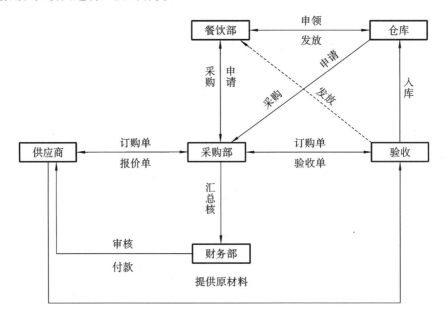

图 5-1　食品采购程序

表 5-1　采购申请单

申请部门:

序号	名称	型号	单位	数量	单价	金额	进货日期	备注
审批意见	总经理		财务部门		采购部门		申请部门	

年　月　日

表 5-2　订购申请单

订购日期：
付款方式：
订购单位：
交货日期：

物品数量	物品名称	数量	单价	金额	备注
总计金额					

订货后，一般都是由供应商进行送货，尤其是原料新鲜的货品，一般每天上午由供应商直接将原料送至酒店相关验收部门，验收部门验收合格后再入库储存。验收部门收到厨房订购的鲜活类型的原料时，应与厨房及时联系，厨房应通过办理申领手续，及时领取相关货品。

现在一些酒店的验收工作是由厨房部门和验收部门共同完成的，这样便于厨房的申领和验收同时完成。验收部门将货物发票验签后，连同订购单交采购部处理，采购部门再汇总核定价格交财务部审核，然后向供应单位支付货款。

三、原料采购质量控制

厨房要提供保证菜肴的质量，就必须使用规格、质量始终如一的食品原料，并且需要制定食品原料采购规格标准书，并依此进行采购。这种方法是保证厨房生产所需原料质量的有效措施。

（一）采购规格标准书

采购规格标准书不适用于所有食品原料，主要针对那些用量较大、对食品成本影响较大的原料，如禽类、肉类、水产类原料，以及一些特殊的水果、蔬菜、乳制品类原料等。采购规格标准书的定义是，根据厨房烹饪制作菜品的需求，对需要采购的各种原料做出详细的具体规定，如原料产地、大小、数量、等级、性能、色泽、包装、肥瘦比例、切割情况、冷冻状态等。采购规格标准书的文字表达要简练、科学、准确，避免使用模棱两可的词语，如"一般""较好"等，以免引起误解。

（二）采购规格标准书的作用

制定采购规格标准书有助于确保采购的原料都符合质量要求和标准，适合菜肴制作的特殊需要。酒店使用食品原料采购规格标准书有以下几点优势。

（1）采购规格标准书可以使厨房生产管理人员通过认真思考和研究，预先确定酒店所需各种食品原料的具体质量要求，防止采购人员不恰当或盲目地采购，有助于保证采购的各种食品原料的质量都符合要求。

（2）采购规格标准书可以使供货单位掌握厨房原料的质量要求，相关货源单位获取采购规格标准书，有利于避免可能产生的误解或者带来不必要的损失。

（3）使用采购规格标准书，可以节省时间、减少工作量，不必每次订货时都向供货单位重复解释原料的质量要求。

（4）使用采购规格标准书，可以将一种原料的规格标准分别提供给几个供货单位，有利于引起供应商之间的竞争，从而有机会选择最优价格的供应商。

（5）使用采购规格标准书，对控制原料质量有着极其重要的作用。食品原料采购规格标准书是原料验收的重要依据之一。

（6）使用采购规格标准书，还可以防止和减少采购部门和使用部门之间的误会和矛盾，提高工作的有效性。

（7）使用采购规格标准书，有利于成本核算，会计可根据采购规格标准、厨房领料情况正确计算各类原料的成本。

四、原料采购数量控制

由于供应市场供求关系的变化，食品原料的供应已经变成一种便捷的工作，很多酒店已根据酒店使用需要进行适时采购，不再像过去那样在库房里存放大量的原料，以满足生产需要。因此，采购数量的控制手段也就相对传统方式要简单，总体的原则是在满足生产需要的前提下，尽可能少地采购原料量，以减少浪费以及不必要的资金积压。对于调味品、干货等的采购，也压缩了采购周期，采用少量多批次的采购方式，减少酒店的库存和资金的积压。

五、原料采购价格控制

原料采购价格控制的主要方法有以下几种。

（一）规定采购价格

通过市场价格调研后，在一定的幅度范围内，酒店对餐饮部所需的某些食品原料提出购货限价，一般是按限价进行市场采购。限价品种一般是采购随进随用、周期短的新鲜品。

（二）规定购货渠道和供应单位

为控制价格，许多酒店对采购部提出食品原料的采购只能向一些指定的供应商采购，或者只允许采购来自规定渠道的食品原料等，这是因为酒店预先与这些供应单位商定了购货价格。

（三）贵重食品原料的购货权

贵重食品原料的价格是影响餐饮成本的重要因素，因此，一些酒店由餐饮部提供使用情况的报告，由采购部门提供各供应商的价格报告，然后由酒店管理层决定如何采购。这种操作方法可以避免食品原料成本的增加，以及不必要的经济损失。

（四）提高购货量、改变购货规格

大批量采购可以降低原料的单位成本，这也是控制采购价格的一种办法。另外，当某些食品的包装规格不一时，可购买适宜酒店或单位使用的大规格包装，这样也可降低成本价格。因此，餐饮经营者应该结合酒店需要和市场供应的情况，适当调整采购规格和改变采购数量,从而达到提高效益、降低成本的目的。

（五）减少采购中间环节,直接采购

根据市场供应状况及酒店自身的需求情况,酒店可以适当地避开供应商,直接从批发商、生产商或市场直销处购买所需的食品原料,这样可以减少中间环节,降低采购价格和运营成本。

以上几点价格控制措施,需要运营管理者和有关人员的共同努力才能实现。

 同步案例

> 在除夕这一天,整个中国都是团圆的氛围。
> 在新年到来之前,为了顺应市场需求,某酒店餐饮部需要以新年为主题,进行过年期间年夜饭的菜单设计。

 同步思考

> 各小组为某酒店制定一份食品原料采购清单,进行原料的询价、比价,分析并确定原料的基本价格,并进行模拟采购。

 任务评价

本任务评价由小组评价、小组互评和教师评价共同构成(见表5-3)。

表5-3 物资采购清单评价表

评价内容	参考标准	分值	小组评价(30%)	小组互评(30%)	教师评价(40%)	综合得分
采购清单	分类正确,品种齐全,数量正确,规格标准	20				
确定价格	信息完整,资料齐全,比价分析正确	20				
模拟采购	采购程序规范,方法得当	10				
操作流程	各项操作符合规范,养成良好的操作习惯	20				
团队合作	分工明确,团结协作	30				
合计得分						

评分标准(满分为100分):80—100分为优;70—79分为良;60—69分为中;60分以下为差。

食品原料采购质量标准

（一）肉类

1. 猪肉

具有猪肉的自然气味，无异味，无寄生虫，肉质紧密，肌体结实，肉色淡红，无渗出液。能够详细掌握供货单位的屠宰资格及加工能力。供货携带检疫证，肉体印有检疫章。

2. 牛羊肉

色泽鲜红，脂肪呈白色，肉质坚硬，弹性足，无黏液，无渗出液，无寄生虫，肉质柔软光滑，无腐臭变质，无异味。

3. 鸡鸭肉

肉质深红，质地紧密，肥肉纯白，肉质细腻结实，弹性足，无黏液，无渗出液，无腐烂异味，具自然腥味。

（二）蔬菜类

1. 叶菜类

茎叶鲜嫩肥厚，形态完整，捆扎包装整齐，茎部丰硕，无冻伤、晒伤、挤压，脆性大。叶面光滑，杂质少，枝叶有弹性，断口部水分充盈，无虫蛀，表皮无斑点，无腐烂变质，无异味，出成率高，仪器检测后农药残留物不超标。

2. 根茎类

原料肥嫩丰满，光滑圆实，形态整齐，出成率高，皮不干缩，无发霉，无泥沙，无破裂腐烂，无虫鼠咬伤、霉斑。

3. 瓜果类

果皮完整，色泽鲜亮，果实饱满，蒂部不干枯，成熟适度，果实水分足，皮不干缩，形态完整，表皮无斑点、腐烂，无虫咬、破伤及霉点，有瓜果的自然香味，无异味。

4. 干菌类

原料干爽体轻，色泽纯正自然，无杂质，无虫蛀，无掺杂，无掺假现象。

（三）水产类

以鱼类为例，鱼肉饱满结实，紧密有弹性，无离骨、脱刺现象，肛门凹陷，腹无胀气，肛门无异物流出，无伤痕、破体现象，鳞片完整、有光泽、无脱落，腮口紧闭，眼球光亮透明，鱼腮腺红，鳍尾完整，熟悉的鱼种，无毒无害，不熟悉、不了解的海鱼不购。

（资料来源：根据相关资料整理。）

教学互动

（1）以小组为单位考察酒店采购部，了解食品原料采购的基本程序及采购控制的方法。

（2）考察原料市场，了解食品原料供应情况及价格。

任务二　原料验收管理

 任务描述

本任务要求学生了解原料验收管理的程序和方法。

原料验收管理就是对食品原料的数量、品名、规格、材质和价格等方面进行核实检验的过程。

验收管理全过程主要包括两大部分内容。

一是检验，即审核食品原料采购的质量、数量、价格、凭证、时间等。

二是收货，即验收合格的物资，验收人员需要做详细记录，及时填写验收清单及进货日报表，并将这些原料分类入库或直接发放到相关生产部门。

科学合理的验收程序和要求，可以保证验收工作循序渐进、验收项目全面准确，这样既节约时间，也可以对验收工作加强管理。

常见的原料验收管理的程序如下。

一、根据订购单检查进货

负责验收的人员对符合品种、规格、质量等一系列要求的原料及时进行其他方面的检验，不符合要求的一律拒收。验收负责人需要按照原料规格书逐项核对，如规格没有达标，原料不予受理；验收人员需要负责检查送验货品是否符合订购单上所要求的品种、规格和质量要求，如没有办理相关订货手续，原料一律不予受理；此外，对肉、畜、禽等类型的原料，还需要查验卫生检疫证，未经检疫或检疫不合格的原料拒绝接收；在接收冰冻原料时，如果是已经化冻或已经变软的原料，类似这种不合格的原料一律拒收；冰冻原料接收时，一律要求原料处于冻结状态。在验收过程中，如对各类存在质量问题的原料，应报请上级领导，会有专业的技术权威人员进行细致的检查，以保证原料符合规格书的质量标准。

二、根据送货发票检查进货原料

发票是付款的重要凭证，在一般情况下，供应商开具的发票是随同食品原料一起交付的,供应商送到收货单位的结账单是根据发票的具体内容和明细开具的。供应商送来或酒店自己从市场采购回来的原料数量、价格、明细清单是发票反映的主要内容,故应根据发票来核实并验收各种原料的数量和价格。

在数量验收时,需要注意的是,凡是以少量的单位件数或个数为单位的货品,必须逐一清点,记录实际收到的个数、包数、袋数、箱数等;如以重量计量的原料,必须按照件数逐一过磅,记录净重;水产原料进行验收时,需要沥水或去冰后称量,如遇到注水掺假的原料则一律拒收;对照交送时的发票,检查原料数量是否与实际发票上的数量相符,以及是否与采购订单上的原料数量相符;需要核实采购定价是否与检查送货发票原料价格一致,金额与单价是否一致;如果由于某种原因,发票未随货同时送到,可开具酒店印制的原料收据清单,注明收到的原料的数量等相关信息,在正式发票送到之前以此据保存记账。对不符合要求的原料均予以退回。对质量不符合规格要求或分量不足的原料,填写原料退货通知单(见表5-4),注明退货的理由,送货人并在单据上签字,将通知单的副本留存,此外,不合格原料随同相关原料凭证一同退回,不影响其他进货做账。

表5-4 退货通知单

发票编号:_____ 原发票日期:_____
使用部门:_____ 供应商:_____

货品名称	数量	单价	总价	退货原因
总计				

送货人员签字:_____ 负责人签字:_____

三、根据要求接收原料

在完成了前面一系列的程序之后,验收人员按照要求接收原料,并在送货发票上签字。有些酒店为了方便操作,要求供应商在送货发票或发货单据上加盖收货公章,单据上需要清晰填写相关信息,包括单价、总金额、验收人员、收货日期等,验收人员需要正确填写上述项目,并在指定的地方签字。

四、验收后原料入库

原料在入库时,应有专人搬运,不可由供应商的送货人员将原料送入仓库,这种做法是不合理的。从原料的质量和安全方面考虑,原料在验收之后,应该及时入库存放。鲜活类容易变质的原料应及时通知相关部门领回。冰冻类的原料应及时放入温度适宜的冷库,防止原料化冻或变质。原料在入库时,应该在包装上应标注进货日期、进料价格,或者可以使用标签贴,这样有利于原料的盘存和领用。

五、完成验收报表

在食品原料验收完毕后,验收人员需认真填写验收报表。验收报表的作用是便于计算食品成本,同时也是进货的重要依据。填写完这些单据后,需要连同相关凭证、发票等一并送交财务部门,便于登记结算。

 同步思考

> 结合案例想一想,食品原料的验收与贮存需要有哪些注意事项?

酒店食品安全法案例

 任务评价

本任务评价由小组自评、小组互评和教师评价共同构成(见表5-5)。

表5-5 验收管理评价表

内容	评价标准	分值	小组自评(30%)	小组互评(30%)	教师评价(40%)	得分
数量验收	能够对照采购清单,逐一验收原料的采购数量	30				
质量验收	能够根据质量规格标准,检查原料的质量	30				
填写表格	表格填写规范、完整	20				
操作规程	操作符合规范,养成良好操作习惯	10				
团队合作	分工明确,团结协作	10				
合计得分						

评分标准(满分为100分):80—100分为优;70—79分为良;60—69分为中;60分以下为差。

 知识活页

验收人员需要具备哪些职业素养?

首先,验收人员需要热爱原料验收工作,对企业有着较高的忠诚度,有良好的职业道德和较强的责任感。在工作中能够做到认真负责、坚持原则、秉公办事、忠于职守、勤恳踏实、不图私利、以公司利益为重。

掌握原料基础知识、采购规格与标准,熟悉食品原料品质特点和质量要求。能够运用丰富的经验和科学的方法对各种原料的品质进行如实的检验与鉴定,准确界定原料的品质、等级等。熟悉企业采购原料的相关程序,与采购过程有关的财务制度和有关的经济合同、价格、质量和食品卫生等国家法律法规的规定,能够熟练使用各种现代检验原料品质的工具、仪器、设备等。

严格按规定填写各种单据及表格,并及时传递到相对应的部门。安排合适的验货时间,集中精力,保证验货的质量。具有良好的个人卫生习惯,保持自身的身体健康,并符合国家规定的卫生防疫标准要求。

(资料来源:根据相关资料整理。)

  教学互动

以小组为单位实地考察当地的一家酒店,对其原料的验货和贮存提出相关建议。

任务三 原料贮存与发放管理

  任务描述

本任务要求学生了解原料贮存与发放管理的原则和方法。

一、贮存管理的内容

贮存管理的任务是保证原料无短缺、无破损、无积压、无变质。基本工作内容是为餐饮运营的正常运转提供可靠、充足的原料供应。

首先,保证仓储原料的安全是至关重要的。食品原料贮存安全分为两方面的内容:第一是数量安全,第二是质量安全。

其次,需要确保原料的及时供应。食品原料库房除了要为生产准备充足的原料,在日常库房的管理基础上,需要合理规定领货和发货的时间,确保生产需要。

最后,在日常管理中,必须节约开支,降低仓储的成本。做到既能够最大限度地降低仓储成本,又能合理控制原料库存量。

二、贮存管理的相关要求

（一）安全管理要求

为了让客人食用卫生的食品，贮存期间需要确保食品安全，就必须加强贮存过程中的安全管理，减少损失和浪费。

（1）定期物资盘点。通过核对账目和定期盘点，可以清楚地掌握库存物品数量的实际情况，以便及时发现或避免不确定因素。

（2）剩余食品应及时入库。在厨房生产中，每天都会有剩余的半成品或成品。当在工作结束后，如果需要将物品放库房贮存，应及时将这些食品入库妥善保管。

（3）贮存区域配备专用锁系统。只要有人离开都应当上锁，在规定的开放时间内方可打开，应将价格较昂贵的食品锁于较小间或仓库的分隔间内，钥匙由专人管理，不得随意放置或请人代劳开启，在工作结束后，需要上锁，钥匙应密封放入一个封套内并盖上专用的印章，交由安全部门或有关部门负责保管，拿取和存放钥匙应有相关的登记手续。在出现紧急情况或有需要时，只有获得授权的人才能领取钥匙打开库房门。此外，应备有一套同样的钥匙存放在保险柜中，以备特殊情况时使用。钥匙丢失后应立即报告，不得私自配制钥匙。

（4）限制仓库出入的人员。除仓库管理人员外，其他人员无论何时未经许可一律均不得进入仓库。通常情况下，仓库只能有一个出入的门，领货人员和送货人员随意进入贮存仓库的做法是不妥的。

（5）加强监控。在设有闭路电视监控系统的酒店里，通常可安排人工巡视检查，可采用这种方法，监视贮存区域的活动情况。另外，仓库的设计应符合安全的要求，墙壁、天花板、门、窗户、下水道的设计要利于安全，消除一切不安全的因素和隐患。

（二）入库管理要求

购置的食品原料必须及时入库贮存，以免造成损失。入库的食品应贴上标签，标注入库的时间、数量、单价和总金额等，这样操作不仅便于原料的领用发放、盘存清点，而且便于识别食品在仓库中的贮存时间。

（三）订货管理要求

适当的订货量可以防止过量采购和贮存，食品的采购数量是根据仓库和厨房的订货量及需求来决定的。订货量应严格控制在最高库存量和最低库存量的范围之内。

（四）存放要求

食品存放应根据食品的不同类别和贮存的时间长短要求，存入不同温度的库房中。

（五）清洁管理要求

保持贮存区域的清洁卫生，是保证原料质量和延长贮存时间的重要措施。食品原料贮存在干净的仓库中，可防止各种污染，因此，随时清洁货架，按时对整个仓库区域进

行日常的清洁是十分重要的。对贮存中的食品原料的卫生必须严加管理,保持日常的清洁应遵循以下原则:

(1)当贮存的数量降到最低时,需要及时对冷藏库(箱)进行清扫除霜;
(2)需要经常对贮藏库进行卫生检查,并按照规定卫生标准进行管理;
(3)每天要对贮藏库进行整理,冷藏库每周要清洗一次;
(4)放置于货架上的带汁食品应用盘盛放;
(5)如发现腐败变质食品应立即取走,并清洁干净;
(6)每天清扫地面,用消毒液拖地,定期清洗货架等。

三、各类物品的贮存库管理

(一)干货库管理

通常干货、罐头、米面等这类食品原料都采用干货库贮存的方式。虽然这些原料的贮存不需要冷藏,但也需要环境相对阴凉。干货库的温度应保持在较低的温度,一般对于大部分原料来说,若温度能保持在 10 ℃左右,其贮存效果较好。在湿度方面,干货库的相对湿度应保持在 50%—60%,谷物类原料的温度可以再低一些,以防霉变。通风的好坏对于干货库温度和湿度有很大影响。按照标准,如设有玻璃门窗,应尽量使用毛玻璃,防止阳光的直接照射而导致原料出现质量问题。

(二)冷冻库管理

一般在零下 23 ℃至零下 18 ℃的环境中,大部分微生物都能得到有效的抑制,少部分不耐寒的微生物甚至死亡,因此,冷冻库的温度一般设定在这个温度比较合适,这样可使原料长时间贮存。

因为速冻之下,原料内部的冰结晶颗粒细小,不易损坏原料结构组织,所以原料冷冻的速度越快越好。

原料的冷冻应分三步进行:冷藏降温,速冻,冷冻贮存。

如果速冻原料与冷冻原料贮存在同一设备中同时进行冷冻,那么难免会引起温差变化,从而影响原先贮藏的原料的质量。因此,最好的方式是安装速冻设备,温度一般设置在零下 30 ℃以下。

(三)冷藏库管理

冷藏的原理是以低温抑制鲜货类原料中微生物生长繁殖速度,维持原料的质量,从而延长其保存期。因此,为了使原料既冷却而又不冻结,其温度一般应控制在 0—10 ℃。例如,很多酒店将冷藏库设计在冷冻库的隔壁,这种方式可以节省能源。

冷藏的温度限制使原料质量的保持时间不可能像冷冻那样长,抑制微生物的生长只能在一定的时间内有效,因此,要特别注意贮存时间的控制。冷藏的原料可以是蔬菜,也可以是肉、禽、鱼、虾、蛋、奶等,以及各种已经加工的成品或半成品,如各种调味汁、底料等。

四、原料盘存管理

对库存食品原料按期盘存清点(根据各酒店部门的要求,通常每月一次),是对原料贮存管理的一个重要的管理办法。

盘存清点工作是一次全面彻底地核实清点仓库存货、检查原料的账面数字是否与实际贮存数相符的工作。在有特殊需要时,盘存清点可以随时进行。原料的盘存清点不应仅由仓库保管人员经手,酒店财务部门也需要派人专门负责。

为随时获得库存原料的最新滚动存量,保持对库存原料的了解,同时方便对库存原料的补充和发放进行控制,一般可以使用永续盘存卡(见表 5-6)。

表 5-6 永续盘存卡

品名:　　　　　　　　　　　　　　　　　最高库存量:
规格:　　　　　　　　　　　　　　　　　最低库存量:
单位:

日期	订单号	进货数量	发货数量	现存数量

每一种库存的原料必须经过数量的核对,检查实际库存量是否与永续盘存卡账面数字相符,然后在存货清单上进行记录。为了方便原料的清点、加快盘存速度,存货清单上原料编排次序应该与永续盘存卡的编排次序以及仓库原料存放的实际次序完全一致,这种操作方法不仅能节省大量劳动力和时间,而且能避免物品遗漏。如果在盘存过程中,实际库存数量与账面记录的数字有出入,那就需要再次清点实物数量,需要再次核对原料的进货记录和发料记录,倘若核对数据无误,则应该根据原料的实际库存数量修改数字并登记,使两者相符。

如果酒店不使用永续盘存卡,那么盘存清点只不过是逐一清点存货数量,并将数字记入存货清单这样一个简单的过程,控制作用不大。盘存清点结束以后,即应计算各种原料的价值和库存原料总额,作为本期原料的期末结余,而本期的期末结余自然便是下期的期初结余。因为每种原料往往以不同的价格购进,也因为同一原料的市价在一个会计期内有涨有落,所以计算各种原料的价值,如何决定种种原料的单价,常常是盘存清点工作的关键,它关系到厨房原料总额的计算。

五、原料发放管理

原料发放管理的目的是保证厨房用料得到及时、充分的供应,也是为了控制厨房用料的数量,从而正确记录厨房用料的成本。在原料的发放过程中,有以下几点重要的工作内容。

(一) 记录原料使用

在厨房生产过程中,一旦出现大型活动,则需提前备料或者申请一次领用。这样做的目的在于更加准确地计算每天的食品原料成本。对于大量领用的原料应该在领用单上备注使用日期,以便财务部门能够准确计算每日的部门原料成本。

(二) 定时发放

定时发放食品原料的意思就是按照规定时间发放原料物品,其原因是为了保证仓库保管人员有充分的时间整理仓库,检查各种原料的库存及质量情况,同时也可以促使厨房加强用料的计划性,不至于成天忙于发放原料,养成合理用料、计划管理的习惯。一般酒店食品原料的发放有规定的时间,通常上午、下午各一次。其他时间如果没有特殊情况,一律停止发放原料。

(三) 凭单发货

食品原料发放需要履行规定的手续,其原因是为了记录每一次发放的原料数量及其价值,以便正确计算原料成本。仓库原料发放必须坚持凭原料领用单据发放的原则。领用单据应由领料人申请填写,如在餐饮部门,则由餐饮部门相关负责人及规定有权审批的人员,审核签字,将单据送仓库领料。保管人员凭单发料后应在单据上签字。

在通常情况下,原料物资领用单一式三份,第一联交回领用厨房,第二联转交财务部,最后一联由仓库留存。仓库发货人员要做到没有领用单不发货,领用单没有审批,或存在涂改、字迹不清等问题的也不发货,坚持原则。

(四) 先进先出

先进先出是食品原料领发的重要原则之一。先进先出的含义就是要求食品原料入库时必须注明入库日期,并在发放时做到先入库的原料先发出,这样可以减少原料的库存时间,特别是可以确保食品原料能在有效期之内使用,避免在库房积压时间过长而造成变质和浪费。

(五) 内部原料调拨

由于有些酒店设有一些与餐厅相对应的厨房,因此厨房之间会发生原料的互相调拨。为了确定各自厨房成本的核算,酒店往往规定内部原料调拨使用调拨单记录调拨往来账目的制度。调拨单应一式四份,除原料调出、调入部门各留有一份外,一份应及时送交财务部,一份则交由仓库记账,以使各部门用料及营业情况得到正确的反映。

(六) 正确计价

根据领料手续做好原料发放记录和存货卡记录。在原料发放完毕后,仓库保管人员必须逐一为领用单计价,并及时转交给食品成本控制人员,以保持库中原料与存货卡相符,协助做好厨房成本控制工作。

同步案例

2013年，金海酒店（化名）是一家以经营地方土家菜为主的饭店，因被查处在冰箱内存放有已经过期的食品被海门市卫生局（现卫健委）罚款人民币4000元。金海酒店自称冰箱内的过期食品过期后未再使用，遂以处罚不当为由起诉海门市卫生局要求撤销该行政处罚。江苏省海门市人民法院审结了这起案件，并以卫生局处罚依据不足为由，判决撤销卫生局的处罚决定书。

酒店称过期食品未及时清理。

2013年1月8日，海门市卫生局两名卫生监督员在对金海酒店厨房的操作间进行检查时发现，生食冰箱内存放着一盒光明植物黄油，生产日期为2011年5月14日，保质期为12个月。同时还放有一袋怡乐腊肠，生产日期为2011年9月1日，保质期为0 ℃以下保质300天、25 ℃以下保质120天。上述两种食品均已超过保质期。监督员当场扣押了这两份已经过期的食品。3月18日，卫生局决定对金海酒店处以4000元的行政罚款。酒店不服，其代理人主张，海门市卫生局认定原告经营超过保质期的食品的事实错误，证据不足，处罚不当，应当予以撤销。

卫生局称酒店的行为严重违法。

海门市卫生局答辩称，被诉行政处罚决定认定事实清楚，适用法律正确，程序合法，内容适当，请求维持被诉行政处罚决定。该局的代理人还表示，执法人员检查时，过期食品与其他待加工的食品混放在一个冰箱内，无明显的退货标志。酒店有责任为前来饭店消费的顾客提供符合食品安全的食品，在该店的操作间冰箱内发现过期的食品属于严重的违法行为，说明食品的安全存在隐患。

法院认为卫生局对于案件事实的定性有误，处罚不当，应当予以撤销。

海门法院审理后认为，本案处罚的依据为超过保质期的光明植物黄油和怡乐腊肠，在被查时是储存在酒店冰柜内的，且未开封，不属正在使用（经营）中，被告以经营超过保质期的食品并按《食品安全法》相关规定予以处罚，定性不当，适用法律错误。遂做出了上述判决。

（资料来源：https://wap.tech-food.com/news/detail/n1064974.htm.）

 同步思考

考查一家酒店的原料管理流程，说说原料管理的原则及注意事项应该是什么？

 任务评价

本任务评价由小组评价、小组互评和教师评价共同构成（见表5-7）。

表 5-7　原料发放评价表

内容	标准	分值	小组评价（20%）	小组互评（30%）	教师评价（50%）	得分
原料领货单填写	原料领货单填写规范、完整	30				
原料发放	原料准确	30				
操作规程	各项操作符合规范，养成良好操作习惯	20				
团队精神	分工明确，团结协作	20				
合计得分						

评分标准（满分为100分）：80—100分为优；70—79分为良；60—69分为中；60分以下为差。

知识活页

库房管理的办法

干货库管理的具体做法如下。

（1）干货库应安装性能良好的温度计和湿度计，并定时检查其温度和湿度，防止库内温度和湿度超过许可范围。

（2）原料应整理分类，依次存放，保证每一种原料都有其固定位置，便于管理和使用。

（3）原料应放置在货架上，保证原料至少离地面25厘米，离开墙壁10厘米，以便于空气流通和清扫，并随时保持货架和地面的干净，防止污染。

（4）原料存放应远离自来水管道、热水管道和蒸汽管道，以防受潮和湿热霉变。

（5）入库原料须注明进货日期，以便按照先进先出的原则进行发放，定期检查原料保质期，保证原料质量。

（6）干货库应定期进行清扫、消毒，预防和杜绝虫害、鼠害。

（7）塑料桶或罐装原料应带盖密封，箱装、袋装原料应放在带轮垫板上，以便挪动和搬运。玻璃器皿包装的原料应避免阳光直接照射。

（8）所有有毒及易污染的物品，如杀虫剂、去污剂、肥皂，以及清扫用具等，不要放在食品原料干货库内。私人物品一律不可存放在干货库内。

（资料来源：根据相关资料整理。）

 **教学互动**

结合本单元所学知识,学生分小组到本地某酒店深入调研酒店仓库的食品原料的管理现状,分析酒店食品原料管理的利弊,写出分析报告。

 餐饮原料管理,就是通过对餐饮原料的采购、验收、发放、贮存等环节进行有效的计划与控制,其目的在于为厨房等加工部门保质保量且及时地提供原料,并使采购的价格和费用最为经济合理。餐饮原料的管理对酒店企业餐饮经营来说非常重要和关键,餐饮原料的质量直接影响餐饮产品的质量,而其价格又直接关系到酒店的经济效益。

关键术语

采购、验收、发放、贮存

 项目训练

知识训练:

1. 目前,酒店常见的采购方式有＿＿＿＿＿＿＿＿＿＿＿＿＿＿＿＿。
2. 干货库的相对湿度以控制在＿＿＿＿＿为宜,冷藏库的相对湿度应保持在＿＿＿＿＿。
3. 餐饮原料的库存方法主要有＿＿＿＿＿、冷藏和＿＿＿＿＿三种方式。
4. 验收管理就是对食品原料的数量、品名、规格、材质和价格等方面进行核实检验的过程。验收管理全过程主要包括＿＿＿＿＿和＿＿＿＿＿两大部分内容。
5. 贮存管理的任务是保证原料＿＿＿＿＿、＿＿＿＿＿、＿＿＿＿＿、＿＿＿＿＿。基本工作内容是为餐饮运营的正常运转提供可靠、充足的原料供应。

能力训练:

1. 简述原料采购的方式。
2. 简述食品原料采购控制的主要内容。
3. 简述食品原料验收的注意事项。
4. 简述食品原料贮存管理的注意事项。

◆本课程阅读推荐

1. 郑全军《餐饮服务与管理项目教程》,中国铁道出版社,2012年版。
2. 朱水根《餐饮原料采购与管理》,上海交通大学出版社,2012年版。

项目六
餐饮物资管理

 项目描述

餐饮部的餐器具、物资种类繁多,餐饮物资的保养和管理体现了餐饮管理水平,也是餐饮经营管理和控制的核心工作之一。本项目通过对餐饮物资的介绍,不同类别餐饮物资的清洗、保养和管理知识及方法的介绍,不但让学生对餐饮物资类别有全面认识,而且也可以培养学生良好的质量意识和成本意识,提高餐饮管理水平。

 项目目标

知识目标
1. 了解餐饮物资的类别及其代表性餐器具。
2. 掌握不同类型餐饮物资的消毒方法及程序。
3. 掌握不同类型的餐饮物资清洁及基础保养方法。
4. 了解餐饮物资定额管理的相关概念。
5. 掌握餐饮损耗控制的方法及配套制度。

技能目标
1. 能够将餐饮物资、用具进行归类整理,并形成简单的餐饮物资清单。
2. 能够对餐饮物资进行清洁及基础保养。
3. 能够在实际工作中有效避免餐饮物资的破损。

思政目标
1. 培养学生归类的逻辑思维。
2. 培养学生规范严谨的操作习惯。
3. 培养学生对数字的敏感度。
4. 培养学生质量管理和成本控制的意识。

项目六　餐饮物资管理

思维导图

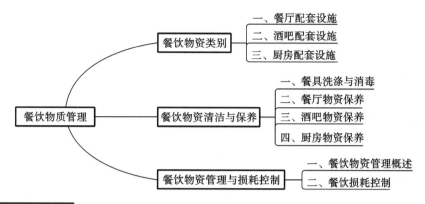

学习重点

1. 掌握不同类型餐饮物资的清洁及保养方法。
2. 掌握餐饮物资损耗的控制方法。

项目引入

　　高星级酒店餐饮部,会使用各种各样、规格不一、琳琅满目的餐用具,有些是客用餐具,有些是厨房用具,有些是酒水调制工具。这些餐用具大部分是日常经营会使用到的,有一小部分是特定节假日或主题活动时会使用的。为了方便取用和储存,餐饮部都会配备相应数量的库房,用来储存不同用途和材质的餐用具。

　　库房一般都会采用陈列架,将餐用具按照类别进行整齐摆放。大型酒店会按照餐用具材质的不同,将库房划分为陶瓷器皿库房、玻璃器皿库房、金属器皿库房等,中小型酒店做不到同类别的餐用具使用单独的库房来进行存储,但也会用货架来进行区分,相同材质的摆放在一起。

　　库房里的每个餐用具都拥有属于自己的"身份证"——存货卡,记录着它们的名称、编号、库存单位、规格、最低库存、进仓数量、出仓数量、结存数量等相关信息。及时了解餐用具数量的变动,便于进行成本核算。

任务一 餐饮物资类别

任务描述

本任务要求学生能够按照餐饮物资类别陈述代表性餐用具,并且能够对不同类型餐厅的餐饮物资按照类别属性进行正确分类。

一、餐厅配套设施

餐厅配套设施是餐饮物资中较为重要的组成部分,主要包括各类家具、餐厅设备、餐用具等。

(一)家具

餐厅家具是餐饮服务的硬件基础,包括客用餐桌、餐椅,以及服务过程中需使用的工作台。餐厅家具必须根据餐厅的顾客类型、整体风格、资金预算、固有特性(造型、颜色等)来进行选择。家具材质(钢化玻璃、大理石、玉石、实木、金属以及混合型材质)各有不同,使用效果和保养会存在一定的差异。木板由于具有质地较硬、耐用性高、容易去污等优点,成为餐厅家具的主要材料。目前,越来越多材质的家具运用到餐厅当中。

1. 餐桌

餐桌的选择视餐厅具体情况而定,一般选用木质餐桌,主要有圆形、长方形、正方形三种餐桌形状(见图 6-1)。餐桌应根据餐厅特色及空间布局来进行选择。

图 6-1 圆形餐桌和方形餐桌

圆形餐桌主要运用于中餐厅,是中国人"天圆地方""以和为贵"传统思想的体现。长方形和正方形餐桌较多运用于西餐厅,也越来越多地运用于中餐零点餐厅。长方形和正方形餐桌可组合成多种不同形式和规格的餐桌,满足较多需求,用途较为广泛。

越来越多的餐厅进行空间重组,重视空间的利用率,专门设计或购置多功能组合餐桌,可分可合。分可各自为席,合则用途多样(如用于自助餐、冷餐会、鸡尾酒会、展示台的台型设计等),能够满足多种餐饮场合的需求。

2. 餐椅

餐厅在选择餐椅时,要考虑以下两个要素。

1) 餐厅的规格档次

不同档次和规格的餐厅,对于餐椅舒适度的要求不同。规格较高的餐厅,一般会提供扶手和弹簧垫的舒适餐椅;一般规格的餐厅,提供硬座餐椅即可满足需求。

2) 服务员的操作便捷

餐厅服务员一般都需要在客人之间进行菜肴、酒水、巡台等服务,在客人之间必须绕过餐椅,如果选择的餐椅靠背过宽,或餐椅的四条腿向外伸,呈"八"字形,则餐椅之间的空间变小,服务员在服务过程中容易被绊倒,服务难度增加,影响服务员的对客操作。

3. 工作台

服务员在对客服务中需要使用多种服务用具,并且需要在餐中服务过程中为客人提供较多的餐具。这些餐具及服务用具需要一个特定的储存空间,这就是餐厅经常会使用的工作台(见图6-2)。工作台除可以储存餐用具外,还可以充当服务员的临时操作台,服务员可以在工作台进行分菜等动作,并将撤销的餐盘临时放置于工作台,所以工作台是餐厅家具中重要的组成部分。

图6-2 餐厅常见工作台

每个餐厅所采用的工作台大小和类型视实际需求而定,其共同点是都有一个较大的操作台面,台面长宽尺寸应大于服务期间可能使用到的最大托盘直径,台面材料应该防热且易于清洗;台面下是抽屉,分类摆放刀、叉、勺、筷子、牙签等小件餐具,以及口布、菜单等,如果空间足够,还可在抽屉内放置合适尺寸的餐具盒,进行餐具的分类摆放;抽屉以下是柜子,分类摆放装饰碟、骨碟、汤碗、酒杯等占地空间较大的餐具;为了方便在餐厅进行移动,工作台的四角可装上脚轮。

在选择工作台时,应同时考虑以下三方面要素。

1) 服务员的操作便捷性

工作台的长宽高不但应考虑服务员在实际操作中是否便于拿取物品,而且要考虑餐厅服务员的整体身高水平。

2) 工作台对应的服务员数量及餐桌数量

使用同一工作台的服务员人数越多,同一工作台对应的餐桌数量越多,则工作台要储存的餐具数量越多、提供的操作空间越大,工作台的操作台面及储存空间就应越大。

(二) 餐厅设备

餐厅设备的使用,不仅营造了良好的环境氛围,体现了现代餐饮经营的方向和需求,并且促进了劳动力资源的优化组合,提高了服务效率,还使得餐饮操作和服务等诸多环节的规范化、程序化、标准化程度更高。不同的餐饮定位、餐饮形式和餐饮环境,要求有不同的设备与之配套。例如,目前主要的餐厅设备有中央空调、灯光照明类设备、冰箱、消毒柜、影音设备、供水(热水或饮用水等)设备、厨房设备、电子记录设备等。智能化程度较高的餐厅,可能还会配套使用智能点单系统、送餐机器人、高自动化的食品制作机器等。

(三) 餐用具

餐厅里的餐用具(见图6-3)琳琅满目、数量众多,大到菜碟、汤碗,小到味碟、牙签,其材质、规格各异,用途各不相同。餐厅可以按照饮食习惯,将其划分为中餐餐用具和西餐餐用具;可以按照用途,将其划分为客用餐具、服务餐具及厨房用具;也可按照材质,将其划分为陶瓷器皿、玻璃器皿、金属器皿、布料等。餐厅较常以材质来进行餐用具分类。

图6-3　餐厅常见餐用具

1. 陶瓷器皿

陶瓷器皿是经过高温加工过后的产物,具有不易生锈、不易腐蚀、不吸水、耐酸碱、耐高温的特性,在餐厅中使用广泛(见图6-4)。目前,市场上陶瓷种类众多,大致可分为三类:一般陶瓷、强化瓷(在瓷中加入铝、镁等成分)和骨瓷(在瓷中加入30%以上的食草动物骨粉),一般陶瓷、强化瓷、骨瓷市场使用率分别为50%、35%、15%。选用瓷器器皿时要注意以下几点。

(1) 所选瓷器应形状规则,便于存放,异型瓷器虽然造型引人注目,但不便于洗碗机清洗及叠放。

(2) 陶瓷餐具均要有完整的釉光层,以保证其使用寿命,不要选用釉上彩装饰的陶瓷餐具,特别是其内壁不要彩绘。可选用釉下彩或釉中彩装饰,如青花瓷就是一种受人们喜欢的釉下彩装饰的陶瓷。

(3) 碗、盘的边缘最好设有一些花纹,用作服务线,以便厨师装盘和服务员操作。

2. 玻璃器皿

餐厅常用的玻璃器皿(见图6-5),以各种形状、不同用途的酒杯居多,此外,还有各类摆台和服务过程中使用的玻璃器皿。玻璃器皿的优点是价格便宜,缺点是容易刮花和破损。

图 6-4　餐厅常见瓷器

图 6-5　常见玻璃器皿

3. 金属器皿

餐厅中的金属器皿多为不锈钢材质和镀银材质,其中,西餐厅使用的刀、叉、勺等均以不锈钢为主,银器一般用于高档的中、西餐厅。银器分为纯银和镀银两种,餐厅一般以镀银餐具为主,几乎所有的银制餐具都可用不锈钢代替。

4. 布料

布料的质地、品牌、颜色等要素必须考虑餐厅档次、客源、环境,以及布料的耐用程度、易清洗度、购买成本等因素。

1) 台布、台布垫、装饰布、桌裙

台布是覆盖于台面、桌面上用以防污或增加美观的物品,也被称为桌布。由于国内外使用习惯及桌子的规格、形状不同,台布的大小应与餐桌相匹配。

台布垫别称台呢,材质多为法兰绒,一般铺设在台布下方,放置餐具时不容易发出声响。

装饰布是指均匀铺盖在底层台布上的附件布巾,其规格比台布略小,主要起装饰作用。

桌裙是围在餐桌四周的附件布料,桌裙的款式主要有三种类型,即波浪形、手风琴褶形、盒形。较为华丽的桌裙还附有不同类型的装饰布件。

2) 餐巾

餐巾,又称口布,是餐厅中供宾客用餐时使用的卫生清洁用品。餐巾按照质地可分为纯棉织品(吸水性强、去污力强、易折成型)、棉麻织品(造型挺括)、化纤织品(颜色艳丽)、纸质餐巾(成本低、更换方便)四种,大部分餐厅多使用纯棉织品的餐巾,便于塑形,自助餐厅则较多使用纸质餐巾,方便快捷。餐厅使用餐巾多以白色为主,边长50—65厘米为宜。

3)其他布件

(1)托盘布巾,又称为托盘垫布,多放置于托盘内,可使用多种材质,既起防滑之用,也起装饰之用。

(2)服务巾,用于擦拭杯子、金属器具,以及用于酒水服务等,服务巾需与客用餐巾进行区分,不能通用。

(3)椅套,椅套的颜色应与台饰布件相呼应,应易于清洗。人造织物因其好洗、易干,被餐厅广泛采用,另外,以皮革和人造革敷面的餐椅,亦被广泛使用,但需进行定期保养。

5. 其他

主要包括餐用具中的木制品、胶制品、塑料制品、皮制品、竹制品及纸制品等。例如,托盘、碟垫等胶制品;收藏框、圆形菜盖、打包袋、打包盒等塑料制品;木架等木制品;牙签等竹制品;点菜夹、收银夹等皮革制品;餐巾纸、点菜单、结账单等纸制品。

二、酒吧配套设施

酒吧设施是围绕吧台、酒品陈列、饮品调制及酒水服务来进行同等级配套的设施,不同档次及风格的酒吧,其设备与用具用品配置的种类、规格、数量也各有不同。

(一)吧台设备

吧台常见设备清单如表6-1所示。

表6-1 吧台常见设备清单

序号	名称	备注
1	制冰机	
2	碎冰机	制冰机的一种,制作出来的冰为碎粒状
3	榨汁机	
4	冰激凌机	
5	咖啡机	
6	冰箱	
7	葡萄酒储存柜	采用智能恒温系统,通过循环风冷系统、储水系统、暗色玻璃模拟天然酒窖出舱环境,能够有效抵御光线干扰,智能调节葡萄酒的储存温度和湿度。保证葡萄酒的醇厚口感
8	电动搅拌机	调制鸡尾酒时可用于搅拌或搅碎食材
9	生啤机	
10	洗杯槽	一般分为3格或4格,并配弯头转动水龙头。3格一是清洗,二是冲洗,三是消毒
11	酒品陈列架	位于吧台后,主要陈列各种酒水
12	挂杯架	位于吧台正上方,将高脚杯分门别类,杯口朝下,整齐倒挂在杯架上

（二）玻璃器皿

吧台常见玻璃器皿清单如表 6-2 所示。

表 6-2 吧台常见玻璃器皿清单

序 号	名 称	备 注
1	香槟杯	形似郁金香，杯口小而呈收敛状
2	甜酒杯	外形矮小，底部有短握柄，上方呈圆直状，多用来盛放利口酒和甜点酒
3	葡萄酒杯	根据葡萄酒品种、产地、品牌不同，酒杯在形状选择上各不相同
4	森比杯、库勒杯	属于平底高身类酒杯，形状与高杯、柯林斯杯相似，但容量较大。主要用于盛放量大的森比类、冷饮类鸡尾酒。森比杯适宜容量为 12—14 盎司①，库勒杯适宜容量为 15—16 盎司
5	三角形鸡尾酒杯	用于盛放马天尼、曼哈顿等短软类鸡尾酒，容量以 4 盎司为宜
6	酸酒杯	为高脚杯，主要用于盛装含柠檬汁、青柠汁等酸味显著的鸡尾酒。容量以 4—6 盎司为宜
7	雪莉酒杯	饮用雪莉酒、波特酒等甜酒的杯子，高脚，杯体呈花骨朵状，容量以 2—3 盎司为宜
8	波特酒杯	酒杯形状小且细长。这样有助于品酒者更专注于果香、橡木香和各种香料的香气
9	白兰地杯	形似饱满的郁金香，杯口小而呈收敛状，又称大肚杯
10	利口酒杯	盛放利口酒和彩虹鸡尾酒的杯子，杯形小，有矮脚和高脚之分，杯身管状，杯口略呈喇叭状，容量以 2—3 盎司为宜
11	古典杯	又称老式杯，主要盛放加冰块饮用的威士忌或老式鸡尾酒等，适宜容量为 6—8 盎司
12	啤酒杯	一般有连着杯身的杯盖，有把手。质地有锡质、陶质、瓷质、玻璃、木质、银质等。杯身外表有美丽的花纹或图画
13	玛格丽特杯	带有宽边或平台式的高脚杯，这个宽边或平台有利于玛格丽特酒的装饰，是专门盛放玛格丽特鸡尾酒的杯子
14	烈酒杯	又称净饮杯，小巧玲珑，平底壁厚，用来饮烈性酒，容量以 2 盎司为宜
15	柯林斯杯	又称柯林士杯，与高杯相似，杯身比高杯细而长，用于盛放诸如"汤姆柯林斯""约翰柯林斯"等长饮类混合饮料，容量约在 10—13 盎司，高圆形玻璃杯，一般需冷冻使用

---

① 1 英制液体盎司≈28.41 毫升，1 美制液体盎司≈29.57 毫升。

续表

序号	名称	备注
16	比尔森啤酒杯	有平底和矮脚两种主要类型,杯口略呈喇叭形,容量以10—12盎司为宜
17	飓风杯	又被称作旋风杯,杯柄很短,杯身很长(可以和高球杯交换使用),呈曲线形,类似于一个花瓶,杯口顶部则类似于喇叭口,适合混合冰镇类饮料
18	爱尔兰咖啡杯	大多用于盛放以咖啡、威士忌为原料制成的鸡尾酒,采用抗热材质做成,带有杯脚和矮矮的杯柄,带有一个手柄方便持杯
19	高球杯	又称海波杯、高杯等,呈圆筒状,用于盛放软饮、高杯类长饮混合饮料等,用途广泛,适宜容量为8—10盎司
20	威士忌酒杯	又称洛克杯,专门饮威士忌的酒杯,因要加冰块,所以杯身较高
21	波士顿杯	调制鸡尾酒过程中经常用到的一种杯子,经典的波士顿杯为平底玻璃杯,杯身和高球杯非常相似,不过波士顿杯不是圆柱形,而是从杯底到杯口直径逐渐变大
22	银制或锡镴制鸡尾酒杯	是一种桶状鸡尾酒杯,最好的材质是银、镀银、锡镴或不锈钢。这种酒杯在美国肯塔基州比较常见,多用来盛放含碎冰的鸡尾酒,它可以让鸡尾酒在很长一段时间保持冷冻状态,特别适合天热时使用

(三)调制用具用品

吧台常见调制用具用品清单如表6-3所示。

表6-3 吧台常见调制用具用品清单

序号	名称	材质	规格
1	量杯	不锈钢	又称盎司杯,调酒时的计量工具。量杯两端分别可盛装不同容量的液体,常见的规格有1/2—1盎司、1—2盎司等
2	酒嘴	不锈钢、塑料	套在开瓶后的瓶口处,用于控制酒的流量,有慢速、中速、快速三种型号
3	摇酒壶	不锈钢、合金、玻璃、镀银	能将各种不同的调酒材料充分混合并且凉透的工具。目前有250毫升、350毫升、500毫升三种型号。有两种形式,一种为波士顿摇酒器,为两件式,下方为玻璃摇酒杯,上方为不锈钢上座,使用时两座一合即可;另一种为三件式,分为盖子、过滤网、壶身
4	滤冰器	不锈钢	为圆形带把状器具,上面有一段可取下的弹簧圈,当鸡尾酒调好后,把它架在调酒壶或调酒杯口上,将酒滤入杯中,将冰块去除

续表

序 号	名 称	材 质	规 格
5	香槟塞	不锈钢	打开香槟后,用作瓶塞
6	开瓶器	不锈钢	用于打开汽水、啤酒瓶盖
7	开罐器	不锈钢	用于打开各种水果、淡奶等罐头
8	挤柠檬器	不锈钢	挤新鲜柠檬汁使用
9	砧板	木质、塑料	用于切水果等装饰物
10	吧台水果刀	不锈钢	用于切割水果
11	T形红酒开瓶器	不锈钢	用于开启红、白葡萄酒酒瓶的木塞
12	冰铲	不锈钢、塑料、PC材质	
13	冰夹	不锈钢	
14	吧匙	不锈钢	匙头大小如咖啡匙,另一端为叉,主要用来搅拌饮料,为了避免搅拌饮料时滑动,匙柄常呈螺旋状
15	吧匙杯	玻璃	装上饮用水,将吧匙放置其中,随时清洗,防止混入不同的酒体,造成酒体串味
16	柠檬夹	不锈钢	夹柠檬片时用
17	鸡尾酒签	不锈钢、木质	主要用来插樱桃、橄榄,点缀鸡尾酒
18	宾治盆	玻璃	装什锦水果宾治或冰块时使用
19	冰锥	铁	敲打冰块的工具
20	搅拌杯	玻璃	易于搅和,易于倒出,杯壁稍厚,较为稳固
21	捣棒	不锈钢+橡皮胶头	用于捣碎水果或薄荷叶
22	磨粉器	不锈钢	磨肉桂、柠檬皮
23	杯垫	各种材质	
24	吸管	塑料	
25	鸡尾酒巾	棉	

三、厨房配套设施

厨房常见配套设施清单如表 6-4 所示。

表 6-4 厨房常见配套设施清单

序 号	设备类型	设备名称
1	加工设备	锯骨机、切片机、绞肉机、去皮机、切碎机、搅拌机
2	烹调设备	中餐煤气炒炉、汤炉、煤气平头锅、蒸炉、蒸汽夹层炉、蒸箱、烤鸭炉、烤卤猪炉、多功能西餐烹调炉、扒炉、电面火烤炉、烤箱、炸炉、西式煤气平头炉、连焗炉、翻转式烹调炉、微波炉

续表

序　号	设备类型	设备名称
3	冷藏设备	冷冻柜(-18--23 ℃)、冷藏柜(0-5 ℃)、制冰机、刨冰机
4	恒温保鲜设备	菜肴保暖器、冷藏展示柜
5	排风设备	排风扇、空气交换机、中央空调系统、排油烟罩
6	面点制作设备	和面机、压面机、多功能搅拌机、醒发箱、面团分割整形机、烹调加热设备
7	调理台设备	简易工作台、冷柜调理台、餐(用)具保温调理台
8	清洗设备	洗碗机、洗涤槽、滤水台、餐(用)具保洁柜、消毒柜、杯筐车
9	辅助设备	多层储货架、工具柜、食品橱柜、手推车、洗涤槽、工作台

厨房常见电器设施如图 6-6 所示。

图 6-6　厨房常见电器设施

同步案例

　　小刘是某职业院校酒店管理与数字化运营专业大三的学生,目前正在某高星级酒店中餐厅实习,实习一个月后,正好遇上了餐厅每季度一次的大盘点,餐厅经理让小刘来帮忙,也可以了解餐厅盘点的相关流程,增长自己的见识。

　　盘点当天,餐厅营业结束时已经是晚上 11 点了,经理让大家把餐厅所有的餐具洗净擦干,按照类别整整齐齐地摆放在一起,并喊人搬出库房里的所有餐具,当时场面甚是壮观,餐桌上摆满了琳琅满目的餐具,陶瓷的、玻璃的、金属的,还有小刘实习至今都没有见过的纯银餐具,经理说只有规格特别高的宴请,才会使用到纯银餐具,因为其比较贵重,清洗保养都比较麻烦,所以不经常使用。等大家把餐具都整理好之后,经理按照类别逐个核对品名及数量,并进行详细记录。等所有餐具都清点好之后,已经是凌晨 2 点了,为了不影响当天餐厅的营业,大家又把所有的餐具进行了归位,忙到凌晨 3 点,整个盘点才结束。小刘觉得虽然很累,但是目睹了这么一次壮观的盘点,也学到了很多的新知识。

　　(资料来源:根据相关资料整理。)

同步思考

(1) 酒店餐饮部物资按照类别属性应如何进行划分,请说出各类别的代表性餐具。

(2) 以小组为单位,对特定餐厅拥有的餐饮物资进行合理分类。

 任务评价

本任务评价由小组互评和教师评价共同构成(见表6-5)。

表6-5 餐饮物资分类评价表

小组:

评价内容	评价标准	分值	小组互评(40%)	教师评价(60%)	综合得分
餐饮物资类别的理论知识	能够准备陈述餐饮物资的基础类别,并说出代表性的餐用具	20			
餐饮物资分类的实践操作	能够根据特定餐饮物资进行合理、有效、正确的分类	40			
语言表达	能够运用逻辑性语言进行相关问题的表述	20			
团队精神	分工明确,团结协作	20			
合计得分					

评分标准(满分为100分):80—100分为优;70—79分为良;60—69分为中;60分以下为差。

知识活页 ▼

餐饮部物资清单

 教学互动

(1) 实地考察酒店餐饮部物资,编制一份详细的餐饮物资清单,内容包括序号、品名、单位、材质、规格、备注。

(2) 学生按6—8人进行随机分组,给各小组提供不同的餐饮物资表,要求以小组为单位编制餐饮物资清单。

任务二 餐饮物资清洁与保养

任务描述

本任务要求学生能够掌握不同类型的餐饮物资的消毒方法及程序,能够对餐饮物资进行清洁及基础保养。

一、餐具洗涤与消毒

(一)餐具清洗程序

1. 收取餐具
(1)收取餐具时要先清除所有餐具内的食物残渣。
(2)清点贵重餐具的数量并检查完整度。
(3)按照餐具的材质、规格进行分类摆放,有序堆叠。
(4)将瓷器、不锈钢餐具、玻璃器皿分类存放,否则容易造成破损。

2. 合理清洗
(1)将所有分类餐具装进塑料筐内进行清洗,再用加高压喷水器稍微清理,将污物冲掉。
(2)将餐具筐送入洗碗机,按照流程进行清洗。

3. 正确摆放
(1)将冲洗后的餐具放入筛筐内,做到小碟、小碗在前,大碟、大碗在后。
(2)将所有的餐具整齐地分类摆放在餐具柜中待用。
(3)对各种餐具都要轻拿轻放。

(二)餐具消毒

餐具消毒对于食品安全至关重要。餐具在洗碗机中洗涤的同时,已进行了高温消毒,达到了使用的卫生要求。如遇餐具需手工洗涤的情况,则需另外进行消毒流程。餐具常见的消毒方法包括物理消毒和化学消毒。

1. 消毒标准
(1)餐具干燥、表面光洁、无油渍、无异味。
(2)餐具上不得检出阴离子合成洗涤剂(以十二烷基苯磺酸钠计),游离性余氯的残留量低于0.3毫克/升。
(3)餐具上不得检出大肠菌群、沙门氏菌。

2．消毒方法

1）物理消毒法

物理消毒法是利用热力来灭杀病原微生物,常用的有蒸汽、煮沸、红外线等消毒方法。

（1）蒸汽消毒法：将洗净的餐具放入消毒柜中,关门后开放蒸汽,当温度升高至120 ℃时,蒸20分钟即可。

（2）煮沸消毒法：将餐具放到网篮中,在水中煮沸20—30分钟。

（3）红外线消毒法：消毒时,要求箱内温度达到120 ℃,持续消毒10分钟以上。

2）化学消毒法

常见的化学消毒包括含氯溶液消毒法、乙醇消毒法、漂白粉消毒法和84消毒液消毒法。

（1）含氯溶液消毒法：多使用高锰酸钾溶液消进行餐具消毒,将洗净的餐具放入1/1000浓度的高锰酸钾溶液中,浸泡10分钟即可。

（2）乙醇消毒法：使用浓度75％的乙醇用于餐具表面的消毒。

（3）漂白粉消毒法：用5克漂白粉加1000克温水,充分搅匀成1/2000的稀释溶液,将洗净的餐具放入溶液中浸泡5—10分钟,便可达到消毒目的,消毒后的餐具应用净水冲去表面的消毒剂残留。

（4）84消毒液消毒法：使用时,根据餐具数量,选用一定量的84消毒液,84消毒液是含氯消毒剂,易挥发,取用消毒液后,需将盛器原样盖好,否则影响下次使用效果。不要与其他类型的消毒剂混合使用。

84消毒液具有较强的腐蚀性和刺激性,必须稀释才能使用。宜与凉水按照标准配比(1∶200),现用现配,一次性使用,勿用50 ℃以上的热水稀释,稀释后的消毒水溶液需在25 ℃以下进行避光保存。

3）消毒方法的选择

（1）大件餐具选用蒸汽消毒法。

（2）小件餐具用红外线消毒法和84消毒液消毒法。

（3）酒具用84消毒液消毒法,用清水冲洗后应用干净口布擦拭干净。

（4）小毛巾用漂白粉消毒法和红外线消毒法。

（5）口布、台布用漂白粉消毒法。

3．消毒程序

（1）餐具的消毒必须在洁净区划定专门区域进行处理,消毒设施必须做到专用,严禁在餐饮消毒设施内洗涤或放置其他任何物品。

（2）必须使用符合卫生标准的消毒剂。

（3）餐具清洗消毒按以下要求处理。

①餐具必须按照类别进行消毒。

②采用物理消毒法消毒（如煮沸、蒸汽、红外线消毒等),应按照"一洗、二清、三消毒"的程序进行处理,消毒时应严格控制温度、压力和时间。

③采用化学消毒法消毒（如含氯制剂等化学药品消毒),应按照"一洗、二清、三消毒、四冲洗"的程序进行处理；严格掌握消毒药液配制的浓度和浸泡时间；消毒完毕后使

用流水将餐具表面上残留的消毒剂清除干净,去除异味;用干净布料将餐具擦干,用干净口布将玻璃器皿擦干;将餐具归位,摆放整齐,勿与其他容器接触。

④消毒后的餐具应存放在专用的物品柜内备用,物品柜应有明显标记,物品柜内禁止放置其他物品。

4．消毒注意事项

(1)应按照餐具特性,合理选择消毒方法。

(2)应使用保质期内的消毒剂,并按规定温度等条件进行贮存,以免影响消毒效果。

(3)应严格按照规定配比进行消毒液配制,固体消毒剂应充分溶解后再使用。

(4)应定时更换配好的消毒液,一般4小时更换一次。

(5)应定时测量消毒液浓度,浓度不达标时应立即更换,以保证消毒效果。

(6)应保证消毒时间,一般公共用品用具应消毒5分钟以上。

(7)应使餐具完全浸没于消毒液中。

(8)应保证餐具在消毒前,没有油垢附着,避免影响消毒效果。

(9)应用流水将消毒后的餐具冲洗干净,保证无消毒液残留。

(10)消毒后的餐具应及时放入餐具物品柜内。

(11)消毒后的公共用具要自然滤干或烘干,不应使用毛巾擦干,以免再次受到污染。

二、餐厅物资保养

(一)家具的使用和保养

1．木质家具的使用与保养

餐厅使用的木质家具在使用和保养时,要防止断裂、变形和表面油漆的脱落及褪色。

木质家具受潮后容易膨胀、腐烂,过分干燥则容易收缩、干裂。因此,应将家具放置在干湿度适宜的位置,避免太阳直接暴晒、暖气烘烤和水渍侵袭。

家具表面的油漆,不仅是为了增添表面的美观度,还具有保护木质、延长家具使用年限的作用。因此,在擦拭家具时,不要用湿抹布,应用干燥或半干燥的柔软抹布擦拭。为了保护漆面,可定期在家具表面打蜡抛光。

家具的摆放要平稳,搬动家具时要轻搬轻放,切勿生拉硬扯。

家具内的抽屉和隔层应定期清洁,保持通风,以防虫菌滋生,定期检查柜门铰链,把手应整洁、灵活。

2．各类服务车的使用与保养

(1)服务车需装载与其重量相适应的物品,不能超负荷装载,并且要专车专用(见图6-7)。

(2)服务车车轮较小,在使用时前进的速度不能过快,应定期为车轮轴承上润滑油。

(3)每次使用后,需用干净抹布和专用清洁剂进行擦拭。

图6-7 送餐车及保温箱

(二) 设备的使用和保养

1. 中央空调

(1) 根据设备使用说明书正确使用空调设施。

(2) 经常检查通风管道是否阻塞,空调运行时声响是否正常、送风是否自如、温度调节是否灵敏,空调电源插头与插座是否松动或有无脱落。

(3) 过滤网应该常清洗,以免灰尘太多堵死出风口,清洗好后只开风机运转约2小时,使空调内部没有湿气。

2. 照明设备

(1) 定期检查灯具是否完好无损、连接处是否牢固、开关是否运行良好,防止松动脱落或接触不良。

(2) 定期对灯具外壳进行清洁擦拭,如灯具上有镀银部件,则需定期进行保养。大型灯具的清洁需请专业公司进行。

3. 葡萄酒恒温柜

(1) 按照说明书进行合理操作。

(2) 根据所需储存的葡萄酒特性(温度、湿度)进行相应调节。

(3) 将葡萄酒按照要求整齐放置于储存柜(见图6-8)中,瓶与瓶之间留有适当间隙。

(4) 控制开门次数,减少对柜内温度和湿度的影响。

(5) 定期使用清洁剂对储存柜及外部空间进行清洁,消除异味。

(6) 每半年更换一次酒柜上方通气孔的活性炭过滤器;每两年清理一次冷凝器(酒柜背面的金属网)上的灰尘;每一至两年更换一次层架,以防

图6-8 葡萄酒恒温柜

高湿度状态下实木层架的变形和腐蚀对酒造成的安全隐患。

4. 咖啡机及配套设施

1) 半自动咖啡机

(1) 正确使用及定期清理咖啡机。

(2) 使用咖啡机时要用力适当,不可蛮横发力,以免造成机器损坏或缩短机器使用寿命。

(3) 每次使用后,将咖啡手柄取下并按手动键,将残留在冲煮头内及滤网内的咖啡渣冲净,使用蒸汽管前后需用干净抹布擦拭蒸汽管外部,并进行空喷,清除管内残留物质。

(4) 每天使用结束后,将咖啡手柄上的滤网换下来,取少量咖啡机清洁药剂溶于水中并浸泡滤网,在咖啡手柄上装入辅助冲洗机器的盲碗,加入 2—3 克咖啡机专用清洗药粉,再将放有清洁药粉的咖啡手柄装到咖啡机冲煮头上。长按手动键,约 10 秒后关闭,反复 4—5 次,取下咖啡手柄,清洗盲碗即可。长按手动键,用专业机头清洁刷刷干净咖啡冲煮头。

(5) 定期清排锅炉水,更换过滤器滤芯,清洗软水器。

2) 磨豆机

磨豆机的刀盘在磨粉中会产生少许静电,导致在研磨过程中会有咖啡粉残留,残粉久存在磨盘中会造成油渍,产生异味,磨出的咖啡粉会有异味。

(1) 磨豆机豆仓中的咖啡豆尽量不要过夜,每天使用完磨豆机后,都应将豆仓中的咖啡豆放到密封桶或单向排气阀密封袋中,保持豆仓处于干燥洁净的状态。

(2) 一旦发现豆仓壁上的油渍或银皮已经明显,应及时清理,使用海绵和洗洁精将其清洗干净。

(3) 部分磨豆机带有粉仓,每天要将粉仓清洁干净。

(4) 定期对刀盘进行清洁保养(每磨 50 磅①豆子清洁一次),将特殊定制的磨豆机清洁药片(一种由谷物制成,吸附残留油渍,咖啡豆颗粒大小的药丸)放入磨豆机中研磨,清除磨盘中残留的余粉。

(5) 定期请专业人士对磨豆机进行深度清洁保养(每磨 120—150 磅咖啡豆清洁一次)。

3) 全自动咖啡机

(1) 全自动咖啡机的豆仓应该坚决避免在使用的过程中有水分进入其中,使用含杂物的咖啡豆也会对全自动咖啡机豆仓下的研磨器造成伤害。

(2) 全自动咖啡机的水箱不能加入温水、热水、冰水或矿物质水,必须使用纯净水。

(3) 定期用全自动咖啡机的专用药片清洗咖啡机内部的水垢。

(4) 定期请专业的维修工程师清理冲泡机芯并加涂食品级防水润滑油。

(5) 定期请专业人士进行咖啡机拆卸、清理和消毒。

① 1 磅≈0.454 千克。

（三）餐具器皿和服务用具的使用和保养

1. 陶瓷餐具的使用和保养

（1）分类存放。瓷器规格型号庞杂，数量较大，存放必须按照不同种类、规格、型号分类存放，这样既便于清点管理，又便于使用拿取，还可避免因乱堆乱放造成的挤碎压裂现象。储存瓷器的库房要保持干燥通风，瓷器受潮后，容易产生裂纹，降低瓷器质量。

（2）检查破损。可将两个瓷器轻微碰撞，声音清脆说明完好，声音沙哑则带有破损。破损的客用餐具不能继续使用，以防划伤客人皮肤，服务用的餐具如果破损较小，可视情况进行修补。

（3）及时清洗。用后的餐具要及时清洗，保证表面无油渍、食物残渣和茶垢。经洗碗机洗净消毒后的碗碟，可用热水进行二次清洗，用干净口布进行擦拭。

2. 玻璃器皿的使用与保养

玻璃器皿容易破碎，在将玻璃器皿放入洗涤容器里洗涤消毒时，一次不要放得太多，以免互相挤压碰撞而破碎。

一般水杯、酒杯使用后应先用冷水浸泡，除去酒味，然后用肥皂水洗刷，清水过净，蒸汽消毒，最后用口布擦拭干净。擦拭杯子的口布必须洁净、干燥、无污渍，擦拭玻璃器皿时，动作要轻，用力要得当，防止损坏酒杯。裂口的玻璃杯要及时检出，以保证客人安全。

3. 不锈钢餐具

避免与坚硬物碰撞、摩擦，如有食物粘连，可用水浸泡，用软物刮去，及时清洗、擦干。

清洗前可用专用的去氧化物溶剂浸泡20—30分钟，使用混合有柠檬汁的开水进行浸泡以去除餐具表面的氧化物。

放置在洗碗机里时，不锈钢餐具和银器或镀银的餐具不能同时装在一个洗涤筐里，不锈钢餐具较易刮花银质餐具。洗涤结束后，餐具须及时取出，以免放置在潮湿空间的时间过长。

为了获得达到不锈钢餐具光亮的效果，使用高质量的洗涤剂（见图6-9）时要严格遵循使用说明，按照正确方法进行操作。

洗后应放到垫有干布的干燥的工作柜中。

不锈钢餐具不可长时间接触食盐、酱油、菜汤等，因为这些食物中含有较多电解质，容易与不锈钢产生电化学反应，使有毒金属元素被释放出来。

不可使用强碱性或强氧化性的化学药剂（如苏打、漂白粉等）来洗涤不锈钢餐具，因为这些物质都含有电解质，同样会与不锈钢产生化学反应。

4. 银制餐具的使用与保养

酒店的银器大部分是餐厅用具，常用的银器有餐刀、餐叉、大小银盘、各种不同类型的茶盅和勺匙等，对于各种银器，必须细心擦洗、精心保养、妥善保管。

银器是贵重餐具，一般由餐厅管事部派专人负责管理。所有银器分类分档，登记造册；正在使用的银器，应天天清点。大型宴会的餐具数量多、用量大，更要仔细清点、防止丢失，收台时要先清点和收拾台上的银器，防止将小件银器倒进杂物桶。

用过的银器,不仅要清洗干净,而且要擦干擦亮。尤其是接触过蛋类的银器更要加倍擦洗,应特别注意叉的凹面,要用手指向里擦。因为蛋类与银器接触后,会生成黄色的蛋白银,另外,银器长期不用,颜色会变黑,要定期擦洗。

擦洗银器通常使用银粉(见图6-10),方法是先将银器浸水,再用刷子或布料粘上银粉,用力擦拭污渍,待晾干后,用干布擦亮,然后用开水泡洗消毒,最后用干净布料擦干。

银器质高价贵、品种繁多、规格不一,尤其是刀叉的刀口、叉尖锋利,容易划伤手脚或因互相碰撞而损坏,使用时一定要专厨专用、分类存放。

图6-9 不锈钢亮洁剂

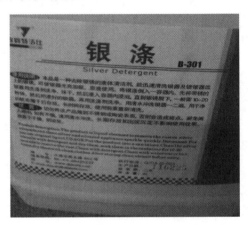

图6-10 银涤

5. 电镀金银器具的使用与保养

电镀金银器是在金属表层镀24K纯金或纯银。由于空气和食物中含有的硫化氢和硫化物容易使银器变黑,使用后应尽早用温水加洗洁精清洗(清洗切勿用漂白粉、强酸类、去污粉等化学药剂),清洗后用柔软布料擦干,分开存放在干燥而不含硫与烟气的地方,尽量不要将金银器放在厨房内,以免含硫的空气对镀层造成损害。

长期使用后,如果电镀金银器表面氧化,可将洗净的电镀金银器浸入加有铝箔或铝片、温度约78℃的盐水或苏打水中浸泡1—3分钟,也可用海绵涂上光亮剂干擦。比如餐具刀刃出现斑点可先用浸醋的布擦拭,然后洗净。

(四)布草的使用和保养

布草又称布件、棉织品,包括餐厅广泛使用的台布、口布、装饰布、桌裙、服务巾等。

各类布草使用后应及时清洗,否则部分污渍难以洗涤干净。

洁净的布草应整齐摆放在工作柜内,避免接触调味品等液体物资,以免造成二次污染。

客人使用的口布、消毒毛巾等,收台时不可用来擦拭桌椅、玻璃转盘等,以免油污过分浸透而难以洗涤。

托盘垫布、服务巾、桌裙等应视情况及时清理。

抹布应该每天在使用后洗涤干净,与干净布草分开摆放。

三、酒吧物资保养

酒吧根据经营需要,配置的用具品种多而杂,既有服务用的玻璃器皿,又有调制酒水饮料的无锈钢器具,还包括冰箱、制冰机等大型电器。

(一)冰箱等冷藏设备的使用与保养

酒吧冰箱的功能主要是冷藏酒水饮料,通常情况下冷藏温度需保持在 4—8 ℃,饮品按照类别整齐排放在冰箱内,物品间留有一定空隙,以便冷空气流通,使冰箱处于最佳制冷状态。

冰箱摆放的位置应该通风良好,不能紧贴墙壁,要保持一定空间,移动冰箱时要小心谨慎。

使用过程中应尽量减少冰箱的开门次数或长时间的开启。按照规定的卫生要求,应使用中性清洁剂定期对冰箱进行清洁,防止冰箱产生异味和滋生细菌;定期除霜,防止结冰。

(二)制冰机的使用和保养

制冰机内储冰空间有限,制成的冰块应及时使用或转移,保持冰块新鲜,防止凝结。定期检查制冰机进出水口,确保进出水口畅通,以免制冰机空转或出水不畅,影响制冰质量。正确使用冰铲(一般为塑料材质),严禁使用玻璃器皿或其他用具(如瓷器、锐器)取用冰块,以免损坏制冰机的内壁。

1. 具体清洁步骤

(1)操作前,先将电源关闭,确保安全。

(2)将冰块盛于干净的有盖子的容器内。

(3)佩戴手套开始清洁,以防清洁剂腐蚀皮肤。

(4)将 D2 清洁剂原液用喷壶均匀地预喷于制冰机内部表面(包括出水口、出冰口),水垢明显处可多喷一些。

(5)5 分钟后,用百洁布或牙刷擦拭,彻底清洁擦拭后,用热水冲刷干净(至少 2 遍),以确保 D2 清洁剂原液冲刷干净。

(6)冲刷干净后,确保将制冰机内部存水全部放掉。

(7)用清洁剂清洁机身表面,确保制冰机干净、无水渍,并且将不锈钢抛光。

(8)将 2 个不锈钢消毒容器里内外清洁干净,擦亮,一个内放消毒液,另一个放清水。

(9)确保制冰机内存水全部放掉之后,重新打开电源,注意安全。

(10)打开电源确保机器正常工作后,将盛于干净容器内的冰块重新倒进制冰机内。

(11)每日清洁完后必须填写清洁消毒记录表,主管必须每日检查并确认签字。

2. 注意事项

(1)冰铲每天浸泡在消毒剂中,使用前必须经过清水冲洗。

(2)消毒剂每天更换至少 2 次(平均每 12 小时更换 1 次,确保每天更换,按照 SFSMS(香格里拉食品安全管理体系)的要求。)

(3)消毒剂配比浓度为 0.25‰,确保消毒效果。

(4)D2 清洁剂原液可直接使用,无须配比兑水(针对清洁)。

(5) 整个清洗过程大概需要 20 分钟。
(6) 整个冲刷过程必须用热水(水温达 60 ℃以上),多次冲刷,最少 2 遍。
(7) 每个月制冰机至少需要清洁消毒 4 次。

(三)酒吧设备的使用与保养

酒吧根据经营需要,一般还需配备榨汁机、咖啡机、扎啤机、搅拌机等小型电器,这些机器设备必须按照使用说明进行操作,还须定期检查设备零配件的老化程度和定期进行设备内外部的清洁工作,以免滋生细菌。对于设备故障,应请专业人士维修,严禁私自拆卸各种设备。

1. 扎啤机

扎啤桶应置于冷藏柜中,冷藏温度需保持在 5—8 ℃。
营业前先放掉两杯输酒管内残存的啤酒,然后再为宾客服务。
营业结束后应随时拆卸输气、输酒的连接装置,取下卡口。
每周需要对啤酒桶冷藏柜除霜、除异味,并进行内外全面清洗。
每周对输酒管路进行清洗。

2. 榨汁机

按照使用说明书进行操作,应将水果切成相应的尺寸、形状和大小,方便榨汁。
榨汁后,及时拆下榨汁机的零部件进行清洁、擦干,以免滋生细菌。

(四)服务用具、用品的使用与保养

酒吧各类服务用具、物品应按照使用的便捷程度,分类整齐摆放在相应位置,使用完毕后需及时复位,保持服务的连贯性。

调酒壶、量酒器、调酒杯等调酒用具每次使用后要及时清洗,擦拭干净,以免滋生细菌。

调酒棒、吸管、鸡尾酒签等应分类插在玻璃杯中,整齐摆放于工作台。

装饰用的水果片等经过处理后应用保鲜膜封盖,标明处理时间,置于冰箱中冷藏备用,在规定时间内使用,如超出规定时间,则应丢弃。

四、厨房物资保养

厨房配置的设施设备种类多、数量多,设施设备投入使用后,操作的规范性、维护保养程度密切关系着设备的工作效率、使用寿命及陈旧程度。

对厨房设施设备进行及时、有效、全面保养,保证其处于最佳运行状态是厨房管理的重要任务之一。厨房要制定专门的维修保养工作程序与标准。

除大型、复杂的厨房设备的维护保养由供应商或酒店工程部负责外,厨房其他设施设备的日常维护保养工作可由厨房工作人员负责,厨房设施设备的日常保养工作要做到"五定"。

(一)定人

定人即厨房设备设施的维护保养必须定岗定人,落实到具体的岗位和员工负责。

厨房设施设备维护保养记录表如表 6-6 所示。

表 6-6　厨房设施设备维护保养记录表

设备编号：		设备名称：		设备位置：
序号	日期	维护保养内容	负责人	维护保养结果
1				
2				
3				
备注				
维护保养人员			签字日期	
负责部门主管			签字日期	

说明：(1) 维护保养内容包括清洁、检查、润滑、调整、更换零部件等保养工作。

(2) 不正常项目但不影响正常安全使用需要另外安排处理的填写原因和预期完成时间。

(3) 更换零部件或不正常项目说明填写在备注栏目。

（二）定时

定时即通过制订厨房设施设备维护保养计划，定期进行各类设施设备的维护和保养，并检查落实情况。

1. 炉灶

每天清洗炉灶上的铁架及不锈钢盘，经常清洗天然气喷头。每 15 天清洁灶具和燃烧器的污垢，检查燃烧器的开关及安全。炉灶清洁剂如图 6-11 所示。

2. 蒸柜

每天清洗蒸柜内壁及隔板，每 15 天检查一次蒸汽管阀门及天然气与空气的混合装置。每月检查一次蒸柜中的燃烧器，检查空气与天然气的混合装置，保证它们正常工作。检查蒸汽管道的堵塞及损坏情况并及时更换。

3. 洗碗机

每天保持洗碗机内外部的清洁。每 30 天进行一次内部的除水垢，经常检查清洁剂及催干剂的使用情况，防止异物堵塞。

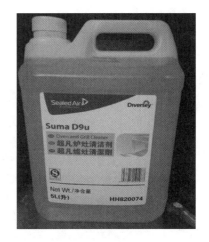

图 6-11　炉灶清洁剂

4. 扒炉

每天清洗钢板，经常检修扒板的天然气喷头并保持清洁。每 15 天调整天然气的喷头和点火装置。

5. 烤箱

每天清洗烤箱的表面，检查所有线路是否畅通。保持链条和开关的连接性。保证其工作效率。每 15 天测量烤箱内的温度，清洗烤箱内壁，清洁烤箱中的电风扇叶，定期检查烤箱的链条。

6. 油炸炉

每天清洗油炸炉内壁及过滤网。每 15 天调整天然气的喷头和点火装置。检查排油管装置。

7. 冰箱

每天保持冰箱的内外部清洁,每 7 天除霜一次。经常检查电源及温度控制装置。保持冰箱压缩机的正常工作状态。每月检查一次冷藏设备的传动带,观察它们的工作周期和温度,及时调整除霜装置。检查冰箱门的密封装置,保证制冷效率。

8. 其他

出风管应尽量短,转弯半径要尽可能大,这样就能使出风畅顺,抽油烟效果好而且噪声小。其他厨房设备每次使用后要进行彻底的清洁,日常维护,每月为齿轮和轴承上油,每 3 个月为电机检修一次。

(三) 定位

定位即固定厨房设备设施的位置,做好记录,不得随意移动。

(四) 定标准和程序

不同设备设施的使用和维护方法不同,必须有供应商或生产商对操作、使用人员进行专业培训,严格按照操作规程使用和保养。

炉灶维护保养工作程序与标准如表 6-7 所示。

表 6-7 炉灶维护保养工作程序与标准

检查项目	工作程序	标准
更换炉芯	旋下旧炉芯,清洁炉眼,用丝锥回一下内螺纹,再将新炉芯旋入。点小火、大火,测试炉火情况、高速炉芯眼大小	炉芯固定且坚固,炉火蔚蓝
调整风门	拆下炉灶盖板,打开小火开关,点燃小火(拆下大火与风门传动链,将风门调至最小),根据小火大小,调整风门至小火易点燃且无黑烟,装好传动链条开大火,检查大火调整至大火蔚蓝且急促,调整完毕,盖好盖板,检查大小火开关至关闭位置	炉灶小火易点燃,无黑烟,大火蔚蓝且急促
检查风门	拆下炉灶盖板,拆下风管,检查阀片,并矫正或更换阀片,用铆钉将阀片固定,装上网管重新调整大小火至最佳,盖好盖板,检查大小火开头至关闭位置	鼓风大小可调
检查鼓风机	风机打不开,用万用表检测线圈电阻及电容,如线圈短路或断路,拆下鼓风机重绕线圈;如电容坏,则更换。声音异常更换轴承,风量小,则拆下回风盖板,清洁风口	风力强劲,并无异常声音
检查泄露	拆下盖板,用洗洁精清洗,检查各阀门及管路,如有泄漏,用生料带或其他方法修补漏点	无煤气泄漏

（五）定卡

建立厨房设施设备档案（见表6-8），记录设备名称、编号、性能等基础信息，设备地点、使用、管理部门等归属信息，以及维修保养的具体内容等特殊信息。

表6-8　厨房设施设备档案

设备档案		
照片	设备名称	
	设备型号	
	设备功率	
	设备电压	
	设备地点	
	安装时间	
	档案编号	
	使用部门	
	管理部门	
	维修保养记录	

同步案例

　　小王是某高星级酒店餐饮部的一名员工，入职没多久，近期被借调到管事部帮忙。某天，管事部主管根据餐具保养计划，要求领班对餐饮部的银质餐具进行统一保养，让小王在旁边协助，正好学习银器的保养流程，领班满口答应。后来由于家中临时有事，领班无法完成保养任务，又害怕主管责怪，于是私下将银器保养工作交给了小王。领班走得着急，也没有过多嘱咐银器保养的注意事项，只告诉了小王使用哪种药水，让小王对照着说明书进行操作，觉得没有太大问题。小王很不安，他从来没有进行过银器的保养工作，但是考虑到自己是新来的，如果直接告诉主管不太好，于是就硬着头皮，对照着说明书进行操作，完成了银器的保养工作，并将银器重新放入仓库。

　　这件事情就这样过去了，一段时间后，小王调回了西餐厅，正好餐厅有一个高规格的宴请，需要使用银质餐具，西餐厅的工作人员就去管事部拿餐具，等餐具全部拿出来时才发现银器都变黑了，这时候临时处理已经来不及了，无奈只好使用了不锈钢餐具，这件事情惊动了餐厅经理和管事部经理，对领班和小王都进行了处罚。

同步思考

(1) 案例中的领班和小王的错误出现在哪里？
(2) 餐厅贵重物品的保养工作应该注意哪些方面？
(3) 银器的保养流程是什么？

知识活页
▼

日用陶瓷

 任务评价

本任务评价由小组自评、小组互评和教师评价共同构成（见表6-9）。

表6-9 餐具清洗与保养评价表

小组：

评价内容	评价标准	分值	小组自评（20%）	小组互评（30%）	教师评价（50%）	综合得分
餐具洗涤	洗涤程序合理，方法得当	30				
餐具储存	餐具分类储存	20				
餐具保养	保养方法选择正确，程序无误	30				
操作流程	各项操作符合规范，养成良好操作习惯	10				
团队精神	分工明确，团结协作	10				
合计得分						

评分标准（满分为100分）：80—100分为优；70—79分为良；60—69分为中；60分以下为差。

 教学互动

(1) 要求学生以小组为单位，对实训室内现有的餐具进行合理有效的清理。
(2) 要求学生以小组为单位，针对教师提供的特定餐具选择正确的保养方法，并进行合理有效的保养。

任务三　餐饮物资管理与损耗控制

 任务描述

本任务要求学生能够正确掌握餐饮物资管理的相关方法,能够在服务过程中有效降低餐饮物资损耗,降低经营费用。

一、餐饮物资管理概述

餐饮物资管理包括食品原料管理、物料用品管理、工程维修材料管理,以及在库低值易耗品管理等。

(一)餐饮物资管理的相关概念

1. 主要任务

餐饮物资管理的主要任务包括:

(1)保证餐厅经营活动的正常运行,促进管理水平的提高和经营业务的发展。

(2)在确保餐厅服务质量的前提下,做好物资的合理采购和合理使用工作,加强仓储管理。

2. 基本方针

餐饮物资管理的基本方针为供应有计划,计划有依据,储备、消耗有定额,管理有制度。

3. 核算方法

餐饮物资管理的核算方法如下:

(1)发出物资一般采用先进先出计价,一经确定,不得随意变更。

(2)入库物资按品种、规格进行明细核算,做到日清数量,月结余额。

(3)财务部应加强对仓库财务工作和商品账务工作的指导,及时解决核算中的疑难问题,每月对仓库财务进行检查,确保物资账务的完整、准确、及时。

4. 基础工作

餐饮物资管理的基础工作如下:

(1)物资消耗定额是编制物资采购计划的重要依据,是实施物资采购计划的基础条件,必须符合合理、先进的要求。

(2)物资储备定额由财务部统一管理,财务部在物资消耗定额的基础上制定物资消耗资金定额和物资储备资金定额,并按季节进行调整。

(3)餐厅所有物资均由采购部统一采购。物资采购后,入库物资由采购员填写入库单。

（二）餐饮物资管理目前存在的问题

1. 制度方面

（1）没有标准的收餐操作流程，物品堆放杂乱，导致工作过程中有较多的器皿破损。

（2）员工赔偿和客人赔偿价格体系不完善（具体赔偿的金额无参照表）。

（3）部门"物品借用"制度不完善。

（4）盘点制度不健全，盘点表不科学，缺少必要项目。

2. 管理与环境方面

（1）贵重物品管理方法不健全。

（2）备餐间没有良好的操作环境。

（3）各岗位餐具配备数量不科学。

（4）客房部与餐饮部送餐交接手续不完善，导致送餐部餐具回收困难，造成部分餐具流失，管理失控。

（5）洗衣房与餐饮部无完整的布草送洗交接记录。布草房的发放、送洗程序混乱，布草没有做到以尺寸、颜色及餐厅来分类，导致整个餐饮部布草领用混乱，管理人员关系紧张。

（6）财务部监督、盘查力度较弱。

3. 其他问题

（1）部分餐具价格过高且容易丢失（如咖啡厅的咖啡勺等）。

（2）部分餐具存在质量问题（如果汁杯在洗碗机中清洗时易开裂）。

（3）营运部门厨房和职工厨房物品混淆，影响正常经营。

（4）部门大量餐具样式相同，不便管理，员工之间易产生矛盾。

（5）个别员工操作不当造成的破损。

（三）可行性方案

1. 各种制度的健全

（1）建立科学合理的餐具配比制度，配备必要的餐具储存设施。各包间根据餐位数量及实际使用情况按照用品的品名、规格制定各种用具的最大使用量（包间服务员为第一保管人、领班为第二保管人、主管为第三保管人、经理为第四保管人），并且在每个岗位人员交接班时需将餐具进行盘点交接。表6-10为某中餐包间餐具配备表，表6-11为吧台器具配备表。

（2）建立送餐部完善的送餐、收餐登记制度（请客房部配合）。

（3）完善布草送洗制度，记录送洗布草的颜色、尺寸、材质、数量，送洗前及收取后进行清点。不同餐厅使用尺寸、颜色相同的布草时，请洗衣厂协助增加布草标志，以便发放和管理。

（4）建立完善的客人破损赔偿制度，制作物品破坏赔偿价目表，发生损坏时，协商赔偿金额。

表 6-10　某中餐包间餐具配备表

包间名称：　　　　　　　　　　　　　　　　　　　　　　　　　　　　可容纳人数：10

餐具名称	配备数量/个	餐具名称	配备数量/个
垫盘	15	长柄勺	12
味碟	16	水果叉	16
筷架	16	汤碗	24
筷子	16	汤勺	25
毛巾托	16	骨碟	24
盖杯	14	洗手盅	2
白酒杯	14	托盘	2
分酒器	14	毛巾夹	1
红酒杯	14	冰夹	1
水杯	14	醒酒器	1
油醋壶	1	茶叶缸	1
热水瓶	2	冰桶	1
啤酒开瓶器	1	衣架	8
红酒开瓶器	1	点心夹	1

表 6-11　吧台器具配备表

物品名称	配备数量/个
柯林杯	15
分酒器	20
多功能红酒杯	15
多功能分酒壶	8
玻璃水壶	7
不锈钢水壶	5
冰桶	4

（5）健全库房物品保管制度，做好物品的账目管理工作，如实登记实物账，定期清查、盘点库存物品，做到账物相符。高档餐具及异形餐具，如金银器、彩陶、水晶器等，分配到岗，责任到人，并由管理人员定期盘存检查。完善入（入库单）、领（领料单）、调（调拨单）、盘（盘点表、盘点差异表）四类凭证单。表 6-12 为存货卡。

（6）建立餐具报废统计及处理制度，及时登记破损餐具（见表 6-13），并提供破损餐具照片，防止由于破损漏登而造成的损失。物资报损申请单（见表 6-14）应注明破损原因（正常破损或人为破损，顾客行为或员工行为）。月底盘点缺少、损毁、损坏的餐具时，如果不能确定责任人，则由所属部门按缺失物品原价金额的××折赔偿。

（7）建立破损餐具的处理方案，及时补充更新餐具。破损较小且不影响正常使用的，可与相关机构合作，进行修补，保证餐厅正常经营。表 6-15 为补瓷餐具明细。

表 6-12　存货卡

物品编码_____　　库存单位_____　　规格_____
物品名称_____　　最低库存_____

日期	进仓数量	出仓数量	结存数量	备注

表 6-13　内部员工(小时工)餐具破损统计表

部门			日期		
资产编码	器皿名称	单价	破损数量	破损金额	签字确认(正楷)
部门经理			资产管理员		

表 6-14　物资报损申请单

申报部门：　　　　　　　　　　部门经理：
部门副总监：　　　　　　　　　部门总监：　　　　　　　　日期：

品名	报损数量	单价	报损金额	备注
报损原因(客人打碎、员工打碎、自然破损、其他)				
财务审核		副财务总监		财务总监
副总经理		总经理		

注：①报损的食品、酒水交管事部作为垃圾处理，并注明"严禁食用"。
②报损的营运物品交管事部作为垃圾及时销毁或作为废旧物品变卖，所得收入交财务部入账。
③低值易耗品(如瓷器、玻璃器皿、布草及金属餐具等)报损处理时，瓷器活玻璃器皿的报损交管事部作为垃圾处理，布草或金属餐具的报损则作为废品变卖处理，所得收入均交财务部。
④餐饮部餐具报损率控制应在6%以内，如出现超过6%的情况，需上报酒店管理层。

表 6-15　补瓷餐具明细

序号	编号	名称	单价	补瓷数量	原价	补瓷单价	补瓷金额

（8）建立餐厅破损率统计表（见表6-16），记录每月餐具破损数量，及时计算餐具破损率。由物资专管员具体负责，及时把破损物品交管事部并做好记录，盘点时由物资专管员拿出原始记录和宾客报损单，累计破损数量，并按实际情况补充餐具，若物品流失，必须经部门经理开出证明并签字后方可补充，各类破损比例严格控制在同类物资的

0.3%以内。

表 6-16 破损率统计表

部门	1月			2月		
	破损金额	营收	破损率	破损金额	营收	破损率

(9) 建立完善、科学的盘点制度,制定盘点表格(见表 6-17 和表 6-18)。各部门不锈钢器具、刀具、用具及固定资产等由各部门自己负责每月盘点一次,各餐厅之间调菜所用的各种瓷器,每餐结束后由各部门物资专管员负责找回,以便做好盘点工作,防止物资的流失。

表 6-17 餐饮物资进出库明细表

序号	图片	物品编号	货品名称	单价	上季度剩余数	本季度采购数	调入/调出/破损	外部调拨	备注

表 6-18 餐饮物资盘点表

名称	规格	单位	单价	账面结存		采购		报废		调入		调出		实物盘存		盘赢/盘亏		存放地点	管理部门	备注
				数量	金额	数量	金额	数量	金额	数量	金额	数量	金额	数量	金额	数量	金额			

(10) 餐饮部各部门之间或与餐饮部以外部门之间进行物资调拨,必须到管事部填写调拨单,由管事部统一调拨。

2. 降低餐具破损和丢失的方法

(1) 增加备餐间的标准设置(需工程部协助,部分设备需申购)。

(2) 制定科学合理的收餐流程,先收贵重物品、易丢失物品,收台时餐具分类摆放,大的、重的放在下面,小的、轻的放在上面,避免碰撞,降低工作中的破损率。

(3) 易丢失的餐具(如咖啡厅的咖啡勺及水果叉)可以考虑购买一部分质优价廉的物品使用。

(4) 补充数量充足的餐具,避免因餐具破损而无餐具可用。

(5) 各点增加破损箱,防止由于破损漏登而造成的丢失。

(6) 建议客用厨具和与职厨餐具分开使用,便于管理(建议职厨申购国产餐具)。

(7) 贵重物品(如金银器)分配到岗,责任人为部门经理。

(8) 健全员工出门检查、验包制度(请安全部配合协助)。

微课

餐具破损培训

3. 内部资产管理流程的加强

(1) 各岗位资产管理人员与各岗位部门经理做好沟通,制定餐次或每日物品交接办法。

(2) 根据核准的基数进行每日核查。

(3) 非本岗位物资、积压物资以及多余物资必须上报管事部。

(4) 物资数量、性状发生异常状况应立即上报管事部。

(5) 管事部将不定时抽查各岗位物资状况,各岗位资产管理人员必须现场配合。

(6) 固定各岗位资产管理人员:中餐——×××;宴会——×××、×××;咖啡厅——×××;酒水部——×××;中厨房——×××、×××、×××;西厨房——×××、×××;管事部——×××、×××(注:各岗位第一负责人为各岗位部门经理及主副厨师长,餐饮总监为资产总负责人)。

(7) 请财务部加强酒店资产盘点制度,并用书面形式进行通知。

(8) 财务部必须保证各盘点都有财务人员监盘。

(9) 盘点时各部门经理必须在场负责清盘并签字确认。

4. 建立赔偿制度

1) 破损方面的赔偿

管事部建立餐具破损实名登记制,分清破损原因(正常破损和人为破损)。

(1) 员工人为造成破损时,必须签字,请各部门做好配合工作。

(2) 拒绝签字者,直接下单至财务部在工资中扣除物品相应款项,并处以口头警告。

(3) 掩藏破损者,两倍赔偿后,处以书面警告。

(4) 随意处置破损者,三倍价格赔偿,并处以最终警告。

(5) 客人及员工造成的破损,按酒店相应条例执行。

(6) 如破损率超标,超出部分金额由各部门责任人根据员工造成破损金额按比例分摊,原则上按不超过造成破损的金额的 1/2 进行赔偿。

(7) 所有赔偿金额必须交财务部,并开具账单为证,月末抵充破损超标部分。盘点记录必须清晰可查。

2) 丢失方面的赔偿

(1) 根据盘点结果(盘亏数量-破损数量=丢失数量),各岗位以餐具原价进行赔偿。

(2) 丢失部分由各岗位部门经理负责赔偿。

(3) 各岗位借出的物品必须在盘点之前结清,调拨单需发给管事部一份。

(4) 所有手续以手工单为准。

(5) 为增强人性化管理,各岗位可根据丢失情况冲抵部分破损金额,原则为破损未超标时使用。

3) 其他处理方法

(1) 盘盈部分物品属不正当来源,将追究各岗位部门经理管理不作为责任。

(2) 盘盈部分由各岗位部门经理负责退回管事部。

(3) 盘盈部分将由管事部平均分给盘亏部门。

(4) 员工宿舍查出的物品,将按酒店相关制度处理。

5. 餐具的补充方法

(1) 各岗位在每月初将会得到管事部下发的盘点结果表。

(2) 根据盘点结果填写领货单,将差额部分补充到各岗位使用。

(3) 各岗位领货单必须由餐饮总监签字后方可到管事部领取,涉及赔偿问题的岗位在问题解决后方可得到总监的签字确认。

(4) 各岗位需在盘点结果下发后的十日内将差额部分配备齐全,以保证部门的正常营运。

(5) 各部门自定的配比数量需经审核通过,确定的配比数量如需更改必须有餐饮总监签字认可。

(6) 每月盘点都将以上月实际盘存数量为基数。

(7) 易损常用资产配比对照表未涉及的部分将以上月盘点数量为基数,需要更改的则在易损常用资产配比对照表中进行补充。

二、餐饮损耗控制

(一) 餐饮损耗控制

餐饮损耗控制是指任何食品服务行业的餐具损耗会导致企业成百上千元的资产流失。餐具损耗包括:破裂、缺口、脱釉、遗失、被盗、老化、腐蚀、褪色、化学燃烧、变形及表层脱落等。

餐具损耗的控制集中在四个环节,即厨房出品不用破损餐具、传菜员不传破损餐具、服务员不上破损餐具、管事部发现破损及时上报。

1. 管事部

(1) 对员工进行餐具清洗及保养培训,确保员工按照要求进行操作。

(2) 决不用瓷器清理餐盘,用餐具代替,注意小型物件,不要把它们误扔到垃圾桶。

(3) 餐具必须分类清洗,将大小件餐具分开清洗、易碎餐具分开清洗、异形餐具分开清洗、玻璃器皿分开清洗、装果盘的餐具单独清洗。不在同一个消毒缸里浸泡不同类型的瓷器,在浸泡杯子时使用分隔的杯筐或者每个消毒缸里确保只有一种类型。决不把瓷器和钢质餐具混合洗涤,在洗涤的时候要有规则地摆放瓷器,以免破碎。

(4) 不要在洗涤水槽旁堆放过多物品,要分类进行摆放。

(5) 清洗好的餐具必须按照规格大小分类,整齐叠放。

(6) 使用正确的消毒产品、消毒方法及消毒程序。

(7) 使用正确规格的筐盛装餐具,小件餐具需摆放在平筐里进行清洗。让杯子单独放置在管事部洗涤区域周围或其洗涤区域内,并将杯子按照它的尺寸安放在特定的杯筐里。

(8) 管事部领班监督洗碗工按规定清洗,发现破损及时开出报损单。

(9) 餐具清洁后由领班或专人负责运送至厨房存入保洁柜中。

2. 厨房

(1) 餐具要求人工搬运,轻拿轻放。

(2) 严格验收餐盘有无破损,责任到人。
(3) 厨房人员互相监督。
(4) 破损餐具由厨师长负责登记。

3. 传菜部

(1) 在营业时间,传菜部必须协助服务员将用过的餐具传回洗碗间。
(2) 传菜部在传送餐具过程中要小心谨慎,防止滑倒而损坏餐具,要做到轻拿轻放。
(3) 避免冲撞,使用两扇分开的门,一扇用作"进",另一扇用作"出",传递物品时不要使用同一通道进出。

4. 餐厅服务员

1) 撤台

(1) 检查台面餐具是否有破损,如有破损则及时汇报。
(2) 将台面贵重餐具收回至指定地方(备餐台或工作台)。
(3) 使用托盘收玻璃器皿,遵循先高后低的顺序。
(4) 收撤小餐具,分类摆放。
(5) 异形餐具最后撤下,单独存放。

2) 运输餐具

(1) 在托盘上分类、有序地摆放餐具,任何不能有序叠放的物品都不可叠放,托盘不能超负荷承载物品。
(2) 保持托盘平衡,将物品重的一端向下摆放。
(3) 不要一次性徒手运送过多餐盘,双手抱起餐盘的高度不超过下颌,甜品盘不超过25个,主餐盘不超过20个。
(4) 不要利用瓷器运送玻璃器皿。
(5) 同类餐具、大尺寸餐具要摆放小尺寸餐具下面。

3) 叠放餐具

(1) 不要将脏餐具进行无次序的堆叠,堆叠高度不要超过15厘米,否则容易滑落。
(2) 不要将细小餐具,如筷架、汤匙、味碟等与剩余的食物或体积较大的餐具堆叠在一起,容易造成遗失。
(3) 不要将杯子放置于桌面边缘,至少与边缘保持"一个杯子宽度+1厘米"的间距,以防杯子意外翻倒。
(4) 决不把餐具摆放在玻璃器皿中。
(5) 各种杯子要放在相应的杯筐里。筐与筐叠放时插严四角,高度以不影响视线为宜。
(6) 所有存放的玻璃器皿保持同一高度,决不叠加。
(7) 不要把沉重的物品放在堆叠的瓷器上。

4) 使用推车

(1) 不能堆放过高,堆放物应低于肩高,以免阻挡视线。
(2) 千万不要在推车上堆放过多物品。
(3) 决不使用不平稳的推车,检查推车的车轮是否牢固。

（4）决不使用普通的推车运送易碎的物品，而应使用特定的推车。

（5）绝不直接将瓷器或者玻璃器皿摆放在推车上，在运送瓷器或者玻璃器皿前使用适当的架子。

（6）总是与架子保持同一高度，不要堆放高于架子边缘，如果使用没有分隔的架子，要用毛巾或者餐巾分隔，避免瓷器相互碰撞。

（7）看清楚进出路线，进出较窄、狭小的区域或地面有水的地方，应当小心，采取防滑措施，避免碰撞物体，造成餐具滑落。

5）其他

（1）不使用瓷器或者玻璃器皿铲冰，只使用塑料冰铲加冰。

（2）决不在冰箱内用瓷器存放食物，使用塑料容器。

（3）使用保温车时，有序地堆放餐盘，不要堆放过高。

（4）把杯筐平坦地叠放在一起。

5．监督机制

（1）菜肴从厨房出品后先经过传菜间，在传菜间，传菜员一旦发现餐盘有破损，原菜退回厨房，更换餐具，此破损餐具由指定人员登记，破损归入厨房。

（2）餐厅服务员在上菜时，要仔细检查餐具是否有破损，只要菜品上桌，破损责任就归入餐厅服务员。

（3）管事部在清洗餐具前发现破损，需第一时间找到送餐具的服务人员进行餐具破损登记。

（4）管事部在清洗过程中发现餐具破损，需将破损餐具进行登记后交到餐具所在部门，以便部门定期进行餐具的补充。

（5）管事部清洗后的餐具送入消毒间，每天由专人负责清点洗好的餐具，如有破损，归入管事部。

（6）金银等金属餐具价格较为昂贵，特别是金银质的筷子很容易断，在操作中要专人保管、专人跟进、专人清洗，使用正确且合适的清洁用品。

（7）玻璃器皿容易破碎，必须专人收送和清洗，经过冷藏的玻璃器具不能直接用热水清洗，以防破裂。

 同步案例

小王是某高星级酒店自助餐厅的经理，近期餐厅经常出现餐具遗失的情况，小王很是头疼，他发现遗失的餐具都是一些油醋碟、小汤勺等比较小的餐具，他怀疑是不是被其他部门的员工拿错了，或是本部门的员工私自带回家了，但是这些餐具都不怎么值钱，怎么会有人偷这些东西，而且酒店对于员工偷东西的行为处罚很重，怎么会有人冒这个险？小王百思不得其解。

某天,小王上早班,这段时间酒店入住率很不错,导致早餐就餐人数非常多,餐厅员工数量不够,就从外面找了不少的钟点工,每天来帮忙的钟点工都不一样,今天小王在巡视的时候发现,有不少钟点工在收盘子的时候,为了抢时间,把味碟、勺子直接一股脑地收在脏盘里,里面还有不少客人吃剩的食物,一不注意或一不小心就把小餐具连同剩菜都倒入垃圾桶里了。这时,小王恍然大悟,原来问题出在这里。钟点工不了解酒店收餐流程,没有接受过专业培训,近期早餐就餐的客人又特别多,为了节约时间,钟点工经常把一些小餐具和剩菜或大餐具放在一起,没有分类收取,这才会出现不少餐具遗失的情况。终于找到问题的源头了,小王立马告诉餐厅主管,要求对钟点工进行简要的培训,规范收餐程序,果然,随后的一段时间里,餐具遗失的情况大大好转了。

 同步思考

(1)以小组为单位,讨论服务员在收餐过程中如何避免餐具遗失和破损。
(2)以小组为单位,制定出适合酒店实际的物资管理制度。

 任务评价

本任务评价由小组互评和教师评价共同构成(见表6-19)。

表6-19 餐饮物资定额管理与损耗控制评价表

小组:

评价内容	评价标准	分值	小组互评(40%)	教师评价(60%)	综合得分
餐具配置定额表	品种齐全,数量合理,规格正确,比例恰当	30			
餐具定额管理制度	内容完整,可操作性强	20			
餐具损耗分析	符合酒店工作实际	20			
餐具损耗控制方法	内容完整,可操作性强	20			
团队精神	分工明确,团结协作	10			
合计得分					

评分标准(满分为100分):80—100分为优;70—79分为良;60—69分为中;60分以下为差。

项目小结

餐饮部的餐器具、物资种类繁多,餐饮物资的保养和管理既体现了餐饮管理水平,又是餐饮经营管理和控制的核心工作之一。餐饮物资按照使用地点可划分为餐厅配套设施、酒吧配套设施、厨房配套设施,每类设施按照各自的属性可进行进一步的细分。餐饮物资的清洁保养要遵循规范的操场程序,进行相应的物理消毒和化学消毒,并根据不同的餐饮物资选择适宜的保养方法,以延长其使用寿命。在餐饮物资的管理过程中,要严格控制破损率,餐饮部要制定合理有效的规章制度,各部门要通力合作,采取合理有效的方法,降低餐具的破损率。

关键术语

餐饮物资、清洁保养、物资管理、破损控制

项目训练

知识训练:

一、填空题

1. 餐厅里的餐用具琳琅满目,数量众多,按照材质可划分为_____、_____、_____、_____等。

2. 物理消毒法包括_____、_____和红外线消毒法。

3. 化学消毒法包括漂白粉消毒法、_____、_____、_____。

4. 采用化学消毒法消毒,应按照_____、_____、_____、_____来进行。

5. 厨房设施设备保养的"五定法",指的是_____、_____、_____、_____、_____。

二、选择题

1. 采用化学药剂消毒时,应定时更换配好的消毒液,一般_____小时更换一次。

   A. 3   B. 4   C. 5   D. 6

2. 以下降低物资损耗方法中,不属于厨房的是_____。

   A. 餐具要求人工搬运,轻拿轻放

   B. 严格验收餐盘有无破损,责任到人

   C. 人员互相监督

   D. 将台面贵重餐具收回至指定地方(备餐台或工作台)

3. 使用红外线消毒法消毒时,要求箱内温度达到_____,持续消毒_____以上。

A. 120 ℃,10 分钟　　　　　　B. 120 ℃,5 分钟
C. 100 ℃,10 分钟　　　　　　D. 100 ℃,20 分钟

能力训练:

1. 简述餐具消毒的注意事项。
2. 简述陶瓷餐具的使用和保养。
3. 简述传菜部应如何降低餐具破损。

◆本课程阅读推荐

定额管理,https://wiki.mbalib.com/wiki/%E5%AE%9A%E9%A2%9D%E7%AE%A1%E7%90%86。

项目七
餐饮营销管理

 项目描述

餐饮营销贯穿整个餐饮服务过程,任何餐饮部员工都是产品和服务的销售员。根据经济学帕累托法则,营销的整个过程应该注重培养忠实顾客,所以从客史档案源头开始管理和服务顾客能够更精准展开营销。应根据市场动态调整营销策略、运营技巧,从而达到最佳营销效果。

 项目目标

知识目标
1. 熟悉客源市场组成及客史档案管理。
2. 掌握市场营销分析方法。
3. 熟悉市场营销策略。

技能目标
1. 能制订餐饮营销计划。
2. 能制定餐饮营销策略。

思政目标
1. 培养学生正确理解服务营销的含义。
2. 理性对待餐饮营销策略。
3. 培养学生运用所学知识提高营销策划的意识。

思维导图

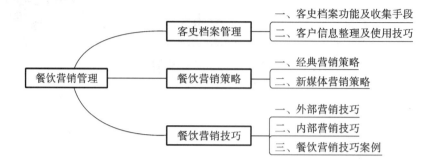

 学习重点

1. 酒店营销策略——4P理论。
2. 餐饮营销技巧。

项目引入

某五星级酒店的法式餐厅,A女士和朋友正在就餐,她和朋友点了一份安格斯牛排(见图7-1)和一份油封鸭腿(见图7-2),这两款菜品都是该餐厅的特色菜。A女士和朋友也吃得非常满意。

图7-1　安格斯牛排

图7-2　油封鸭腿

服务员适时观察A女士及朋友是否需要添加酒水,在观察到两位顾客主菜吃完后,轻盈地走到顾客身边非常自然有礼貌地问道:"请问您觉得这款牛排如何?有什么需要我们改进的呢?"A女士说道:"非常正宗,和我在法国吃到的味道一样,谢谢!"服务员:"谢谢您的肯定,我们会继续努力。"接着又非常有礼貌地问A女士的朋友:

"请问您觉得这款鸭腿有什么需要我们改进的地方吗?"A女士的朋友说道:"这是我吃过的最好吃的鸭腿,非常喜欢,下次一定推荐给朋友。"服务员说道:"谢谢您,欢迎您下次光临。下一道甜品也肯定会让您满意的。"说完,服务生迅速收拾完主餐具、餐盘,换上干净的甜品勺,并为二位顾客呈上她们的甜品。

在本案例中,我们可以看到征询顾客意见的重要性,餐厅内顾客良好的体验既包括有形产品也包括无形服务,而征询顾客意见正是体现了餐厅对顾客的尊重,也是提升菜品质量的良好途径。

任务一　客史档案管理

 任务描述

> 建立客户档案数据库是客户关系管理的保障措施,建立良好的客户档案数据库可以降低投诉率,提高客户满意度,规范客史档案管理。客史档案管理任务是通过建立数据库、使用数据库的过程来规范客史档案管理流程,为精准服务打下基础。

一、客史档案功能及收集手段

建立客史档案,能够让酒店更准确地了解市场动向,把握自身客源结构、消费构成,以及客户对酒店服务产品的要求、意见等情况,这样酒店才能适应变化的趋势,制定正确的决策,提高产品针对性,提高客户满意度,从而实现稳固地占有市场及拓展市场的目的。

(一)酒店客史档案的功能

1. 增强酒店的创新能力

酒店产品体系的创新是酒店生命力所在,而客史档案的科学建立和运用是提升酒店创新能力的基础。通过客史档案的管理和应用,酒店能够及时掌握客户消费需求的变化,适时地调整服务项目,不断推陈出新,确保持续不断地向市场提供具有针对性、有吸引力的新产品,满足客户求新、求奇、求特色的消费需要。

2. 提升酒店的服务品质

客史档案是酒店客户关系管理系统和客户忠诚系统的组合平台。一方面,客户关系管理系统的作用在于通过对客户信息的深入分析,全面了解客户的爱好和个性化需要,开发出"量身定制"的产品,大大提高客户的满意度;另一方面,客户忠诚系统的作用体现在通过个性化服务和一系列酒店与客户间"一对一"的情感沟通,让客户对酒店产生信任感,认为在这里消费比在其他地方更可靠、更安全、更有尊严感,客户满意将会升华为客户忠诚,酒店服务的品质会得到客户进一步的认同。

3. 提高酒店的经营效益

客史档案的科学运用将有助于酒店培养一大批忠诚客户,一方面可以降低酒店开拓新市场的压力和投入;另一方面由于忠诚客户对酒店产品、服务环境熟悉,具有信任感,他们的综合消费支出也就相应比新客户更高,并且客户忠诚度越高,保持忠诚的时间越长,酒店的效益也就越好。

4. 提高酒店的工作效率

客史档案为酒店的经营决策和服务提供了扎实的基础材料,使得酒店的经营活动能够有较强的针对性,避免许多不必要的时间、精力、资金的浪费。由于对客户消费情况的熟悉,员工的服务准备更为轻松。良好客户关系的建立,也有助于酒店工作氛围的改善,员工的工作热情和主动精神将得到有效发挥,酒店整体的工作效率也将极大地提高。

5. 塑造酒店品牌

根据客史档案划分、培育忠诚客户,可以为酒店创造更为重要的边际效应及口碑效应。口碑效应是酒店品牌塑造的关键因素,忠诚客户的显著特点是会向社会、同事、亲戚朋友推荐酒店,义务宣传酒店的产品和优点,为酒店树立良好的口碑,带来新的客源。

(二)客户信息收集手段

1. 外部信息收集手段

1)顾客意见调查表

顾客意见调查表是被旅游酒店广泛采用的一种获得信息的方式。其具体做法是将设计好具体问题的意见征求表格放置于客房内或其他营业场所易于被顾客取到的地方,由顾客自行填写并投入酒店设置的意见收集箱内或交至大堂副理处。

2)电话拜访调查

电话拜访调查可以单独使用,也可以结合销售电话同时使用,或因为要了解或澄清一项特别的事情而使用。有些电话调查是根据设计好的问题而进行的,有些电话调查的自由度与随意性比较大,如酒店总经理或公关部经理打给老顾客的拜访电话。

3)现场访问

现场访问又称为突击访问,其做法是抓住与顾客会面的短暂机会尽可能多地获取顾客的意见、看法。现场访问是酒店业获得顾客意见的一种最重要的调查方法,一名成熟的酒店管理者应善于抓住并创造机会展开对顾客的现场访问调查。

4)小组座谈

小组座谈的调查方法是指酒店邀请一定数量的有代表性的顾客,采用一种聚会的形式就有关酒店产品或顾客需求方面的问题进行意见征询、探讨与座谈。酒店利用小组座谈的方式征求顾客意见时,一般宜结合其他公关活动同时进行,如酒店贵宾俱乐部会员的定期聚会、节日聚餐等形式,而不宜搞得过于严肃。参与聚会的店方人员应尽可能与被邀请的顾客相互熟悉,同时可向被邀请的顾客赠送礼物或纪念品。

5)神秘顾客法

神秘顾客法是酒店获取顾客满意情况信息的另一种重要方法。具体做法是由酒店出资邀请酒店业的专业人士或资深顾客以普通顾客的身份来酒店进行消费,并就酒店产品中存在的问题以专题报告的形式向店方反馈。

6) 其他方法

例如,个别深度访谈法(高层管理人员与选定顾客在固定场所深入交谈)、上门访问法(销售部利用销售拜访来征集顾客意见),以及邮寄问卷调查法等。酒店应根据所需调查的内容及调查工作的具体要求等情况来灵活选择。

2. 内部信息收集手段

1) 员工意见反馈

酒店一线的服务人员是与顾客接触最多,对顾客的需求及满意情况最为了解的人。一位基层的服务人员肯定比经理们更经常地听到类似于这样的信息:"你们的鲍鱼做得有点腥,没有×××做得好!"员工当中往往有许多的信息、想法与建议,如能通过科学的渠道加以收集、反馈,其效益将是十分显著的。员工意见反馈的具体渠道有以下几种。

(1) 总经理信箱。总经理信箱制度是一种开放式的员工意见征询制度。它不限于"总经理"及"信箱"这些特定的形式,可以多形式、多层次地开展。关键是要对员工提出的意见或信息给予及时的答复,对被采纳的合理化建议要进行必要的奖励,否则总经理信箱可能会变为一只无用的空箱。

(2) 法定反馈。员工在与顾客的接触中,有许多信息是要以制度的形式明确规定从而予以反馈的。这种反馈往往采用固定的表格形式,并明确规定填写人、反馈路线等内容。比如"顾客投诉情况反馈表""常客意见/消费信息反馈表""会议、团体负责人意见调查表""大堂副理每日工作报告表"等。

(3) 案例提供。服务案例是酒店员工智慧的沉淀与积累,是新员工入职不可多得的培训教材,也是反映顾客需求与酒店服务水平的窗口。为了使更多的一线员工自觉参与案例提供工作,可采用多种鼓励的方式,如对于有关成功服务心得的案例,在调查核实后可以以该员工的名字为案例命名;又如将员工提供的案例发表在店刊上及将案例提供与员工晋升相挂钩等。

(4) 小组座谈。小组座谈的典型形式是小组活动,另外还可采用总经理每月一次与优秀员工的聚会、针对专门服务问题的研讨会等多种方式来进行。例如,在某酒店西餐部小组的一次活动上,有员工提出在实际工作中遇到了这样一个问题:多数本地顾客对西餐正规的出品顺序表示不耐烦和不满,他们更希望汤同主菜一起上,而不是分开来。小组成员就此展开了热烈的讨论,有人认为既然是西餐厅就应该遵照西餐特有的服务标准和规范,顾客有不同意见时应同他们解释清楚,加以积极的引导;也有人认为顾客并不喜欢服务员教他们怎么做,还是应该主动顺应顾客的需要因人而异提供服务。最终,后一种意见占了上风,小组成员并专门就此次讨论的内容向部门领导递交了改善提案。

员工意见的收集还可采用个别访谈、问卷调查等许多其他的形式和方法。

2) 现场巡视

现场巡视法是指酒店领导、部门经理及专门负责质量工作的人员通过例行的工作巡视,采用现场观察的方式来获得有关信息的方法。

3）经营数据分析

顾客的消费情况是顾客需求倾向与好恶的一个重要反映。因此，在日常工作中应重视各种经营数据的收集与分析，对于正确把握顾客的需求和期望大有帮助。例如，某酒店西餐厅8月与9月对比，总营业额下降13万余元，其中法餐厅收入下降不大，主要的下降原因在于自助餐厅收入的大幅减少。

（三）客户信息收集的员工职责

客史档案能够较好地反映酒店的服务意识，拉近与客户之间的距离，让顾客产生信任、安全、亲切和家外之家的感觉。作为酒店员工，在服务中要用心倾听、细心服务，认真感受顾客的一举一动，捕捉机会，尽可能多地获取顾客信息。必须全员参与，共同进行客史档案的建设和管理工作。

（1）门童和引领员是较早接触顾客的岗位之一。一名优秀的迎宾员能够在顾客到来时准确地用姓氏尊称顾客，同时能够将顾客详细的信息，如特殊喜好、生日、联系电话、喜爱的菜品、爱喝的酒水等准确地传达给值台服务员或点菜员，引领员在与顾客交流过程中可委婉地询问顾客的姓氏，并做好传递和记录工作。

（2）点菜员主要是为顾客做搭配营养、合理用餐的引导工作，具有娴熟服务知识的点菜员有一定的权威性，可以做顾客的向导，也是酒店产品对外宣传的桥梁。因此，在点菜过程中可运用婉转的语言与顾客沟通，并进一步了解顾客的姓氏及特殊的喜好。

（3）值台员和楼层服务员也是获取顾客信息的重要渠道。服务员可以通过用餐过程的细心服务，借询问茶水、酒水等机会，及时与顾客沟通，及时记下顾客的姓氏尊称，在服务中注意顾客的举动，特别是对某一菜品的爱好等。在服务过程中，服务员与顾客交往较多，是获取客史信息的重要途径。

（4）酒店管理人员要具有良好的沟通能力，在餐厅巡检过程中随机拜访顾客，征求顾客意见，用姓氏尊称顾客应是管理人员与顾客交往所具备的基本能力，这样会使顾客产生一种受照顾的感觉。对于不熟悉的新顾客，管理人员可以采取意见征询表的形式征询顾客意见，同时运用婉转语言与顾客沟通，问顾客姓氏并即刻使用，然后形成文字记录备用。

（5）总台接待员和吧台收银员也是接触顾客较多的岗位之一。优秀的收银员、接待员应熟悉关系单位及老顾客的姓氏、结账方式或特殊需求、联系电话等，总台预订、宴会预订，顾客出示证件时也是记忆顾客姓氏，获取信息的较佳途径。可建立顾客卡制度，让顾客自己留下信息。

同步案例

某市A酒店客源丰富，客流量较大。某日一位常客来到该酒店餐饮部用餐，由于是常客，服务员很快认出了顾客并在迎宾处热情、主动和顾客打招呼，顾客也非常礼貌回应，高兴地落座。

顾客随后向服务员说道："该店特色甜点 Flambé-Crepes 还是和上次一样。"服务员应声后走到操作台，想到这款甜品里有橙汁和柠檬汁，但有些顾客会要求不放柠檬汁或者多放橙汁，刚才忘记询问顾客需求，于是十分着急。正在这时领班走过来，问清楚服务员的担心后，告知下属这位先生为 VIP 客户，客史资料记录非常完备。与此同时，直接打开餐饮系统查询到该顾客上次有备注不要柠檬汁，故直接备注下单，厨房也按照要求制作甜品，获得了顾客好评。

 同步思考

（1）以小组为单位，思考客户信息分类要点。
（2）思考客史资料记录的作用。

 任务评价

（1）围绕客史资料中客户信息分类要点进行作答，要求回答完备。
（2）运用头脑风暴法解析客史资料记录的作用，拓展发散思维能力。

 知识活页

满意度调查的重要性

满意度调查刚被引入日常工作时，被赋予了很多眼花缭乱的作用和意义，大有掌握满意度就掌握一切的势头；但随着工作的开展，期望的巨大作用并没有出现，满意度调查更多的时候成了一线工作人员的"索命符"，甚至有降低客户期望以提升满意度的建议出现。因此，要做好满意度调查，先要认清其作用是必要条件。

满意度调查有三个层次和一个附加作用。

第一层次，属于满意度的基础调查内容。

内容包括感知质量、服务落实度调查和满意度指数模型调查等；调查的作用是把脉当前服务状态，了解最基本的状态及时原因，梳理各服务过程的关系，提供最初步的分析报告；关键是保证工作质量，要保证问卷设计、调查执行和数据分析中尽可能地减少失真。

第二层次，以满意度诊断分析为主。

内容包括不满意情况、短板分析及改进建议、管理责任分解等；调查的作用是分析客户不满意的原因，找出当前服务的短板，并尽可能落实到具体的工作环节去；关键是对服务流程的熟悉，确保提出的意见建议准确到位，没有太大偏移。

第三层次，是各种满意度的推广运用。

具体内容包括服务管理、产品研究、绩效提升等。调查的作用是借助满意度，对运营商的服务进行全面提升，以促进产品销售和营销业绩；关键在于能够提供从调研到咨询再到策划乃至培训的一揽子解决方案，并熟悉相关行业。此外，调查工作的效果受到多种因素影响，需要以积极的心态面对可能的失败。

附加作用，就是以满意度为基础的各类客户行为研究。例如，运用新型工具（如KANO模型）分析定性分析客户需求及其变化；通过大数据分析了解客户消费行为；结合满意度矩阵分析客户关注点，针对性提升客户感知；结合忠诚行为矩阵对客户行为进行归类，把握客户消费动向等。

满意度调查是一个好工具，但需要先了解自己需要什么，只有根据需要去设定满意度调查方式和内容，才能发挥这个工具的作用。

（资料来源：根据相关资料整理。）

  教学互动

（1）以小组为单位调研当地最受欢迎的高端餐饮企业，分析其客源组成及顾客喜好，并展开讨论。

（2）调研当地不同层次的3家餐饮企业（含星级酒店餐饮部）收集客史资料的方式并展开小组探讨。

二、客户信息整理及使用技巧

（一）客史信息档案整理

从错综复杂、千头万绪的客户信息中提取有效的信息，形成科学的客史档案是一项十分困难的工作。因此，客史档案的建立必须做到以下几点。

1. 树立全店的档案意识

客史档案信息来源于日常的对客服务细节，需要酒店全体员工高度重视，在对客服务的同时有意识地去收集。因此，酒店在日常管理、培训中应向员工不断宣传客史档案的重要性，培养员工的档案意识，形成人人关注、人人参与收集客户信息的良好氛围。

2. 建立科学的客户信息制度

把客户信息的收集、分析作为酒店日常工作的重要内容，在服务程序中将客户信息的收集、分析工作予以制度化、规范化。要求各部门、各级管理者及对客服务的员工每天在接触客户的过程中，必须将客户信息及需求填写到宾客意见表中，在日常服务中应给员工提示观察客户消费情况的要点。例如，客房部员工在整理客房时应留意客户枕头使用的个数、茶杯中茶叶的类别、电视停留的频道、空调调节的温度、客房配备物品的利用情况等；餐饮部员工可注意客户菜品选择的种类、口味、酒水的品牌、遗留菜品的数量,就餐过程中对酱油、醋、咸菜的要求等。从这些细节中,酒店能够捕捉到客户的许多消费信息。同时,应以班组为单位建立客户信息分析会议制度,每个员工都要参与,并根据自身观察到的情况,对客户的消费习惯、爱好做出评价,形成有用的客史档案,在客户再次来店时可以进行针对性的服务。

1) 筛选整理获得信息

收集到足够的客户信息后,首先要有专人对信息进行筛选整理,然后分门别类进行汇总,贮存于电子信息库中。如果缺少电子系统,可将客史档案编制成册,置放于各吧台和收银台处,以便及时查阅。

2) 分类有效客户信息

（1）客户常规档案:指建立记录客户的姓名、性别、年龄、来自的地区、工作单位、用餐形式、用餐时间、消费规模等资料的档案,特别要记住客户的姓名。当客户第二次来消费时,只要服务员能够记住对方的姓名,客户就会倍感亲切,增加来用餐的信心和兴趣。

（2）客户个性档案:指建立记录前来用餐的客户言谈、举止、外貌特征、服饰、性格、爱好、志趣、经历、生日、结婚纪念日、家庭成员情况、性格、饮食习惯等资料的档案。

（3）客户习俗档案:建立记录有关客户的民族风俗、民族习惯、饮食习惯、宗教信仰、颜色习惯、各种忌讳等资料的档案,酒店应该全面了解用餐客户的饮食习惯,掌握客户喜欢吃的菜肴、口味、菜系等。

（4）客户反馈意见档案:指建立记录客户对餐厅设施的要求、对餐饮服务质量的评价、对某个服务员的印象、对餐饮服务的批评意见和表扬信件,以及对餐饮服务的建设性建议等资料的档案。

（5）客户群体分析档案:客户群体分析包括两个方面——忠诚度分析和消费层次分析。

①忠诚度分析。忠诚度是以客户在分析时间段内的消费次数来判断的,在分析客户忠诚度之前,餐饮企业要根据情况设定客户忠诚度等级判断方式或修改已有设定。图7-3为某餐厅年度忠诚客户示例。

②消费层次分析。在分析客户消费层次之前,首先要求用户输入分析的时间段,例如2021年9月—2021年10月,系统以柱状图返回分析结果,柱状图形式如图7-4所示。

3) 建立档案,归类管理

餐饮客户档案因对象不同、餐饮规模差异,客户档案内容也有所不同。如果企业素质比较高的可导入CRM客户管理软件进行信息化管理,但如果是一般规模的企业,根据实际客情进行重点归类管理,亦不失为一个可行的办法。

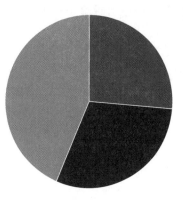

图7-3　某餐厅年度忠诚客户示例

4) 实施跟踪管理

客史档案设立后,要注意把客户每次来就餐的宴会菜单收入客史档案,并注明客户

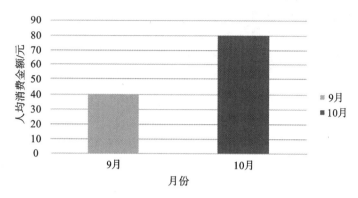

图 7-4　某餐厅客户消费层次柱状图

每次来就餐时对菜品的评价,以便做出相应的调整。这是餐饮客史档案不同于其他客史档案,以及较易被人们所忽略的地方。

3. 形成计算机化管理

客史档案的管理必须纳入酒店计算机管理系统。计算机管理系统中的客史档案应具备以下特点:第一,信息共享功能,通过酒店计算机管理系统达到客史档案的资源共享功能是客史管理的基本要求,各对客部门只有能够相互传递信息,才能发挥相应作用;第二,检索功能,便于随时补充、更改和查询;第三,及时显示功能,在酒店每个服务终端,输入客户基础数据,系统能够立即自动显示客户的相关信息资料,并作为对客接待提供依据。

4. 利用客史档案进行常规化的经营服务

酒店营销部门、公关部门应根据客史档案所提供的资料,加强与 VIP 客户、回头客、长期协作单位之间的沟通和联系,使之成为一项日常性的工作;可以通过经常性的回访、入住后征询意见、客户生日时赠送鲜花、节日期间邮寄贺卡、酒店主题活动邀请、新的菜品推出时给予推荐等方式来拉近酒店与客户之间的关系,让客户感到亲切和尊重。

总之,酒店客史档案的管理和应用是一项系统性工程,需要酒店高度重视,积极挖掘,形成严密完整的体系,并对客户日积月累的消费记录进行各方面的分析,从而提供有利的决策依据,使之成为酒店经营决策的基石。

(二) 客户关系管理技巧

客户关系管理的作用从实质上讲就是帮助餐饮企业在不同阶段适应市场变化,增强自身的竞争力。市场的变化随时都在发生,企业竞争也在不断升级,竞争的每一次升级,都迫使企业强化自身的管理能力,现在餐饮企业的重心就是客户服务,客户端的服务成为企业竞争的焦点,也成为评价一家企业竞争力强弱的重要指标。客户关系管理的技巧主要体现在以下几个方面。

1. 了解最有价值的顾客

客户关系管理的首要任务是进行顾客分析,了解顾客的基本类型、不同顾客类型的不同需求特征和消费行为,以及顾客差异对企业利润的影响等。客户关系管理系统通过对不同顾客的分析,得出哪些顾客对于餐厅来说是至关重要的。据了解,餐厅有 80% 的利润来自 20% 的有价值的顾客。同时,经过细致的分析,可以对顾客的信誉度有清晰的认知，这样在顾客有赊账要求的时候，服务人员可以根据其以往记录，现场做出判断。

2. 吸引和保持更多的顾客

利用客户关系管理系统，餐饮企业能够从顾客数据库中了解他们的姓名、年龄、家庭状况、工作性质、收入水平、通信地址、个人喜好及消费习惯等信息，并在此基础上进行"一对一"的服务，从而使服务人员尽早熟悉顾客，并提供个性化的亲情服务。根据数据库资料追踪和分析每一个顾客的信息，知道他们喜欢哪些菜品和服务，并以此为依据，对菜肴进行多层次和灵活的组合，以便更好地满足顾客要求。这就是随着市场不断细分而出现的市场营销原则的精髓，即根据不同的客户建立不同的联系，并根据其特点和需求提供不同的服务，从而真正做到"以客户为中心"，赢得客户的"忠诚"，从根本上提高餐饮企业服务水平，并以此增强企业的服务核心竞争力。

3. 精简成本增加营业额

客户关系管理包含了技术与商业流程的整合，其中透过资讯分享所带来精简商业流程，可达到节省成本的目的。举例来说，企业能够依据不同客户过去的消费行为，分析他们的不同偏好，预测他们未来的消费意向，据此分别对他们实施不同的营销活动，避免大规模广告的高额投入，从而使企业的营销成本降低，而营销的成功率提高。唯有了解客户需要，才能提高客户满意度，增强客户忠诚度，进而发挥最大的促销效益，达到增加营业额的目的。

4. 营造双赢的效果

客户关系管理系统之所以受到餐饮企业的广泛青睐，是因为良好的客户关系管理对顾客和餐饮企业均有利，是一种双赢的策略。对顾客来说，客户关系管理的建立能够为其提供更好的信息，更优质的菜品和服务，并得到精神上的尊重和愉悦；对于餐饮企业来说通过客户关系管理可以随时了解顾客的构成及需求变化情况，并由此制定企业的营销方向，从而节约成本并获得利润。

总之，通过客户关系管理系统，一方面能提高客户的忠诚度，让客户有宾至如归的感觉，并能挖掘潜在的客户；另一方面能增加企业的营业额和节约成本，为企业的营销打下良好的客户关系基础，使企业利润最大化。

同步案例

某酒店在这天处理好某位顾客对刺身存放如何更新鲜的建议后进行了记录，并在年终重要客户答谢日，为这位顾客派送了一份日式餐厅七折优惠券，在全国各地该酒店旗下的日式餐厅均可使用，并将客户资料和信息完好保存，仅限于客户联系部门客户关系经理归档保存，做到了让顾客放心。

同步思考

(1) 以小组为单位探讨如何更有效记录客户信息不影响服务质量。
(2) 思考客史档案管理的技巧为什么可以做到稳定忠实客户。

任务评价

(1) 全面细致分析客户类型并能运用餐饮管理系统对客户信息进行梳理。

(2) 运用客史档案满足顾客需求,根据记录数据分析不同类型需求下的潜在需求。

 知识活页

顾客意见调查话术

"亲爱的贵宾,您好。很抱歉,能打扰您一下吗?"

如果可以,接下来做自我介绍:

"您好,我是本店××××部门的主管,很高兴您能来到本店用餐,感谢您的信任和支持,谢谢您的光临!"

"现在我们为了更好地为您提供优质服务,发起这次征集顾客宝贵意见的活动,如果您方便的话,可以占用您一点时间填写一下这个表格吗?"

顾客填完后:

"十分感谢您的帮助,您的大力支持是我们持续改进服务的强大动力。为您提供优雅舒适的就餐环境以及更符合您需求的美食,是我们一贯的追求。再次感谢您的意见和建议,期待您的再次光临!"

餐饮部客户档案如表7-1所示。

表7-1 餐饮部客户档案

宾客姓名		性别		特征	
单位名称				联系电话	
习惯		年龄		生日	
民族风俗				结婚纪念日	
喜好 (食品、酒水)				消费日期	
忌讳 (食品、酒水)				其他	
消费规格					
客户意见					
档案管理人:					

(资料来源:根据相关资料整理。)

教学互动

（1）以小组为单位模拟消费过程，并记录顾客姓名、喜好、注意事项。
（2）以小组为单位根据客户关系管理系统所建模块画出思维导图，并清楚了解餐饮信息系统的基本功能。

任务二　餐饮营销策略

 任务描述

通过学习，学生应能够灵活运用餐饮营销策略，掌握餐饮营销计划的主要内容及制订过程。

只有拥有良好的客史档案记录及技巧，根据不同客户需求精准提供个性化营销服务，才能够更有效地超越顾客期望值，提升经济效益。

一、经典营销策略

（一）餐饮营销策略的运用

餐饮部在进行市场营销时，会遇到许多影响因素，其中一些因素是企业不可控制的，如政治、法律、经济、环境、人口、技术、社会文化、市场竞争等，但还有一些因素是企业自身可以控制的，如产品、价格、渠道、公关、营销人员等。餐饮营销策略就是餐饮部的综合营销方案，即餐饮部对自身可控制的各种营销因素的优化组合和综合运用。

在针对市场营销因素的研究中，美国营销学者麦卡锡提出了"四大因素"的分类方法，即产品（Product）、价格（Price）、渠道（Place）和促销（Promotion）（也被称为4P理论），这是企业可以操控的四个方面，通过合适的组合，可以达到很好的销售效果。

1. 产品策略

餐饮产品与其他产品相比，存在着许多特殊性。主要是因为餐饮产品是一种组合型产品，即有形产品与无形产品的组合。餐饮产品策略就是指餐饮部根据目标市场的需求做出的与产品开发有关的一系列计划与决策。

不同顾客对餐饮产品的需求不同，因此，餐饮部要针对不同的顾客，开发不同的餐饮产品，构成餐饮产品组合。餐饮产品组合是指餐饮部生产经营的各种产品及其品种、规格的组合。餐饮部可以通过增加或缩减餐饮产品组合的长度和深度来调整产品组合，以便餐饮产品更具竞争力。

2. 价格策略

价格策略是指根据购买者各自不同的支付能力和效用情况，结合产品进行定价，从而实现最大利润的定价方法。价格高低是影响顾客购买行为的一个非常活跃的因素，因此，如何运用价格策略制定出合理的产品价格，对餐饮部的营销工作极为重要。

3. 渠道策略

营销渠道也称分销渠道，是指顾客从产生消费动机，进入餐厅，到最终消费餐饮产品的整个过程中所经历的一切活动的总和。酒店餐饮营销渠道主要分为直接销售渠道和间接销售渠道。

直接销售渠道是指餐厅不通过中间商直接向顾客销售产品，即顾客直接向餐厅购买餐饮产品和服务。

间接渠道则可以借助批发商、零售商、代理商等销售机构和个人开展销售活动。直接销售渠道和间接销售渠道的优缺点见表7-2。

表7-2 销售渠道的优缺点

渠道类型	优　点	缺　点
直接销售渠道	（1）产销直接沟通。由于生产者和消费者直接见面，所以便于生产者直接同消费者接触。一方面，生产者可以及时、全面、具体地了解消费者的要求及其需求变化，从而及时调整生产经营决策，更好地满足消费需求。另一方面，生产者可以直接向消费者介绍商品，利于消费者更好地熟悉商品的性能、特点和使用方法； （2）交易快捷廉价。直接渠道由于没有中间环节，商品能很快到达消费者手中，缩短了流通时间，也节省了流通费用，提高了经济效益	（1）生产者增设销售机构、销售设施和销售人员，相应增加了销售费用，同时也分散了生产者的精力，不利于集中精力搞好生产； （2）由于生产者自有的销售机构总是有限的，产品市场覆盖面过窄，易失去部分市场； （3）由于生产者要自备一定的商品库存，这就相应减缓了资金的周转速度，从而减少了生产资金的投入； （4）商品全部集中在生产者手中，一旦市场发生变化，生产者要承担全部损失
间接销售渠道	（1）中间商具有庞大的销售网络，利用这样的网络能使生产商的产品具有最大的市场覆盖面； （2）充分利用中间商的仓储、运输、保管作用，减少资金占用和耗费，并且可以利用中间商的销售经验，进一步扩大产品销售； （3）对生产者来说，减少了花费在销售上的精力、人力、物力、财力	（1）流通环节多，销售费用增多，也增加了流通时间； （2）生产者获得市场信息不及时、不直接； （3）中间商给消费者提供的售前售后服务，往往由于不掌握技术等原因而不能使消费者满意

4. 促销策略

促销是指餐饮部为了达到销售目标和增加销售量，使各种促销工具互相配合，以达到最佳的销售效果，主要有广告、人员推销、营业推广、公关促销四种形式。

1) 广告

广告是餐饮部通过一定的传播媒介,向公众传递有关产品和服务的信息的一种促销方式。它具有信息传播面广、速度快、信息能多次重复、能强化印象、节省人力和费用等特点。广告媒体种类繁多,除传统的广播、电视、报纸、杂志四大媒体外,随着信息社会的发展,互联网逐渐成为重要的广告媒体。另外还有汽车等流动媒体,函件、订单等邮件媒体,路牌、招贴等户外媒体,橱窗、模特等展示媒体。它们各有其特点,在实际中要灵活运用。

2) 人员推销

人员推销是指企业的促销人员直接与顾客或潜在顾客接触、洽谈,以达到促进销售目的的活动。人员推销是最古老的一种促销方式。人员推销可以直接接触目标顾客,不仅有利于向他们介绍餐厅产品,还能迅速得到来自他们的较为准确的信息反馈,直接成交效果显著。但人员推销需要投入大量的人力、物力、财力,对销售人员的业务技能要求也较高。因此,企业应加强推销人员的培训和实践锻炼,使他们掌握推销技巧。

3) 营业推广

营业推广是指为刺激需求而采用的、能够迅速激励购买行为的辅助性促销方式,如赠送样品、附赠礼品、折价酬宾等。同其他促销方式相比,营业推广的针对性强、吸引力强、方式灵活多样、收效迅速。营业推广只能是一种短期的、补充性的促销方式,要与人员推销、广告等方式配合使用。

4) 公关促销

公关促销是指餐饮部为了与公众沟通信息,使公众了解餐厅,树立餐厅良好形象,提高知名度而开展的一系列专题性或日常的活动总和,包括专题公关活动,大型庆典活动或酬宾活动。公关促销有助于顾客了解餐厅,增强餐厅与顾客之间的情感交流。公关促销的方式很多,主要有利用新闻媒介进行宣传、参与社会公益活动、举办专题活动、利用公关广告、建设企业文化等。

要根据促销目标的要求、企业与市场状况等合理运用促销策略,合理选择各种不同的促销手段,有机搭配,形成有效的促销组合。

(二) 餐饮营销计划的制订

餐饮营销计划是在对餐饮营销环境分析的基础上,确定营销目标以及实现目标所采取的策略、措施和步骤的明确规定及详细说明。

1. 餐饮营销计划的类型

1) 按计划周期分类

(1) 短期市场营销计划:通常以一个财务年度为周期,一般包含年度运营计划和适应性计划。短期市场营销计划对餐饮管理人员的影响很大,相对中长期市场营销计划而言,它更加侧重于手段和措施,所以可以将其理解为餐饮日常经营工作的指南。

(2) 中期市场营销计划:一般来说,中期市场营销计划的时间跨度为1—5年,该计划的内容与中层及一线管理人员的日常工作有更多的直接关系。中长期市场营销计划较为稳定,受环境变化的影响较小,是多数餐饮部制订计划的重点。

(3) 长期市场营销计划：该计划的时间跨度通常在 5 年以上，其主要内容包括组织的扩大（缩编）、各级领导人员的增减、产品的改进与发展、各细分市场的攻守策略、餐厅改（扩）建及装修等经营管理的重大工作安排。长期市场营销规划是指导餐饮部制订其他各阶段市场营销计划的纲领性文件。

2）按计划涉及范围分类

(1) 产品营销计划：一般来说，该计划主要对餐饮产品的目标、战略、战术等做出具体规定。

(2) 服务营销计划：主要内容包括服务项目的设置、特色和创新，服务提供部门的协同运作，质量控制系统的建立及运行等。

(3) 客户营销计划：主要内容包括如何开发目标客户、与客户建立长期的稳定的合作关系、培养忠诚客户等。

3）按计划的功能分类

(1) 渠道计划：主要内容涉及如何与销售渠道成员建立友好、共赢的合作关系。

(2) 广告计划：主要内容包括媒体组合、广告投放、广告效果评估等。

(3) 销售促进计划：该计划主要规划餐饮产品销售推广的具体目标、战略战术、措施等内容。

(4) 价格计划：主要内容涉及在不同的环境、时期、目标市场、产品组合等条件下，餐饮所应遵循的价格体系和政策，以及特殊情况下的应对策略等。

(5) 新产品开发计划：主要内容包括规划阶段性新产品开发重点、投放市场时机和投放方式等。

2. 制订餐饮营销计划的步骤

制订餐饮营销计划的步骤如图 7-5 所示。

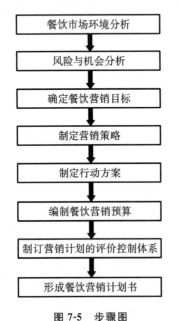

图 7-5 步骤图

1）餐饮市场环境分析

餐饮市场环境分析主要是对餐饮部自身条件和营销环境进行分析，包括对餐饮部目标市场成长情况及规模、顾客需求等市场状况进行的分析；对餐饮部产品的影响力、价格水平、产品收益等产品状况进行的分析；对餐饮产品到达消费者的销售渠道类型和各分销渠道的销售数量等分销状况进行的分析；对竞争对手规模、目标、市场份额、产品质量、价格、营销策略等竞争状况进行的分析；对人口、经济环境、技术环境、政治法律环境和社会文化环境等宏观环境进行的分析。

2）风险与机会分析（SWOT 分析）

风险与机会分析主要研究餐饮部外部的营销机会和风险，分析内部的优势和劣势，预测对餐饮部及其战略有影响的重要的正面或负面的发展动态。

3）确定餐饮营销目标

餐饮营销目标是计划的核心部分。在机会与风险、优势与劣势的分析和市场预测

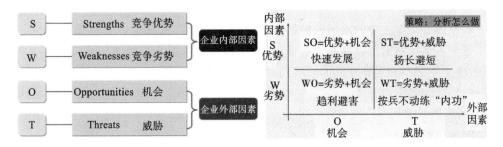

图 7-6　SWOT 分析法

的基础上,按照可行性、定量化、一致性、激励性和灵活性原则,根据自身的实力,制定财务和市场等方面的富有挑战性的目标,一般包括财务目标和市场营销目标。

(1) 制定财务目标。餐饮部既要确定一个稳定的长期投资收益率,也要确定在本年度内所要获取的利润目标。

(2) 制定市场营销目标。餐饮部的财务目标依靠营销活动而完成,因此,餐饮部的财务目标在经营活动中必须转化为市场营销目标。餐饮部的市场营销目标通常通过以下指标体现,如销售量、销售收入、市场占有率、消费者对其经营新产品的了解程度等。

4) 制定营销策略

营销策略是餐饮部用以实现其营销目标的基本方法。餐饮部营销策略的确定主要包括以下内容:①根据市场行情和自身的条件及特点,对餐厅进行市场定位;②餐厅目标市场的确定;③对目标市场进行调研和分析;④针对目标市场的具体情况,确定餐厅的具体营销策略,包括产品策略、渠道策略、定价策略、促销策略。

5) 制定行动方案

确定了营销策略后,还必须制定详细的行动方案,针对应做什么、如何做、何时做、何时完成、谁来做以及谁去检查等环节,做出详细、明确的规定。

6) 编制餐饮营销预算

营销预算实质上是对营销计划中盈亏的说明,主要体现收支两方面,包括销售量、平均价格、生产成本及相关费用、收支的差额(计划的利润)。预算一经高级管理层批准,就成为原料采购、部门生产、人员计划和营销活动的基础和依据。

7) 制订营销计划的评价控制体系

餐饮部营销计划的评价包括在计划执行过程中对每一项措施执行情况的评价和在计划结束后的总体评价。评价工作的标准就是所制定的计划目标。计划目标和指标制定得越详细、越精确,评价工作越容易、越有效。科学合理的评价是对营销计划进行有效控制的基础。在营销评价的基础上,餐饮部能够及时发现问题,及时找出问题发生的原因,从而采取适当的措施加以纠正和改进,以达到对营销计划有效控制的目的。

8) 形成餐饮营销计划书

将营销计划以书面形式呈现。

3. 餐饮营销计划书的内容

餐饮营销计划书包括以下几个部分。

1）内容提要

内容提要是对主要的市场营销目标、策略、手段、建议，提纲挈领地进行概述，能够体现整个营销计划的精神所在。通常，餐饮营销计划须提交上级主管或其他有关人士审核，由于他们不一定有充足的时间阅读全文，因此可以通过阅读内容提要，迅速了解和掌握计划的实质内容。

2）当前营销状况分析

内容包括市场形势、产品情况、竞争形势、分销情况和宏观环境，这个部分应提供制订营销计划的有关背景资料。

3）机会和问题分析

机会和问题分析即通过分析现状，围绕产品找出主要的机会和威胁、优势和劣势及面临的问题。

4）计划期的营销目标

机会与问题明确之后，就需要做出与目标有关的选择，用以制定战略和行动方案。必须注意的是，目标应当现实合理，避免揠苗助长；也不能只是概念化，应尽量以数量表达，转化为便于衡量的指标。

5）营销策略

餐饮部市场营销策略主要由三部分组成。

（1）目标市场策略。阐明餐饮部及其产品准备进入的细分市场。不同的细分市场在顾客偏好、对市场营销行为的反应、盈利潜力及餐饮部能够或愿意满足其需求的程度等方面各有特点，所以餐饮部需要在精心选择的目标市场上，慎重地分配其市场营销资源。

（2）市场定位策略。与部分竞争对手进行怎样的形象区别。

（3）市场营销组合策略。对选定的细分市场，分别制定产品策略、价格策略、渠道策略和促销策略，在针对目标市场进行营销组合时，会有多种不同的方案可供选择。因此，要辨明主次，从中选优。

6）营销策略的实施计划

策略必须具体化，必须形成具体行动。也就是说，在下一步做什么、何时做、花费多少成本以及达到什么要求等方面，要全盘考虑市场营销策略实施过程中涉及的各个因素、每个环节及所有内容。可以把具体的行动用图表形式描述出来，在图表中标明日期、活动费用和责任人，使整个行动方案一目了然，便于执行和控制。

7）费用预算

制定预算必须列项清楚，对各项活动的开支做出明确的估计，坚持尽可能用较少预算取得最佳经济效果的原则，做出最佳预算方案。

8）营销计划的控制措施

这是营销计划的最后一步，主要说明如何对计划的执行过程、进度进行管理。常用的做法是把目标、预算按月或季度分开，便于上级主管及时了解各个阶段的实际销售情况；掌握未能完成任务的岗位、环节，分析原因，并要求限期做出解释和提出改进措施。有些营销计划的控制部分还包括针对意外事件的应急计划。应急计划会扼要地列举可能发生的各种不利情况、发生不利情况的概率和危害程度、应当采取的预防措施和必须准备的善后措施。制订和附加应急计划的目的是事先考虑可能出现的重大危机和可能产生的各种困难,从而做好预防工作。

同步案例

  曾经,长城饭店作为一家经常接待外国元首的豪华饭店,98%的顾客是外国人,这使许多中国人心中产生了"长城饭店是外国人出入的地方,中国人进不去"的误解。为了消除这种误解,公关部想出了一个好主意:举办一次集体婚礼,普通市民都可以报名参加,还可以带上15名亲友。这条消息在《北京日报》以广告形式登出后,没几天名额就满了,并且仍有大量市民前来询问,公关部人员忙得不亦乐乎。
  当95对新婚夫妇和1000多名亲友步入长城饭店大厅时,中央电视台和北京电视台转播了这一盛况,引起了人们的关注。新人们为能在长城饭店举行婚礼而倍感荣幸。从此以后,许多企业、社会团体纷纷在长城饭店举办各种活动,长城饭店在中国人心中的形象变得亲近了。
  (资料来源:根据相关资料整理。)

同步思考

  (1) 如果你是酒店营销部公关经理,在遇到上述案例中的问题时,你认为怎样营销才合理?
  (2) 餐饮营销计划制订包括哪些内容?

任务评价

  餐饮营销策略和营销计划的评价主要是考查学生对餐饮营销策略的掌握程度,以及对餐饮营销计划制订的基本内容和方法的掌握程度,通过评价,发现问题,及时加以纠正,巩固学习内容。教师和各小组根据任务实施情况进行评分,具体分值见表7-3。

表7-3 餐饮营销策略和营销计划评价表

评价内容	评价标准	分值	小组自评(20%)	小组互评(30%)	教师评价(50%)	综合得分
制定市场营销策略	熟练掌握各类营销策略,并能灵活运用	40				

续表

评价内容	评价标准	分值	小组自评(20%)	小组互评(30%)	教师评价(50%)	综合得分
营销计划书	格式规范,结构合理	10				
	主题鲜明,观点正确	10				
	内容充实	10				
	条理清楚	5				
	表达流畅	10				
	有所创新	5				
团队精神	分工合作,团结互助	10				
合计得分						

评分标准(满分为100分):80—100分为优;70—79分为良;60—69分为中;60分以下为差。

知识活页

产品生命周期阶段特征及策略

1. 导入期的营销策略

导入期一般是指新产品试制成功到进入市场试销的阶段。在产品导入期,消费者对产品十分陌生,一方面,企业必须通过各种促销手段将产品引入市场,力争提高产品的市场知名度;另一方面,导入期的生产成本和销售成本相对较高,企业在给新产品定价时不得不考虑这个因素,因此,企业营销的重点主要集中在促销和价格两方面。一般有四种可供选择的市场策略。

(1)高价快速策略。这种策略是采取高价格的同时,配合大量的宣传推销活动,将新产品推入市场。其目的在于先声夺人,抢先占领市场,并希望在竞争对手还没有大量出现之前就能收回成本,获得利润。

(2)选择渗透策略。这种策略的特点是,在采用高价格的同时,只进行很少的促销活动。高价格的目的在于能够及时收回投资,获取利润;低促销的方法可以减少销售成本。

(3)低价快速策略。这种策略是采用低价格的同时付出巨大的促销努力。其特点是可以使产品迅速进入市场,有效地限制竞争对手的出现,使企业获得巨大的市场占有率。该策略的适应性很广泛。

(4)缓慢渗透策略。这种策略的方法是新产品进入市场时所采取的低价格策略,同时不付出大的促销努力。低价格有助于市场快速地接受产品;低促销又能使企业减少费用开支,降低成本,以弥补低价格造成的低利润或者亏损。

2. 成长期的营销策略

成长期是指新产品试销取得成功以后,转入成批生产和扩大市场销售额的阶段。进入成长期以后,有越来越多的消费者开始接受并使用此产品,企业的销售额直线上升,利润增加。在此情况下,竞争对手也会纷至沓来,威胁企业的市场地位。因此,在成长期,企业的营销重点应该放在保持并扩大自己的市场份额,提升销售额方面。另外,企业还必须注意成长速度的变化,一旦发现成长的速度由递增变为递减时,必须适时调整策略。

3. 成熟期的营销策略

成熟期是指产品进入大批量生产,在市场上处于竞争最激烈的阶段。通常这一阶段比前两个阶段持续的时间更长,大多数商品均处在该阶段,因此,管理层也大多在处理成熟产品的问题。在成熟期,有的弱势产品应该即时放弃,以节省费用开发新产品;但是同时也要注意到原来的产品可能还有其发展潜力,有的产品就是由于开发了新用途或者新的功能而重新进入新的生命周期的。因此,企业不应该忽略或者仅仅是消极地防范产品的衰退。一种积极的进攻往往是最佳的防范。

4. 衰退期的营销战略

衰退期是指产品逐渐老化,转入更新换代的时期。当产品进入衰退期时,企业不能简单地一弃了之,也不应该恋恋不舍,一味维持原有的生产和销售规模。企业必须研究产品在市场的真实地位,然后决定是继续经营下去,还是放弃经营。

(资料来源:根据相关资料整理。)

 教学互动

各小组为某餐饮企业制订营销计划并撰写计划书,可参照以下步骤进行。

(1)收集信息,分析餐厅的市场环境并对餐厅进行SWOT分析。

(2)制定餐厅的财务目标和营销目标。

(3)对餐厅进行市场定位,确定餐厅的目标。

(4)制定餐厅的产品策略、价格策略、渠道策略和促销策略。

(5)制定详细的行动方案,估计各项活动的收支,讨论如何对营销计划的实施进行有效控制。

(6)按照计划书的结构和内容撰写一份餐厅营销计划书,并制作PPT,向全班同学汇报任务实施成果。

二、新媒体营销策略

新媒体作为21世纪以来科技发展的产物,改变了以往大众单向传播的方式,将信息的发布权、传播权等拓展至每一位用户,社会消费方式与消费需求随之改变,企业传统的市场营销模式亦受到冲击,传统营销模式已无法满足现代消费者的个性需求,难以形成有效的吸引力和竞争力。网络技术的迅速发展与新媒体传播速度的不断提高正逐步改变着当前的市场营销环境,消费者开始成为企业市场营销中的主导,从企业市场营销传播的接受者转变为市场营销工作的参与者和影响者,成为企业市场营销工作需要沟通和响应的对象。

(一)餐饮新媒体

网络媒体,也叫第四媒体。人们按照传播媒介的不同,将新闻媒体的发展划分为不同的阶段——以纸为媒介的传统报刊、以电波为媒介的广播和基于电视图像传播的电视,它们分别被称为第一媒体、第二媒体和第三媒体。此外,互联网被称为第四媒体,是继报刊、广播、电视之后发展起来的,与传统大众媒体并存的新的媒体。它包含了人类信息传播的两种基本方式,即人际传播和大众传播,突破了大众传统传播的模式框架。

随着餐饮行业新媒体营销模式打破传统的企业运营模式的互联网时代的到来,传统餐饮业与互联网公司之间也产生了微妙变化。对餐饮企业来说,其开始逐步形成全网营销,全渠道新媒体营销模式。

(二)餐饮新媒体营销特点

1. 小面积化

小面积化是很多小吃类餐饮的共同特征。餐饮品牌规模越来越大,分店越来越多,但店铺面积却越来越迷你。其根本原因在于店面缩小,投入门槛相应降低,经营时间成本和人工成本的调整也就愈加灵活,对规避创业风险有极大的作用。

2. 爆款化

高服务、强感知才能被顾客记住,例如,冬天买冰激凌的人少,就可以想尽办法降低成本,提高服务品质,将资金投入新品研发。冬天若卖得不差,那么夏天来临的时候必定迎来爆点。

3. 餐饮零售化

餐厅成为特定流量的终端销售场景,越来越多的餐饮品牌都开始以自身名气为根基打造零售产品。例如,在海底捞,你可以购买袋装火锅底料。

4. 渠道下沉

一线城市造势能,三四线城市造规模与利润。很多本身就很有盈利能力,但规模不算巨大的企业都齐刷刷地选择在一线城市开首店。传播多样化,应有自己的"流量池",在现阶段,抖音等视频直播平台已经成为新的带货传播窗口,很多企业都在奋力尝试,打造自己的私域流量池。

5. 管理数字化

数据成为核心竞争力,数字化不再只是一个标签,也不再只是IT方面的专属话题。

在"互联网+"时代,新媒体巨大的影响力已经从量变到质变,对消费者行为、外部商业环境,以及餐饮企业自身的运作模式产生了革命性的影响。这是一个互动的时代,谁掌握了互动的窍门,提供了互动的平台,谁就有机会成为赢家。新媒体传播的核心就是互动,能和受众粉丝打成一片就成功了一大半。新媒体时代的品牌和过去大不相同,餐饮品牌的打造是能够借助新兴的用户群去共同融合出升级的品牌。

(三)餐饮新媒体营销市场定位分析

1. 差异多样

"鲁、川、粤、苏、闽、浙、湘、徽"八大菜系,代表了我国历史悠久、博大精深的饮食文化。不同地域的餐饮文化形态各异,市场营销的产品和方式各有针对性。而大面积人口流动,加上外来"洋餐饮"的冲击,原来固有的餐饮界线被打破,口感、味道的混搭及风情、格调的融合,使餐饮市场的时令供需、多元特色更是细分到每一位食客甚至每一道菜品上来,市场营销的个性化分析、差别化对待、多样化应对,都成为必修、必选、必答的餐饮课题。

2. 竞争与转型

2018年,国内餐饮收入达到 42716 亿元,同比增长 9.5%,高于同期社会消费品零售总额增长的 9.0%。2019年,受中美贸易摩擦等因素影响,中国经济下行压力犹存,餐饮消费作为基本刚需和循环内需,成为拉动国内消费市场的重要力量,2019年全国餐饮收入达 4.67 万亿元。其中,大众餐饮成为最主要的消费市场。"互联网+"创造的无限机遇,使得众多餐饮企业朝着"大众化""智能化"方向迈进。新媒体形态下的餐饮业营销,从"点餐系统"到"团购拼单"、从"外卖速递"到"口碑评价(好评、差评)",已全面进入以顺应、迎合、示好消费者为"绝对需求主体"的互动时代。

(四)新媒体环境下营销方式

1. 微信营销

微信营销是利用微信进行的一种网络营销方式,用户注册微信后,可与周围同样注册的"朋友"形成一种联系,商家通过与用户互联,了解其所需,并推广自身产品的一种"点对点"营销方式。

微信营销具有高到达率、高曝光率、高接受率、高精准度、高便利性等优势,目前被服务行业广泛利用。截至2018年,微信用户人数突破10亿大关,应用前景广阔。

2. 微博营销

微博,是一个基于用户关系的分享、传播以及获取信息的平台。自2009年8月新浪网推出"新浪微博"后,2020年微博第二季度月活跃用户数达到5.23亿,同比增长3700万用户,其中移动端活跃用户占月活跃用户的94%。日活跃用户达到2.29亿,同比增加1800万。

微博营销是以企业微博作为营销平台,利用更新微型博客向网友传递企业信息、产品信息,树立良好的企业形象和产品形象的一种新型营销方式,具有立体化、便捷化、高速度、广泛性和高效率的特点。

3. 抖音、快手短视频营销

抖商即通过短视频展示自己的作品和产品,可快速打造个人 IP 和进行产品宣传,通过产品橱窗、淘宝店、微信可转化变现,其曝光速度远超其他网络平台。

移动互联网、智能手机使随时随地拍摄、观看视频已成为人们的生活方式之一。短视频直观、生动、可视化的表现形式更具传播表现力和冲击力,各大短视频平台每天亿次级的点击量、播放量能够聚合热点,引发强势关注。网购平台淘宝和近两年风靡一时的短视频平台抖音、快手等均具有流量大、带货能力强的特点。

同步案例

某日早上九点多,54 名海口游客在旅行社的安排下,入住某海景酒店,却发觉房间里有刺鼻的味道,于是拒绝入住。

"有的房间床上有毛发,地上有方便面的痕迹。"游客吴小姐说,他们中有几名六旬老人和四五个孩子,最小的孩子只有 5 岁,受不了。旅行社的导游答应重新找酒店,但两三个小时后还没找到。

晚上十一点多记者赶到酒店时,十几名游客待在酒店门口,拒绝入住。酒店负责人王先生说,酒店刚开业不久,还残留装修的味道,而且酒店靠海边,房间平时封闭,有点味道在所难免。

次日凌晨一点半左右,大家还是进入房间休息了。游客吴先生说:"明天早上赶飞机回海南,不想再折腾了。"随后游客在该酒店的网上公众平台给予了差评,并表示再也不会入住该酒店。

(资料来源:根据相关资料整理。)

同步思考

(1)从职业道德的角度评析上述案例。
(2)从新媒体营销角度分析互联网对旅游业的影响。

任务评价

(1)根据案例中的问题,小组探讨并总结酒店应如何通过营销手段中的危机公关处理避免更大损失。
(2)使用网络新媒体回复投诉时应注意什么?

教学互动

（1）调研周边餐饮行业主要营销策略，分析新型营销和传统营销的优劣。
（2）收集周边餐饮企业公关营销的案例，总结公关营销的重要性。

任务三　餐饮营销技巧

 **任务描述**

本任务主要是让学生在熟悉餐饮营销策略的基础上掌握餐饮营销技巧，并根据餐厅经营需要选择和运用相应的营销技巧。

酒店餐饮营销技巧包括两大部分，即外部营销技巧和内部营销技巧。外部营销技巧是指为了招徕顾客到餐厅用餐而做的一切工作。内部营销技巧是指采取一切措施使现有的顾客最大限度地消费，并不断地光顾，为酒店做宣传。

一、外部营销技巧

（一）餐饮销售人员推销

餐饮销售人员推销是指餐饮销售人员通过面对面与顾客洽谈业务，向顾客提供产品或住处服务，引导顾客光临餐厅，购买餐厅产品和服务的过程。

1. 餐饮销售人员推销的策略

餐饮销售人员推销具有较强的灵活性，需要根据推销对象的特点和餐饮产品及服务的特点巧妙运用推销策略。常用的推销策略有以下三种。

（1）试探性策略。试探性策略又称"刺激—反应"策略，即餐厅推销人员用试探的问话等方式刺激顾客购买。推销人员在不太了解顾客需求的情况下，用事先设计好的能刺激顾客购买的推销语言，对其进行小心谨慎的试探，认真观察其反应，然后根据其反应采取相应的具体推销策略。

（2）针对性策略。针对性策略又称为"配方—成交"策略，即推销人员用事先准备好的有针对性的话题与顾客交谈，说服顾客，达成交易。这种策略适用于推销人员事先已经掌握顾客的基本需求。推销人员在与顾客接触前需要做大量的准备工作，收集相关的有针对性的材料、信息，熟悉产品的性能，设计好推销语言和措施。

（3）诱导性策略。诱导性策略又称"诱发—满足"策略，即顾客在与推销人员交谈之前并没有感到或强烈意识到某种需求，推销人员运用刺激顾客需求的手段或方法激发其潜在的购买需求。这是一种"创造性推销",需要推销人员有很高的推销技巧。采用这种策略时,推销人员要设身处地地为顾客着想,这样才能更加有利于把产品推向顾客。

2. 餐饮销售人员推销的程序

餐饮销售人员推销的程序分为六步(见图7-7)。

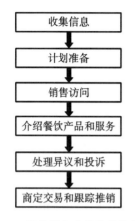

图7-7 餐饮销售人员推销的程序

(1)收集信息。收集信息的主要工作包括明确推销对象,了解推销对象的需求偏好及支付能力等。餐饮销售人员要建立各种资料信息簿,建立宴会客史档案,注意当地市场的各种变化及本市的活动开展情况,寻找销售机会。那些大公司和外商机构的庆祝活动、开幕式、产品获奖、年度会议信息等,都是很有意义的。

(2)计划准备。在了解了相关情况之后,餐饮销售人员应做好推销计划,确定访问的目的、访问的对象、推销方式和辅助工具,如推销用的各种餐饮资料、菜单、照片和图片,以及推销过程中容易出现的一切问题等。

(3)销售访问。访问时,餐饮销售人员一定要守时,注意自己的仪容仪表,自我介绍并直截了当地说明来意,尽量吸引对方。

(4)介绍餐饮产品和服务。餐饮销售人员应着重介绍餐厅餐饮产品和服务特点,针对所掌握的对象需求来介绍,以引起对方的兴趣,突出餐厅给予顾客的利益和额外利益,还要设法让对方多说话,从而了解对方的真实要求,再证明自己的产品和服务最能适应顾客的要求。介绍餐饮产品和服务还要借助各种资料、图片、场地布置图等。

(5)处理异议和投诉。碰到顾客提出异议时,餐饮销售人员要保持自信,设法让顾客说出怀疑的理由,再通过提问的方式让他们在回答中自己否定这些理由。针对顾客提出的投诉和不满,餐饮销售人员首先应表示道歉,然后请求对方给予改进的机会,千万不要因自己的一次争论而得罪顾客。

(6)商定交易和跟踪推销。餐饮销售人员要善于掌握时机,商定交易,签订预订单。要适时使用一些技巧,如代替客户下决心,给予其额外利益和优惠来争取订单等。一旦签订了订单,还要进一步保持联系,采取跟踪措施,逐步达到确认预订的目的。即使不能成交,也应通过分析原因、总结经验,保持继续向对方进行推销的机会,以便日后的合作。

(二)餐厅外观推销

顾客来餐厅消费绝对不会仅仅是消费食物,也包括情调、文化等。餐厅外观能够展示餐厅的市场定位、风格,企业的文化和餐厅的档次。餐厅外观是消费者做出消费决定前首先接触到的因素。餐厅能否吸引住消费者,外观是否有足够吸引力非常关键。如何打造有吸引力的餐厅外观,一般可以从以下几个方面着手。

1. 餐厅外观的色彩

餐厅外观的色彩在吸引人方面具有最直接的作用,当顾客在远处时,最先进入眼球的是餐厅外观的色彩。看到麦当劳的黄色,小朋友远远地就能知道是麦当劳。但并不一定都要颜色鲜艳,关键是要有特色,要与自己的战略定位、人群定位、文化定位进行有机的结合。

2. 餐厅外的广告

一方面,餐厅外的菜样广告图能够让顾客大概知道该餐厅提供的菜肴的样式、特色、档次等信息,即传递餐厅品牌信息和餐饮文化特色,从而让消费者更加信任。另一方面,还有一种情况,即消费者担心餐厅内的菜肴太贵,当请客消费时,如果其进去了再出来就很没有面子。此时如果有菜肴广告图,上面标了价格,让顾客了解价格,这样就相当于餐厅帮顾客解决了难题,这部分顾客自然会受到吸引。据调查,超过10%的顾客会被门店展示出来的菜肴图示吸引住。

3. 特殊的物料

餐厅可以用一些特殊的物料展示其特色。例如,以卖瓦罐汤为特色的餐厅在门口陈列了一个大的汤瓦罐,上面有古代的文字与图案,以此来表明该餐厅所做的汤是真正的民间流传的正宗瓦罐汤,从而吸引顾客。

餐厅外观的设计、物料的风格必须统一,进行反复强化记忆,这样才能达到有效传播的目的。

(三)餐饮广告推销

餐饮广告是通过设置广告物以及通过相关媒体把有关餐饮产品和服务的知识、信息有计划地传递给顾客,在生产者、经营者和消费者之间起沟通作用。餐饮广告推销方法主要包括以下几种。

1. 电视广告

其特点是传播速度快,覆盖面广,表现手段丰富多彩,可声像、文字、色彩、动感并用,是感染力很强的一种广告形式。但电视广告费用高,缺乏选择性,且转瞬即逝,观众看后很容易忘记。

2. 报纸广告

报纸是餐饮广告常用的媒介,因为报纸具有覆盖面广、广告费相对较便宜的优点。这类广告适于做节日、团队等餐饮广告,也可以登载一些优惠券,让读者剪下来凭券享受餐饮优惠服务。但报纸色彩单调,无法传播声音和动作,外观缺乏吸引力,其作用时间短暂。目前这种方式较少。

3. 户外广告

户外广告是指在交通线路、商业中心、机场、车站等设立路边广告牌、标志牌,进行餐饮促销。其特点是信息传播面广,费用较低,持续时间长,可选择宣传地点。常用的户外广告包括:①广告牌,指设在行人较多的马路边上,交通工具经过的道路两旁或主要商业中心、闹市区的标牌;②空中广告,指利用空中飞行物进行的空中广告宣传;③餐厅招牌,指酒店建筑物外部的指示牌。

4. 餐厅内部宣传品

餐厅可以印制一些精美的定期餐饮活动目录单,介绍本周或本月的各种餐饮娱乐活动;也可以印制一些精美的宣传册,上面有餐厅的种类、级别、位置、电话、开餐时间、特色菜点等;或者特制一些让顾客带走以做留念的"迷你菜单"。将这些宣传品放在餐厅的电梯旁、门口,或者前厅服务台等处,以供顾客取阅。

二、内部营销技巧

外部营销是吸引顾客进门的手段,而内部营销则是能够留下顾客的关键。餐厅要有吸引人的外部,同时,也必须具备能留下顾客的内部,否则,失望的顾客下次就很难再光顾了。餐厅的内部营销技巧主要包括营造餐厅的气氛和情境、菜单推销、餐厅员工推销、展示推销、赠品推销等。

(一)营造餐厅的气氛和情境

餐厅的环境要求设法营造适应其经营范围和经营方式的气氛和情境,要求针对不同的装潢、布局、家具、陈列品、照明与色彩而选择不同的环境。一个餐厅应设法制造适应其经营方式的气氛和情境,如法国餐厅、意大利餐厅、日本餐厅等为制造各国情调,会布置各国会客、就餐的家具,陈列各国的民族工艺品,播放各国的名曲。经营风味特色菜的餐厅也要通过环境营造气氛和情调。例如,潮州迎宾馆的客家菜馆的桌椅都是竹制品,透出一股当地的民风。餐厅靠墙陈列着一套当地人用来自制饮料的器具和一些煮饮料用的中草药材。餐厅的一角还巧妙地布置成一个民间的晒谷场,晒着金黄的稻谷,随意地摆放着一些晒谷用具。整个餐厅弥漫着浓浓的乡土气息。

(二)菜单推销

菜单是餐厅提供餐饮产品的目录,也是餐厅食品与饮品项目清单,一般以书面形式表现,列出食品与饮品的名称与价格。一份制作精美且内容翔实的菜单会使顾客赏心悦目、心情舒畅,还能使顾客对餐厅产生好感,并引导顾客消费餐厅高利润的菜品,增加餐厅收入。因此,要十分重视菜单的推销作用。菜单上的推销性信息主要有餐厅的名称、标志及所属酒店介绍、餐厅的主题风格和风味特色,餐厅的地址、电话、网址,餐厅的营业时间。这些信息既是告示性信息,又能起到广告促销的作用。一张设计合理的菜单应使某些重点促销的菜肴得到"特殊处理",以引起顾客的特别注意。从餐厅经营的角度出发,以下几类特殊菜品应得到特殊处理,比如能使餐厅扬名的菜品、特色烹饪菜肴、毛利高的菜肴、特殊套餐、时令菜肴。特殊菜品的推销主要有两大作用,一是对畅销菜、名牌菜进行宣传;二是对高利润但不太畅销的菜进行推销。

(三)餐厅员工推销

餐厅的每一位员工既是服务员也是推销员,在做好服务工作的同时,应适时推销。

1. 根据不同对象、不同顾客适时推销

餐厅服务员可根据顾客就餐方式和需要,帮助顾客点菜,如顾客是请客吃便宴,则可较全面地介绍各类菜肴;如顾客是慕名而来,则应重点介绍风味菜肴;如顾客有用餐标准,则可推荐一些味道可口且价格合适的菜肴。对那些经常来餐厅用餐的常客,应主动介绍当天的特色菜或者套餐,使顾客有一种新鲜感;对带孩子来用餐的顾客,可推荐适合儿童心理和生理特征的菜肴,如颜色艳丽、味道可口的菜肴。

2. 及时向顾客提出合理建议

餐厅服务员应在顾客点菜时及时提示漏点的菜,及时建议顾客按照营养与健康搭配点菜。如在西餐厅,顾客点了主菜而没有要配菜,这时服务员应及时建议几种配菜供顾客选择;在中餐厅顾客只点了荤菜,可以建议增加几种素菜,顾客点了冷菜可建议点酒水等。另外,很多酒店建立了餐厅服务员推销制度,以促进服务员推销,这样做对餐厅提高销售收入和服务质量有一定好处,但也可能会造成服务员过度推销的结果。服务员应从顾客利益出发,当顾客点菜数量过多时,应礼貌提出数量已经足够,避免浪费的建议。

3. 适时推荐高价菜品

在服务过程中,如果看到顾客在点菜时犹豫不定,服务员可适时介绍,推荐高价菜品或高利润菜品。一般来说,高价菜品和饮料毛利较高,同时这些菜品和饮料的确质量好、有特色。因此,服务员的推销技巧在于宣传菜品和饮料的质量与特色。

4. 主动询问

在顾客进餐过程中,服务员应根据顾客用餐情况主动询问,增加推销机会。当顾客的菜已经吃完,但酒水还有许多时,应及时询问是否需要加菜;当顾客在西餐厅用餐时,主菜过后要向顾客递上甜品菜单。主动询问,一方面可使顾客感到受尊重,服务效率高;另一方面也可为餐厅带来更多收益。

5. 不同场合的推销技巧

在顾客宴请时,服务员要注意将酒瓶中最后一杯酒斟在主人杯里,接着顺便问主人是否再来一瓶。在推销饮料等产品时,注意不要以"是"或"否"的问句提问,不要问:"先生,您要饮料吗?"这种询问方式的答复往往是要或不要。如果问:"先生,我们有椰汁、酸奶、可乐,您要哪一种饮料?"这样顾客的反应是选择哪一种饮料,而不是考虑要不要。在为情侣服务时,要抓住恋人通常讲究体面的心理,适当推荐一些高价菜和酒水,往往不易遭到拒绝。

(四)展示推销

在现代餐饮业中,展示推销是一种有效的推销方式。这是一种利用视觉效应,诱发顾客的消费欲望,吸引顾客购买餐饮产品,并刺激顾客增加购买的一种促销形式。展示推销是无形产品有形化思想的具体体现。

1. 原料展示推销

在餐厅中展示其菜品使用的原料,可以使顾客相信所消费的菜品的原料都是新鲜的。陈列原料一般是要向顾客强调"鲜""活"。同时,原料的展示要注意视觉的舒适,一些让消费者反感的原料不仅不会促进销售,还会适得其反。

2. 成品展示推销

餐厅可以将外观精美的成品菜肴展示在陈列柜里,给消费者直接的视觉刺激,使顾客通过视觉直接来选择菜品,这是因为实物的展示往往胜于很多文字的描述。在确定陈列的菜品种类时,应注意选择外形美观、不易变色变形的菜品。例如,将甜点、色拉陈列在玻璃冷柜中,会有较好的推销效果,餐厅陈列一些名酒也会增加酒水的销售机会。

3. 推车服务展示推销

许多餐厅将一些价格不高,放置一段时间质量不易下降的菜肴、点心等置于手推车中,由服务员推车巡回于餐厅向顾客推销。顾客在需要加菜又不愿意等待时,这些菜品就可以满足他们的需求;有时顾客虽然已经点了菜,但看到车上诱人的菜品,仍会产生追加购买的行为。这种推销形式在方便顾客就餐的同时,还可增加餐厅的额外销售。

4. 现场烹调展示推销

在顾客面前表演烹调,会使顾客产生兴趣,激发顾客想品尝的欲望。现场烹调能减少食品烹调后的放置时间,使顾客当场品尝,味道更加鲜美。现场烹调还能利用食品烹调过程中散发出的香味和声音刺激顾客的食欲。一些餐厅还让顾客选择配料,按顾客的意愿进行现场烹调,这样能够满足顾客不同口味的需要。进行现场烹调时,要注意选择食品原料外观新鲜漂亮、烹调时无难闻气味、烹调速度快且做法简单的菜品。例如,展示烧烤类、铁板类等菜品的制作过程,可以促进顾客对餐饮产品的购买。

5. 试尝推销

对于一些需要特别促销的菜肴,如各种名点、名菜,可以采用顾客试尝的方法促销。服务员用餐车将菜品推到顾客的桌边,让顾客先品尝,如果喜欢就现买,如果不合口味则不买,这既是一种良好的服务,又是一种很好的促销手段。

(五)赠品推销

利用赠品进行推销是餐厅可使用的一种重要的推销手段。赠品推销的关键是赠品种类的选择和赠送方式的采用,在赠品选择上应有创造性和新颖性,在赠送方式上尽可能突出参与性和趣味性。

1. 赠品的类型

依据推销目的的不同,餐厅的赠品一般可分为四种类型:①商业性赠品。餐厅为了鼓励一些消费额较大的顾客来消费,常赠送一些商业礼品。②个人赠品。为了鼓励顾客前来就餐,餐厅赠送顾客一些小礼品,特别是节日或者顾客生日的时候向顾客赠送礼品或纪念卡以表示祝贺。③广告性赠品。这种赠品主要起到宣传餐厅,使更多人了解餐厅,提高餐厅知名度的作用。管理人员要选择价格便宜,可大量派送的物品作为赠品,礼品上要印上餐厅的推介性介绍文字,赠送给前来就餐的顾客,如一次性打火机、火柴、购物袋等。④奖励性赠品。为了鼓励顾客更多地消费餐饮产品,餐厅可以选择价值较高的礼品,依据顾客的消费金额、消费次数等向顾客赠送。这样可以刺激顾客在餐厅中多消费菜品和增加就餐的次数。

2. 赠品推销的要点

赠品的选择和赠送时机直接影响赠品推销活动的效果,餐厅在进行赠品推销活动时,需要特别注意赠品和赠送场合的选择及赠送方式的设计。赠品推销应注意以下几点:①赠品应符合不同年龄顾客的心理需要。②赠品必须符合餐厅的形象,能够改善顾客和餐厅的关系。应该选择能够代表餐厅特色的、符合企业形象的赠品来招徕顾客。③赠品要附上卡片,以表示对赠送对象的尊重。尽量不要使用印刷文字,应附上经理亲笔写的贺词或谢词。这样的卡片更能将餐厅的诚意传递到顾客心里。④赠品应采用精美的包装,这样能够提高顾客对赠品价值的认知。⑤赠送的气氛要热烈。在送顾客赠品时,应该结合赠品的特点进行一定的策划和设计,加深顾客的印象,同时也可以感染其他顾客。

三、餐饮营销技巧案例

技巧1:想办法在等位区留住顾客。比如可以在等位区设置微信打印照片、微信游戏赚积分换取礼品以及免费美甲、手机贴膜等服务。

技巧2:吃饭赠彩票。如果单纯打折每桌酒席少则也要让利几十元左右,而赠彩票只是每人两元钱,相比之下,顾客却觉得赠给自己的不只是两元钱,或许是500万元的中奖机会。餐厅可以与附近彩票售卖点合作。

技巧3:放慢收盘能提高翻台率。大多数服务员会在顾客就餐期间收回餐盘,其实这样的做法会影响餐厅的翻台。当顾客看不到盘子时,就无法通过视觉信息来提醒自己已经吃了多少,而桌上满满的餐盘视觉信息则会告诉顾客他已经吃了很多了,不知不觉就会暗示他别再吃下去了。

技巧4:鼓励消费者使用移动支付。鼓励消费者使用信用卡、支付宝或者微信等方式支付,用移动支付代替现金,可以降低消费者因为使用太多现金而带来的痛苦。

技巧5:提高付款时的附加值。收银台上可以放置一些温馨的文案,例如,为爱的人买单,是件幸福的事。让顾客觉得花了这些钱,除了填饱肚子,还是一种爱的表达的方式,顾客付款的"疼痛感"就会降低。

技巧6:播放古典音乐提升消费。根据莱斯特大学的心理学研究,在餐厅里播放古典音乐能鼓动顾客消费更多,因为这会让他们觉得自己更富有。同时,不太精致的流行乐则会导致人们在用餐上的消费减少10%。

技巧7:巧用音乐提高翻台率。当播放舒缓轻松的音乐,顾客会在餐厅待得更久。当播放节奏稍微快的音乐,顾客在餐厅待的时间则会短很多。

技巧8:菜单设计颜色有讲究。颜色方面涉及视觉营销的理论,比如红色、橙色、粉红色等暖色可以促进食欲,而蓝色、紫色等冷色却可以抑制食欲,绿色作为蔬菜或水果的配色会给人以食材很新鲜的感觉,这些都是菜单设计中需要注意的。

技巧9:餐厅可以设置孝心菜。若有人带父母、老人来店就餐,可以设置几款半价菜,或者几元菜。菜品应味道清淡,易于消化,适合老年人。让带老人的顾客尝到实惠,就相当于为顾客再次消费打下了基础。

技巧10:第二份半价。有些甜品店有第二份饮料半价的策略,其实在餐厅经营中,也可以运用。某些高毛利菜品、饮料,也可以设置第二份半价策略。

技巧11:鼓励顾客分享。鼓励顾客分享一定是分享有价值的东西,比如在微信朋友圈分享各种菜品美图会招来一批点评客,围观的力量超级大,可以无形地将餐饮品牌和美誉在社交圈推送出去。对于这种分享,餐厅可以赠送菜品、积累积分等,从而形成良性的循环。

同步案例

泰国曼谷有一家酒吧的老板在门口放了一个巨型的酒桶,外面写着醒目的大字:"不许偷看!"这引发了过往行人的好奇心,非看不可。哪知,不看不知道,一看不得了,原来酒桶里面是香醇的酒。只要人们把头探进酒桶里面,便可闻到一股酒香,桶底酒中隐隐显出"本店美酒与众不同,请享用!"的字样,这使不少大喊"上当"的人因酒的诱惑而进入酒吧痛饮几杯。

(资料来源:根据相关资料整理。)

 同步思考

(1)上述案例运用了哪些营销技巧?
(2)分组讨论餐厅销售技巧评价指标有哪些。

 任务评价

餐厅销售技巧的选择和运用需要根据餐厅经营情况和需要进行,本任务主要是评价学生的销售方案设计情况,了解学生对销售技巧的掌握程度。教师和各小组根据任务实施情况进行评分,具体分值见表7-4。

表7-4 餐厅销售方案评价表

评价内容	评价标准	分值	小组自评(20%)	小组互评(30%)	教师评价(50%)	综合得分
销售方案设计	有明确的餐饮营销主题	10				
	形成外场布置方案	15				
	形成内场布置方案	15				
	确定推销策略并制定具体的活动方案	30				
	有详细的经费预算	10				
	有具体的行动控制方案	10				
团队精神	分工合作,团结互助	10				
合计得分						

评分标准(满分为100分):80—100分为优;70—79分为良;60—69分为中;60分以下为差。

知识活页

餐饮全员营销

餐饮全员营销是指餐厅中的每一个与顾客直接接触的员工都应把自己看成是餐厅的推销员,在同顾客接触中,通过言谈、举止,树立餐厅形象,扩大餐厅知名度,使更多的顾客购买餐厅的菜品和服务。那么,如何开展餐饮全员营销呢?

1. 建立全员营销的意识

首要的就是要在餐厅内部形成一个良好的认识,不要把销售看成是业务人员的事情,而应该将餐厅所有员工都纳入餐厅的销售体系,经常组织各种与销售相关的内部活动或研讨会,真正把整个餐厅融为一个有机整体,鼓励大家多关注餐厅的业务开展进程,了解整个行业的情况和先进的模式,同时结合餐厅实际情况进行探讨,从而为餐厅的销售会诊把脉。

2. 合理规划部门和职责

在餐厅内部的构架划分上,首先应避免业务部和后勤部等明显的划分,并逐渐整合成大部制。将企划、售后服务等与销售联系紧密的部门逐渐编制到一起,统称营销部,统一接受营销总监或销售总经理领导,实现与销售业绩挂钩的考核模式,最大限度地提升相关部门餐厅的积极性。同时,也可以创造性地使用特殊部门配置机制。由于餐厅人员较少,部门建制也不全面,可以实行部门兼职的模式来提升业务相关部门的实际操作能力,也可以变相地提升相关部门人员的工资待遇。这样做不仅可以提升企划部门对市场的把握程度,为以后的市场服务提供更为有效的方案,也可以解决企划部门员工与业务部门员工工资待遇落差较大的心理问题。同时,对于现有市场来说,销量不仅没有下降,反而经过专业化的运作,在无形中得到了增长。

3. 提升餐饮员工的专业程度

做任何工作,专业化都是一个非常重要的因素,餐厅员工需要掌握的专业知识包括以下几个方面:首先是菜品方面,无论是业务部门员工还是其他部门的员工,都必须牢牢掌握。其次是关于行业政策法规、发展动态、行业趋势等信息。这些信息会直接影响菜品的价格等,是餐厅策略调整的依据。同时,对行业重要信息的把握,也可以使员工在与客户或同行交流的过程中提升自己的专业程度。最后就是掌握餐厅菜品所在渠道方面的专业知识。掌握渠道变化趋势,了解先进的渠道操作模式,关注渠道中优势菜品和优势餐厅的市场经营情况,并对照自己餐厅的情况予以改进调整。作为餐厅来讲,应请有丰富经验的渠道专家做培训,同时增加相关营销人员接触市场的机会,这是提升员工自身素质和能力的有利保证。

4. 制定完善的激励机制

要使得餐厅员工真正理解"全员营销"的内涵，并积极主动地参与其中，合适、高效的激励机制必不可少。这种激励是建立在公平、公正的基础之上，保证在制度面前人人平等。在具体的措施选择上，可以设置最佳提案奖来鼓励大家参与餐厅经营计划的讨论。另外，对于实际业务的提成奖励等机制，也应进一步完善。既然是全员参与到营销工作当中来，就要改变原有的单纯按照销量实施奖励的机制。销量的全额奖励部分应根据员工在营销工作当中承担责任的不同，实施阶梯式发放，让参与业务工作的每一个人都清楚自身对业务的贡献值有多大，餐厅给予其奖金就是最好的说明。

（资料来源：根据相关资料整理。）

 教学互动

（1）请你收集两份你所熟悉的餐厅的菜单，比较菜单制作的优缺点。
（2）请你为学校内的食堂或餐饮企业制定推销策略。

项目小结　　本单元的教学内容主要是客史档案建立的数据收集及管理、餐饮营销策略的运用与餐饮营销计划的制订、内外部营销技巧的选择等。客史档案建立的数据收集及管理主要涉及客史信息收集手段、客史信息分类管理、客史档案使用技巧。餐饮营销策略是餐饮部对自身可控制的各种营销因素的优化组合和综合运用，内容包括产品策略、价格策略、渠道策略和促销策略。餐饮营销策略最终应通过餐饮营销计划书的形式表现出来，通过撰写营销计划书将营销策略的实施步骤条理化、文字化。数字化时代新媒体营销也是现代营销策略重要组成部分。为了使顾客满意或招徕更多顾客，并实现餐饮经营目标，餐饮部经常运用一系列营销技巧，包括内部营销技巧和外部营销技巧。外部营销技巧包括餐饮销售人员推销、餐厅外观推销、广告推销等。内部营销技巧包括营造餐厅的气氛和情境、菜单推销、餐厅员工推销、展示推销、赠品推销等。

 关键术语

客史档案管理、餐饮营销策略、餐饮营销计划、外部营销技巧、内部营销技巧知识训练：

一、连线题

餐厅价格折扣策略

购买数量越多，享受折扣越多　　　　　　　同业折扣

现金付款或提前付款享受折扣　　　　　　　季节折扣

餐厅在销售的淡季给予的折扣　　　　　　　数量折扣

给批发商和零售商给予的折扣　　　　　　　现金折扣

价目表上给予顾客减价的折扣　　　　　　　让价折扣

二、选择题

1. 餐饮业营销工作的核心是（　　）。

A. 提高营销业绩　　B. 满足顾客需求　　C. 提高服务质量　　D. 增强营销实力

2. 提升美誉度靠的是（　　）。

A. 产品　　　　　　B. 服务　　　　　　C. 环境　　　　　　D. 以上都包括

3. 促销策略包括以下哪几种形式？（　　）

A. 广告　　　　　　B. 营业推广　　　　C. 公共关系　　　　D. 以上都包括

4. 餐厅推销人员用试探性的问话等方式刺激顾客做出购买行为是（　　）策略。

A. "配方—成交"策略　　　　　　　　　　B. "刺激—反应"策略

C. "诱发—满足"策略　　　　　　　　　　D. "问话—反应"策略

5. 餐饮创新是一项日常性的经营工作，它不仅仅包括菜肴创新，更是（　　）。

A. 就餐氛围的创新　　　　　　　　　　　B. 一个综合性、全方位的创新

C. 服务的创新　　　　　　　　　　　　　D. 产品差异的创新

6. 现在餐饮业销售策略强调的是（　　）。

A. 整体的营销组合　　　　　　　　　　　B. 广告

C. 高品质的享受　　　　　　　　　　　　D. 新客户的开发

7. 在餐饮营销领域内，强调的重点是（　　）。

A. 产品和服务所能给予人们的满足及利益

B. 产品与服务本身

C. 产品本身

D. 服务本身

8. 餐厅营销是指（　　）。

A. 餐厅顾客心里比较满意和高兴

B. 餐厅顾客对产品和服务比较满意和高兴

C. 餐厅经营者为使餐厅产品和服务交换而展开的各项相关活动

D. 餐厅的市场调研和预测，拉拢顾客等活动

9. 下列哪项是餐厅市场营销过程的第一步？（　　）

A. 分析市场机会　　B. 选择目标市场　　C. 制定营销策略　　D. 实施控制计划
10. 当出现无需求时我们应该采取什么样的营销策略？（　　）
A. 刺激性营销　　B. 同步性营销　　C. 开发性营销　　D. 反击性营销

能力训练：
1. 餐饮营销策略有哪些？
2. 新产品的三种定价策略各自有何优缺点？
3. 如何制订餐饮营销计划？
4. 如何提高餐厅内部环境和气氛的推销效果？
5. 怎样进行菜单推销？

◆本课程阅读推荐
1.《大众点评精细化运营》，北京时代华文书局，2021年版。
2.《大创业家：麦当劳之父雷克·洛克自传》，中国经济出版社，2019年版。

项目八
餐饮成本控制与分析

项目描述

餐饮成本控制与分析是酒店餐饮部运行与管理的重要组成部分。酒店根据其规模不同包含中餐厅、西餐厅、咖啡厅、宴会厅、自助餐厅等多种不同功能的餐厅,此外还有房内用膳服务等,不同的餐厅由于顾客类型和需求不同,其服务要求和服务规程也不相同。

项目目标

知识目标
1. 掌握餐饮成本的含义及构成要素。
2. 熟悉餐饮成本的特点。
3. 掌握成本控制体系建立的路径。
4. 掌握餐饮成本分析的内容。

技能目标
1. 能建立餐饮成本控制体系。
2. 能找出餐饮生产中成本控制的关键点。
3. 能说出成本分析的方法。

思政目标
1. 培养学生正确认识成本控制的含义。
2. 培养学生正确看待餐饮成本控制分析工作。
3. 培养学生运用所学知识解决实际问题的意识。

思维导图

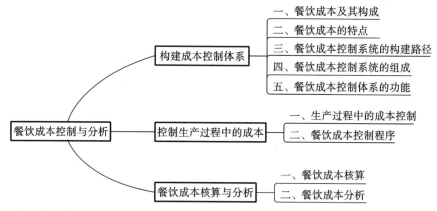

学习重点

1. 掌握餐饮生产中成本控制的关键点。
2. 能根据餐饮部门情况进行成本控制与分析服务。

项目引入

在餐饮采购成本控制的问题上，北京某国际餐饮企业的做法如下：

（1）询价三人行。该餐饮企业每月两次到市场询价。采购员、库房验收员、厨师长三人同行，三人各自发挥特长，共同把关。

（2）灵活进货，减少存货。该餐饮企业规定，鲜活原料每日进货，日进日出；急需的原料，实行"紧急采购"，保证厨房的紧急需要；特殊原料实行单独采购。这样既合理利用库存，又避免浪费。

（3）每天公布"食品成本日报"。各厨房的成本控制，实行厨师长负责制。每天由财务部门公布上一日的"食品成本日报"，让各厨房每天都做到心中有数，在经营上能够做到弹性有度。通过数字比较，各厨房可以发现成绩和问题，分析原因。

（4）加强沟通，分清责任。人际关系理顺了，货源也就顺畅了。采取这个制度以前，该餐饮企业成本居高不下，但通过一个月两次的"沟通会"，成本明显下降，毛利率自然就上去了。

（资料来源：匡家庆、殷红卫《酒店餐饮部运行与管理》，外语教学与研究出版社。）

任务一　构建成本控制体系

任务描述

> 成本控制是提高餐饮经济效益的重要手段,餐饮成本控制的好坏很大程度上决定了餐饮管理财务目标的实现。通过学习,学生应掌握餐饮成本构成的要素,学会建立成本控制体系的方法,为餐饮经营管理打下基础。

一、餐饮成本及其构成

餐饮成本,是指餐饮企业在一定时期内的生产经营过程中,所发生的费用支出的总和,即餐饮营业额减去利润的所有支出,是企业在生产经营过程中耗费的全部物化劳动和活劳动的货币形式。它包括企业的营业成本、营业费用和企业管理费用。

餐饮业的成本结构,可分为直接成本和间接成本两大类。所谓直接成本,是指餐饮成品中具体的材料费,包括食物成本和饮料成本,是餐饮业务中主要的支出。所谓间接成本,是指操作过程中所引发的其他费用,如人事费用和一些固定的开销(又称为经常费用)。人事费用包括员工的薪资、奖金、食宿、培训和福利等;经常费用则是所谓的租金、水电费、设备装潢的折旧、利息、税金、保险和其他杂费。

餐饮成本控制的范围,分为直接成本的控制与间接成本的控制。凡是菜单的设计、原料的采购、制作的过程和服务的方法,每一阶段都与直接成本息息相关,应严加督导。而人事管理以及其他物品的使用与维护,应全面纳入控制的系统,以期达到预定的控制目标。

二、餐饮成本的特点

(一) 变动成本比例大

在餐饮部门的成本费用中,除食品、饮料的成本外,在营业费用中还有物料消耗等一部分变动成本。这些成本和费用随销售数量的增加而成正比例增加。这个特点意味着餐饮价格折扣的幅度不能像客房价格那么大。

(二) 可控制的成本比例大

除营业费用中的折旧、维修费等不可控制的费用外,其他大部分费用以及食品、饮料等原料成本都是餐饮管理人员能控制的费用。这些成本发生额的多少直接与管理人员对成本控制的好坏相关,并且这些成本和费用占营业收入的比例很大。这个特点说明餐饮成本的控制十分重要。

(三) 成本泄漏点多

餐饮成本的大小受经营管理的影响很大。

(1) 菜单计划和菜品的定价影响顾客对菜品的选择,决定菜品的成本率。

(2) 对食品饮料的采购、验收控制不严,或采购的价格过高、数量过多都会造成浪费,数量不足则影响销售。

(3) 采购的原料不能如数入库,采购的原料质量不好都会导致成本提高。

(4) 贮存和发料控制不佳,会引起原料变质或被偷盗,从而造成损失。

(5) 对加工和烹调控制不好会影响食品的质量,还会加大食品饮料的折损和流失量,对加工和烹调的数量计划不好也会造成浪费。

(6) 餐饮服务不仅影响顾客的满意程度,也会影响顾客对高价菜的挑选,从而影响成本率。

(7) 销售控制不严,销售的食品饮料的数量与标准收入不符,会使成本比例增大。

(8) 企业若不加强成本的核算和分析,就会放松对各个环节的成本控制。

对上述任一环节控制不严都会对成本控制工作产生影响。

(四) 对餐饮设备设施的依赖性强

餐饮食材活养需用循环水及温控设备,原料、半成品储存需要冷藏和冷冻设施设备,生产加工需要的各种器械、炉灶等设备,餐厅服务需要音响、空调等设备,这些设施设备及状态直接影响餐饮成本。要对成本进行有效控制,那么对这些设施设备的管理也是必不可少的。

三、餐饮成本控制系统的构建路径

餐饮企业成本控制体系是餐饮经营成本和提高餐饮收入的重要管理机制。无论何种形式的餐饮经营,成本控制体系必须涵盖食品生产服务的各个业务环节。控制的方法包括利用会计信息系统以及其他表格和报表提供的资料,并采用一定的控制手段保证企业餐饮经营应得的利益。管理人员和员工应齐心协力保持控制体系的有效性。

(一) 建立责任中心

责任中心是承担一定经济责任,并享有一定权利的企业内部(责任)单位。它是餐饮企业内部可在一定的范围内控制成本发生、收益实现和资金使用的组织单位。餐饮企业为了实行有效的成本控制,应按照统一领导、分级管理的原则,明确各责任单位应承担的经济责任、应有的权力,促使各责任中心尽其责任,协同配合,以实现企业预算总目标。责任中心通常分为成本责任中心、利润责任中心和投资责任中心。

(二) 确定各责任中心目标,编制责任预算

责任中心目标是有关责任中心在其权责范围内,预定应当完成的生产经营任务和财务指标。它是将企业全面预算所确定的总目标和任务进行分解,为每一责任中心确

定相应的责任目标,为每一责任中心编制相应的责任预算,以便各责任中心了解其在实现企业总体目标的过程中所应完成的具体工作任务。具体做法是,按照责任中心逐层进行指标的纵向和横向分解,并分别指定下级责任中心负责完成。每个子目标可再划分为更小的目标,并指定更下一级的责任中心去完成,从而在企业内部形成一个逐级控制,并层层负责的责任中心体系。最后,依照各责任中心的指标定量化,编制出相应的责任预算。

(三) 建立责任核算系统

责任核算系统是成本控制系统的信息系统。它是一套完整的日常记录,也是计算和考核有关责任预算执行情况的信息系统,主要为餐饮企业进行成本控制提供必要的参考数据和信息。具体做法有以下两种。

1. 单轨制

单轨制指的是简化日常核算,不另设专门的责任会计账户,在传统财务会计的各总账中,为各责任中心分别设立明细账进行登记、核算。如要将原先属于"管理费用""销售费用""财务费用"的费用项目按照"谁受益谁负担"的原则分别划分归属到采购、验收、储存中心,以及生产、服务、销售中心等责任中心的责任成本之中,划分时应保证成本负担的公平合理和相对准确。

2. 双轨制

双轨制指的是责任会计与传统财务会计分开核算,由各责任中心指定专人把各中心日常发生的成本、收入以及各中心相互间的结算和转账业务记入单独设置的责任会计的账户内,然后根据管理需要,定期计算盈亏。

计算机网络技术和会计电算化的应用使得企业能够全面、动态、明细地核算各责任中心的收入和成本,并适时提供责任会计报告,便于总体管理部门及时、正确地考评其经营业绩,以及各责任中心有针对性地采取改进措施,提高经营效率和效果。

(四) 编制责任报告

责任报告又称成本控制报告、业绩报告,是为反映各责任中心责任预算执行情况而编制的书面文件。其目的是将责任中心的实际成本与预算相比较,以判别成本控制业绩。编制责任报告,可以帮助责任中心对预算与实际之间的差异进行分析和比较,从而评价和考核各责任中心的工作成绩和经营效果,并分别揭示它们取得的成绩和存在的问题,以保证经济责任制的贯彻执行。

(五) 责任业绩考核

责任业绩考核是成本控制系统发挥作用的重要因素。它是以责任报告为依据,分析、评价各责任中心责任预算的实际执行情况,从而找出差距,查明原因,借以考核各责任中心成本控制效果,实施奖惩,促使各责任中心积极纠正行为偏差,努力降低成本,完成成本控制预算目标的过程。

(六) 实施奖惩

奖惩制度是维持成本控制系统长期有效运行的重要手段。餐饮企业应规定明确的奖惩办法,让各责任中心明确业绩与奖惩之间的关系,知道什么样的业绩将得到什么样的奖惩。恰当的奖惩制度会引导所有员工主动约束自己的行为,控制成本费用,尽可能以较少的支出获取较大的收益。

四、餐饮成本控制系统的组成

(一) 成本责任中心

1. 成本责任中心的含义

所谓成本责任中心是指对成本或费用承担责任的中心,简称成本中心。餐饮企业内部凡是有成本发生,需要对成本负责,并且能实施成本控制的单位,都要建立成本责任中心。成本责任中心既是餐饮企业主要成本的产生点,又是降低企业经营成本的关键点。成本责任中心的任务是在餐饮企业确定的产品或服务的质量和数量目标下,千方百计实现成本降低。它包括采购、验收、贮存、准备与加工、服务、销售和其他管理部门等成本责任中心。

2. 成本责任中心的类型

成本责任中心有两种类型:标准成本责任中心和费用成本责任中心。标准成本责任中心是指通过技术手段可以较准确地估算出成本发生额的成本中心,其典型代表是厨房、操作间等。在菜肴的生产过程中,每个菜品标准成本卡上都明确规定出原料的用量标准和价格标准。费用成本责任中心是指费用是否发生以及发生数额的多少,是由管理人员决策所决定的成本责任中心,如宣传特色菜肴的广告费用。

3. 成本责任中心的考核指标

成本中心控制和考核的内容是责任成本,责任成本是指特定责任中心全部的可控成本。考核指标主要采用相对指标和比较指标,包括成本(费用)变动额和成本(费用)变动率两个指标。成本指标具有很强的综合性,无论哪一项生产作业或管理作业出了问题都会引起成本失控。

4. 成本责任中心的成本控制报告

它主要反映其责任成本的预算额、实际发生额及其差异额,并按成本或费用的项目分别列出。成本控制报告应以可控成本为重点,对于不可控成本可以不予列出。但为了便于了解成本责任中心的全貌,也可同时列出,作为成本控制报告的参考资料。

(二) 利润责任中心

1. 利润责任中心的含义

一个责任中心,如果能同时控制生产和销售,既对成本负责又对收入负责,但没有责任或没有权力决定该中心资产投资的水平,并且可以根据其利润的多少来评价该中心的业绩,那么该中心称为利润责任中心,简称利润中心,如企业的事业部、分店、分公司。利润责任中心往往处于企业内部的较高层次,一般具有独立的收入来源或能视为同一个有独立收入的部门,一般还具有独立的经营权。利润责任中心对成本的控制是结合收入进行的,它强调相对成本的节约。

2. 利润责任中心的类型

利润责任中心有两种类型:一种是自然的利润责任中心,它直接向企业外部出售产品,在市场上进行购销业务。例如,某餐饮公司采用事业部制,每个事业部均有销售、生产、采购的职能,有很大的独立性,这些事业部就是自然的利润责任中心。另一种是人为的利润责任中心,它是指只对内部责任中心提供产品或服务,而取得"内部销售收入"的利润责任中心。这种利润责任中心一般不直接对外销售产品。人为利润责任中心应具备两个条件:一是该中心可以向其他责任中心提供产品或服务;二是能为该中心的产品确定合理的内部转移价格,以实现公平交易、等价交换。

一般说来,利润责任中心要向顾客销售大部分产品,并且可以自由地选择大多数材料、商品和服务等项目的来源。

3. 利润责任中心的考核指标

利润责任中心的考核指标为利润,通过比较一定期间实际实现的利润与责任预算所确定的利润,可以评价其责任中心的业绩。但由于成本计算方式不同,各利润责任中心的利润指标的表现形式也不相同。①当利润责任中心不计算共同成本或不可控成本时,其考核指标是利润责任中心边际贡献总额。人为利润责任中心适合采用这种方式。利润责任中心边际贡献总额=利润责任中心销售收入总额-利润责任中心可控成本总额(或变动成本总额)。②当利润责任中心计算共同成本或不可控成本时,其考核指标包括利润责任中心边际贡献总额和利润责任中心可控利润总额等。自然利润责任中心适合采用这种方式。利润责任中心边际贡献总额=利润责任中心销售收入总额-利润责任中心变动成本总额。利润责任中心可控利润总额=利润责任中心边际贡献总额-利润责任中心固定成本。企业利润总额=各利润责任中心可控利润总额之和-企业不可分摊的各种管理费用和财务费用等。

4. 利润责任中心的责任报告

利润责任中心的责任报告是对各个利润责任中心执行责任预算情况的系统概括和总结。其主要形式有报表、数据分析和文字说明等。将责任预算、实际执行结果及其差异用报表予以列示是责任报告的基本形式。利润责任中心的利润差异较大时,应在责任报告中进行分析并给予说明。通过利润责任中心的责任报告,可以了解利润完成的主要原因,并据此对利润责任中心的工作业绩进行考评。

(三)投资责任中心

1. 投资责任中心的含义

投资责任中心是指既对成本、收入和利润负责,又对投资效果负责的责任中心,简称投资中心。它是最高层次的责任中心,具有最大的决策权,也承担最大的责任。一般而言,大型餐饮集团所属的子公司、分公司、事业部往往都是投资责任中心。投资责任中心一般是独立法人。

2. 投资责任中心的考核指标

投资责任中心的考核指标主要有投资报酬率和剩余收益。

投资报酬率也称投资利润率,是指投资责任中心所获得的利润与投资额之间的比率,它是全面反映投资责任中心各项经营活动的质量指标,用于综合评价和考核投资责任中心的投资经营成果。该指标也可以称为净资产利润率。

剩余收益是一个绝对数指标,是指投资责任中心获得的利润扣减其最低投资收益后的余额。最低投资收益是投资责任中心的投资额(或资产占用额)按规定或预期的最低报酬率计算的收益。以剩余收益作为投资责任中心经营业绩评价指标时,只要投资责任中心的某项投资利润率大于预期的最低投资报酬率,那么该项投资便是可行的。该指标体现了投入与产出的关系,可以保持各投资责任中心获利目标与企业总的获利目标达成一致。剩余收益和投资报酬率起互补作用,剩余收益弥补了投资报酬率的不足。

3. 投资责任中心的责任报告

投资责任中心的责任报告主要反映责任预算实际执行情况,揭示责任预算与实际执行的差异。在揭示差异时,还必须对重大差异予以定量分析和定性分析。定量分析旨在确定差异的发生程度,定性分析旨在分析差异产生的原因,并根据这些原因提出改进建议。

五、餐饮成本控制体系的功能

餐饮企业成本控制体系有以下六大功能。

1. 收支分析

收支分析包括收入分析和成本分析。收入分析通常是对餐饮企业内各个营业点逐个分析,内容包括销售量、销售组合、某一时间内的人均消费等;成本分析包括食品、饮料成本和人工成本等。通过分析收入和成本,就能看出每个销售单位的毛利、边际贡献和净利,以评估经营效益。

2. 建立和维持标准

任何餐饮企业都要建立自己特定的标准,使员工便于工作并使管理人员进行有效的控制。建立标准以后,管理的问题就是如何维持这些标准。可以通过观察和分析顾客评价,对标准的执行进行检查,必要的时候可对员工进行培训,从而使其掌握标准的内容,并能够根据实际情况对标准的实行进行适当的调整。

3. 定价

餐饮成本控制的一个重要目标是为菜单定价奠定基础。菜单价格和酒水单价格的制定依赖于正确的食品和饮料的成本计算,以及对市场的全盘考虑,如消费者的平均消费能力、竞争者的价格和市场可能接受的价格。

4. 防止浪费

为了达到标准,必须制定本企业的收入成本水平和边际利润目标。为实现这些目标,就要防止由于准备不足、过量生产、没有使用标准菜谱等造成的浪费。

5. 防止欺骗

成本控制还可以防止欺骗顾客和员工偷盗的行为。

6. 管理信息

成本控制体系的一个重要任务就是为管理层提供准备某个阶段报告的最新和充分的信息,以便管理人员对各个销售单位进行全面分析。

同步案例

餐饮业是劳动密集型产业，人力成本一般占到餐厅营业额的30%左右，因此，餐饮行业的成本管理非常重要。肯德基在中国市场的成功，其成本控制起到了不可或缺的作用。肯德基餐厅在餐饮成本控制方面有许多值得借鉴的地方，其员工的成本控制意识、明确的标准成本、及时的成本差异分析和处理，以及有效的人力成本控制制度都给了我们很好的启示。本案例选取杭州留下肯德基餐厅进行调查，分析其成本管理特点。

1. 培养员工的成本意识

目前，百胜餐饮有限公司在浙江已拥有几百家肯德基连锁餐厅。留下肯德基餐厅位于杭州市留下大街，主要服务对象为留下街道附近的居民和多所高校的师生。餐厅自成立以来，始终坚持稳健经营，重视降本增效，是一间经营得较为出色的餐厅。

留下肯德基餐厅的成本控制过程得以顺利进行，与餐厅员工较强的成本意识离不开。餐厅为培养员工的成本控制意识，从员工入职的第一天起，餐厅就会安排一对一的岗前培训。在教育培训过程中，餐厅不断地强调成本控制的重要作用，将成本控制意识渗透每一位员工心中。

2. 设立成本标准

肯德基餐厅对材料有严格的控制标准，员工在培训时就已经进行充分训练，严格按照标准来加工食物。如果有材料浪费、产品不合格、原料过期等原因造成损失也需要填写产品废弃表，记录时间产品数量和作废原因。严格把控成本标准，以便进行成本预算分析。

餐厅营运经理根据每天的记录情况，每星期统计出一份产品废弃周表，并计算出每星期废弃的各种原料和产品的总成本。这样所有条目都一目了然，问题出在哪里都能清清楚楚地反映出来。管理人员还能根据表格快速地查询废弃原因，并找到解决办法，同时可以把成本信息及时地传递给餐厅的每一位员工，告诉他们哪些地方需要注意，应该如何改进，哪些地方值得表扬。

3. 降低人工成本

留下肯德基餐厅共有员工20余人，实行分班制，每天2到3个班次。按每个岗位不同时间段的需求，每班次安排的员工包括不同数量的管理组人员和各岗位服务员。

肯德基餐厅会对新人进行岗位培训并进行考核，其中每个员工都需要能熟练掌握两个及以上的产品加工程序，确保在人手紧张的时候可以及时补位正常运营。留下肯德基餐厅有近68%是兼职员工，只有32%是全职员工。不同员工的工资待遇也不同，餐厅经理、副理和助理拿月薪，其他人都拿时薪，不同级别的员工拿到的时薪或月薪也不相同。

4. 信息化管理

中午和晚上一直都是快餐店的高峰时段，点餐效率十分重要。随着科技发展，肯德基引进了自助点餐机和手机点餐，方便顾客点餐下单和结账。这种模式有效节约了顾客点餐和排队的时间，在很大程度上提高了餐厅员工的工作效率。

排班经理也会根据餐厅每日营业中高峰和清淡时段客源的变化,供餐时间以及季节性的特点,在淡季和旺季安排不同比例的兼职员工。所以肯德基餐厅薪金形式的人力成本只占餐厅营业额的 15% 左右,而一般餐厅的人力成本占到餐厅营业额的 25%—30%。

5. 统一采购配送制

肯德基产品的主要原料(如鸡肉)和调料由总公司确定供应商,一般原料(如面包、饮料)由各区级公司确定供应商,再进行统一配送。订货经理根据需求计划表采取定期补齐式订货,需求计划表中包括所订原料、预估需求量、未到货量、期末存量、订货量、进货量分配等详细数据。这种统一采购、统一配送和统一价格的模式能大大降低成本,有效压缩商品库存,从而提升利润。

(资料来源:根据相关资料整理。)

同步思考

分小组参观考察本地四星级和五星级酒店,与餐饮部、财务部成本控制组进行深入交流,了解各店成本控制体系建立情况,各小组将了解到的情况进行汇总,并进行课堂交流,根据对成本控制体系建立知识的理解,拟定一份餐厅成本控制体系的主要内容。

任务评价

餐饮成本控制体系的建立是一个复杂的过程,学生在掌握成本控制体系基本内容的基础上,还需要掌握一定的计算机管理知识。餐饮成本控制体系建立的评价,主要考查学生对体系建立内容的掌握程度。教师和各小组根据任务实施情况进行评分,具体分值见表 8-1。

表 8-1 餐饮成本控制体系建立评价表

评价内容	评价标准	分值	小组自评(20%)	小组互评(30%)	教师评价(50%)	综合得分
内容	内容完整准确	30				
结构	结构设计合理	20				
说明	表述清晰无误	20				
展示	展示完整清楚	20				
团队精神	分工明确,团队协作	10				
合计得分						

评分标准(满分为 100 分):80—100 分为优;70—79 分为良;60—69 分为中;60 分以下为差。

知识活页

餐饮成本控制

一、餐饮成本控制的意义

餐饮成本控制是餐饮经营管理的重要组成部分,直接关系到餐饮经营的成败,在餐饮管理中具有重要的意义:①是增加利润的重要手段;②能够增强企业的经营能力;③培养造就优秀的管理人才;④保障实现餐饮经营计划;⑤有助于及时分析与解决问题;⑥客观了解与评价工作绩效。

二、建设成本管理系统

成本管理信息系统的建设不是孤立的,企业需要从产品选择、资源配置、制度建立、执行监督等多方面扎实工作,只有这样,才能将餐饮成本信息化管理工作引向深入并最终取得成功。

首先,选择稳定、适用的产品。如以中餐为主要业态的中国餐饮,具有独特的业务流程,行业特点明显。照搬国外或采用国内通用的解决方案是行不通的。专业的软件公司推出的专业化解决方案是长期结合中国餐饮运行实际需求形成的,因此更符合企业的现实需求。目前,国内具有完整解决方案的软件公司并不多,多数小软件公司或软件工作室的产品只停留在前台运行流程层面,对于后台管理乃至连锁化管理还缺乏成熟的产品。餐饮企业在选择产品时,应多调查、多研究。产品选择不当,不仅会造成投资损失,更重要的是一旦实施受阻,会打击企业信息化的信心和决心。

其次,优化人力资源配置和进行岗位调整。新的管理手段需要通过优化人力资源配置和进行岗位调整来适应,这样才能保证执行得好,这个优化的过程就是优胜劣汰的过程和效率提升的过程,最终会节省人力资源。成本管理信息系统的实施需要增加专职的"成本信息管理员",来协调前厅经理、后厨总厨、仓库管理员及财务人员,确保成本系统的正常运行。后厨开发出的新菜,在销售前需要定价,厨师长需要向"成本信息管理员"提交菜品成本卡。只有由信息系统根据当前材料价格计算出该菜品的成本,才能对该菜品进行科学定价。同时,只有在电脑中完成菜品添加和成本卡的输入,所销售的菜品才能执行自动减库操作,如果没有设专职岗位,则职责不明,系统一旦不能做到实时更新,运行结果的准确性便得不到保证。

再次,建立规范化的制度。必须围绕成本信息管理,制定合适的运行流程,并通过制度确定下来。制度执行集中体现在:发生的物资流转应及时反映到电脑系统中,也就是说,购入的材料在入库的同时,需要进入电脑系统;领用出库的材料在领用的同时,也需要体现在信息系统中,从根本上杜绝材料的任意流转,或只记手工账而信息系统无记录的状态。还要严格执行材料定期盘点制度,并及时将盘点数据输入信息系统。成本管理信息系统的有效运行,必须建立在能确保物资流转得到真实记录、物资库存状态得到有效确认的基础上,否则,成本管理信息化将成为空谈。流程制度化是成本管理信息化的先决条件。

最后，成本管理信息化需要建立奖惩机制，更需要监督执行。第一，要全员参与，增强意识。各个工作环节、各个工作岗位上的员工都是成本费用的直接有效控制者，全体员工要从上到下组成一个全员成本管理的群体，营造一个人人为酒店，处处讲效益的氛围。第二，建立全面的责任考核制度。根据餐饮年度的经营考核指标，对部门总监、行政总厨进行责任考核。同时将各项指标分解到区域和班组，把考核与经济利益挂钩，做到有奖有罚。第三，餐饮管理人员要定期（如每月）召开成本分析会，并寻找成本浪费的原因。餐饮成本控制应以目标成本为基础，对日常管理中发生的各项成本进行计量、检查、监督和指导，使其成本开支在满足业务活动需要的前提下，不超过事先规定的标准或预算。

（资料来源：根据相关资料整理。）

教学互动

（1）收集目前国内主要的酒店管理系统的相关资料，了解系统中成本控制模块的应用情况，并进行相应分析，提出完善建议。

（2）邀请酒店管理系统专业设计人员就"餐饮成本控制体系"进行专题讲座。

任务二　控制生产过程中的成本

任务描述

餐饮成本控制能否取得成效，关键在于对生产过程进行管理与控制。通过学习，学生应掌握餐饮生产过程中的原料采购、验收、贮存、生产、销售等环节的成本控制要点，并学会基本的控制方法。

一、生产过程中的成本控制

食品成本是否能得到有效管理和控制，关键在于对食品生产过程中的成本进行控制。食品生产过程是一个相对复杂的过程，它包括原料筹措、厨房生产和销售三大主要环节，每个环节又包括若干步骤，每一步骤都需要精心管理、严格控制，任何环节的差错都可能会导致生产成本的变化。

（一）原料筹措阶段的控制

1. 采购

采购进货是菜品成本控制的第一个环节，要做好采购阶段的成本控制工作，就必须做到以下几点。

（1）制定采购规格标准，即对应采购的原料，从形状、色泽、等级、包装等方面都要加以严格的规定。

（2）采购时，要做到货比三家，以最合理的价格购进优质的原料，同时要尽量就地采购，以减少运输等方面的采购费用。

（3）制定采购审批程序，并严格执行。通过制度管理，控制采购过程中可能造成的成本问题。

2. 验收

验收过程既是对食品原料采购过程中原料数量的控制，也是对原料质量的控制，因为原料质量关系到生产成品的质量，是成本控制的关键。价格的验收控制是成本管理中至关重要的一环，验收控制中需要严格检查原料采购价格是否与所报价格一致。数量、质量、价格是验收管理控制的重点，三者缺一不可，如有任何不符，酒店应拒绝接受全部或部分原料，财务部门也应拒绝付款，并及时通知原料供应单位。

3. 贮存与发放

库存是餐饮生产成本控制的一个重要环节，如库存不当就会引起原料的变质或丢失等，从而造成菜品成本的增高和利润的下降。库存管理应做好以下环节的控制。

（1）原料的贮存保管工作必须由专人负责。

（2）菜品原料一旦购进应迅速根据其类别和性能放到适当的仓库，在适当的温度中贮存。

（3）所有库存的原料都应注明进货日期，以便做好存货的周转工作，防止长时间积压造成损失。

（4）原料发放要遵循"先进先出"原则，避免"先进"原料的长期积压或贮存过期造成浪费。

（二）厨房生产阶段的控制

1. 切配

切配是决定主料、配料成本的重要环节。切配时应根据原料的实际情况，整料整用，大料大用，小料小用，下脚料综合利用，以降低菜品成本。

餐厅一般都实行菜品原料耗用配量定额制度，并根据菜单上菜点的规格、质量要求严格配菜。原料耗用定量一旦确定，就必须编制菜品原料耗用配量定额计算表，并认真执行。严禁出现用量不足、过量或以次充好等情况。主料要称重，不能凭经验随手抓，力求保证菜点的规格与质量。

2. 烹饪

餐饮产品的烹饪，一方面影响菜品质量，另一方面也与成本控制密切相关。烹饪对菜品成本的影响主要有以下两个方面。

（1）调味品的用量。从烹制一款菜品来看，所用的调味品较少，在成本中所占比重较低，但从餐饮产品的总量来看，调味品的耗用量及其成本是相当可观的，特别是油、味精及糖等。所以在烹饪过程中，要严格执行调味品的成本规格，这不仅会使菜品质量相对稳定，也可以使成本精确。

（2）菜品质量及其废品率。在烹饪过程中应提倡一锅一菜，专菜专做，并严格按照规程进行操作，掌握好烹饪时间及温度，确保产品质量。任何因为操作而造成的菜肴质量出现偏差，或者做错菜肴，都会引起客人的不满或者投诉，处理这类问题的唯一办法就是给客人调换，这样一来，无疑会增加菜品成本。因此，要求每位厨师努力提高烹饪技术和创新能力，合理投料，力求不出或少出废品，这样才能有效地控制烹饪过程中的菜品成本。

（三）销售阶段的控制

1. 销售

销售环节的控制一方面是如何有效促进销售，另一方面是确保售出的产品全部有销售收入。这一阶段控制重点是通过销售分析，及时处理销量低和滞销的菜品。因此，首先需要对菜品销售排行榜进行分析。通过分析，不仅能发现客人的有效需求，还能促进餐饮的销售。管理人员应善于利用这一分析结果，对那些利润高、受欢迎程度高的"明星菜肴"，进行大力包装和推销，如开发"总厨推荐菜"；对利润高、受欢迎程度低的菜要查找原因；还要研究销售利润低但受欢迎程度高的菜，设法提高利润；而对利润低且受欢迎程度低的菜则应进行调整和置换，以提高销售效率和利润率。

2. 服务

在服务过程中，服务不当也会引起菜品成本的增加，主要表现在以下几个方面。

（1）服务员在填写点菜单时没有重复核实客人所点菜品，以至于上菜时客人说没有点此菜，从而造成退菜。

（2）服务员在服务过程中偷吃菜品而造成数量不足，引起客人投诉。

（3）服务员在传菜或上菜时打翻菜盘、汤盆，致使厨房必须重新制作菜肴来提供给客人。

（4）传菜差错。如传菜员将1号桌客人所点菜品错上至2号桌，而2号桌客人又没说明，此时，厨房就必须重新为1号桌客人烹制少上的菜肴，而错上给2号桌客人的菜肴又未必能收到应有的收入。

上述种种问题，都可能给餐饮成本控制带来影响。因此，餐厅必须对服务员进行经常性的业务培训，使他们端正服务态度，树立良好的服务意识，提高服务技能，并严格按规程为客人服务，力求不出或少出差错，尽量降低菜品成本。

3. 收款

餐厅不仅要抓好从原料采购到菜品生产、服务过程中的成本控制，更要抓好收款控制，这样才能保证盈利。收款过程中的任何差错、漏洞都会引起菜品成本的上升。因此，餐厅的经营管理人员必须控制好以下几个方面。

（1）防止漏记或少记菜品价格和数量。

（2）在账单上准确填写每个菜品的价格。

（3）结账时核算正确。

（4）防止漏账或逃账。

（5）严防收款员或其他工作人员的贪污、舞弊行为。

4. 审核

每天营业结束后，餐厅账台应根据账单和点菜单等编制"餐厅营业日报表"。营业日报表一式三份,一份自存,一份连同客人签付的账单一起交给总服务台,一份连同全部账单、点菜单、宴会预订单等及当天营业收入的现金一起递交财务部门审核。财务部门应根据"餐厅营业日报表"及有关原始凭证,认真审计以确保餐厅的利益。

除此以外,餐饮部门需配备相应的专业人员在固定岗位进行循环式工作,配合完成本部门在销售阶段的控制(见图8-1)。

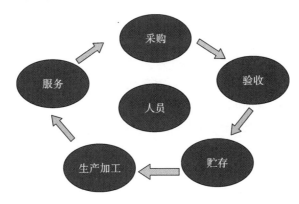

图 8-1　固定岗位的循环式工作

二、餐饮成本控制程序

(一) 建立标准

成本控制是以制定标准成本为起点的。从理论上讲,标准成本有理想标准成本、正常标准成本和预算标准成本。理想标准成本是指在最理想的控制和效率条件下,企业没有任何浪费,不出现废品、停工等情况时所达到的成本水平。正常标准成本是指以过去的统计资料为基础,结合实际情况所达到的平均标准成本。预算标准成本是指以事先估计为基础所制定的标准成本。在餐饮成本控制中,以正常标准成本和预算标准成本为主要依据。标准成本的制定要根据成本控制的各个环节分析成本对象、成本构成,确定各项成本项目的标准成本。标准成本又可分为直接成本和间接成本。

(二) 建立标准程序

标准程序是生产某种产品或从事某项工作应采用的方法、步骤、手续和技巧。管理人员必须为餐饮经营各阶段制定标准程序,如采购程序、验收程序、仓库领发料程序、餐厅收账程序等。

(三) 培训工作人员

培训是管理人员教会员工怎样按标准和标准程序去做。因为如果事先没有让员工知道标准,制定出来的标准就是毫无用处的,而且如果未对员工进行培训就运用这种标准程序,会增加管理人员控制的难度,甚至会导致某些控制无法进行。

(四) 纠正员工行为

管理人员一个非常重要的任务就是不断观察员工的工作,指导他们应该怎样做,并在适当的时候把错误的行为纠正过来。

（五）必要的记录和报表

成本控制工作不能仅仅依赖管理人员的督促，还必须借助于各种记录和报表。通过记录和报表向管理人员提供所需的信息，以便检查是否符合企业的长期和短期目标。一旦发现与目标有差异，就应立刻寻找机会进行改造。

（六）分析成本差额

在餐饮业务管理过程中，各项实际成本每天都发生变化，因此，其成本消耗不可能和标准成本完全一致。这时，管理人员要根据各项成本的实际发生额，同标准成本比较，分析成本差额。通过成本差额分析，管理人员可发现餐饮成本管理的效果，从而对成本控制做出业绩评价。

（七）结合实际业务，提出改进措施

成本差额分析对成本控制业绩做出了评价，但对造成成本差额的原因还要结合实际业务进行具体分析。例如，价格差是市场物价变动造成的，还是采购价格控制不当造成的？数量差是标准成本制定不合理造成的，还是实际消耗数量背离标准成本规定的数量造成的？管理人员只有结合实际，分析具体原因，才能有针对性地提出改进措施，才能不断做好餐饮成本控制工作。

同步案例

近年来，拥有众多大中型餐馆的综合性饮食集团公司——北京华天饮食控股集团有限公司（以下简称华天集团）在总经理的带领下，面向市场、开拓进取、严格管理、顽强拼搏，经济效益连续多年持续稳步增长，原料采购成本得到有效控制。其成功经验主要有以下三点。

1. 降低成本，从源头抓起

随着市场供应的充裕，原料的进货渠道与以往相比有了较大的选择空间。华天集团为使下属各企业在激烈的市场竞争中，掌握市场主动权，决定从源头抓起，在保证货源质量的前提下，减少成本，把菜品价格降下来，服务大众，让利于民。基于此种想法，集团公司推出了进货招标的方案，得到了供应商的积极响应。前来报名竞标的经销商、厂家有100多家。经过筛选，有近50家供货商获准参加竞标。中标的原则是，同等质量下，选择价格最低的；同等价格下，选择质量最好的。通过对质量和价格的认证，28家供货商以质优价廉取得了向华天集团供货的资格证书。目前，这些厂商均已不同程度地和华天集团建立了合作关系，其中包括酒、禽蛋、蔬菜等七大类30多种华天集团日常所需食品原料。

2. 降低成本，需配套管理

虽然华天集团推出了进货竞标的方案，但没有一套规范的监督管理机制也是行不通的。为做好这项工作，在着手原料竞标的同时，集团公司制定了统一进货管理办法，由公司两位副总负责，设立了两个部室专门负责审核进货渠道和原料的质量及价格。在进货过程中，由三个检验监督机构层层把关，另外两个部室定期或不定期对进货渠道、进货质量、进货价格进行抽查，做到1—2个月评估、筛选一次合作过的供应商，对下属企业则定期听取他们的反馈意见和上报的建议性方案，并积极进行市场价格信息查询，做到心中有数，发现问题及时解决。下属企业还成立了管理小组，一是从源头把关，二是将进货中发现的问题及时反馈给集团公司。用其总经理的话说，是把餐饮企业中敏感的进货环节透明化，层层把关，相互监督，相互制约。

3. 降低成本，要确保原料优质

经过资格认定后，集团公司会圈定一批合格的原料供应商，以供集团下属企业根据自身需求选择进货合作伙伴。但并非就此定论，下属企业内部也要严把三关，确保原料优质。第一关，菜品检查。由各下属企业自己的厨师长负责，主要根据企业自身原料需要的质量标准，衡量是否合格。因为各个企业经营的风味差异对部分原料的要求不同，所以各个企业有权决定要不要做出相应的调整。第二关，数量检查。由库房检验员检查原料的数量与重量，核对准确后才能入库。第三关，单据核查。由企业财务部门审核采购单据、核算货款，进行货款交割，从而有效避免采购过程中的以权谋私现象。

（资料来源：根据相关资料整理。）

同步思考

（1）以学习小组为单位，对模拟餐厅的经营过程进行成本控制，并介绍各小组的控制程序与方法。

（2）通过课堂报告方式，交流各小组的学习成果。

（3）各小组制定成本控制程序的步骤参照"餐饮成本控制程序"部分的内容和方法，并结合模拟餐厅的经营实际，重点找出成本控制的薄弱环节，并提出控制的方法。

任务评价

将餐饮生产过程中的成本控制工作与餐饮生产管理流程相结合，有利于学生在学习中掌握各生产环节的成本控制内容。生产过程中的成本控制评价的重点是考查学生对成本流程节点、控制方法的掌握程度。教师和各小组根据任务实施进行评分，具体分值见表8-2。

表 8-2　生产过程中的成本控制评价表

评价内容	评价标准	分值	小组自评(20%)	小组互评(30%)	教师评价(50%)	综合得分
生产流程设计	生产流程设计符合餐饮生产要求	30				
成本管理标准	成本管理标准规范、正确	30				
成本控制方法	成本控制方法得当	20				
课堂展示	表述清晰,课件制作精良	10				
团队精神	分工明确,团结协作	10				
合计得分						

评分标准(满分为 100 分):80—100 分为优;70—79 分为良;60—69 分为中;60 分以下为差。

知识活页

劳动力成本控制

餐饮业是劳动密集型行业,劳动力成本是指支付给员工的薪酬以及非薪酬形式的人工成本,如员工福利、员工服装、员工用餐和培训成本等。随着社会的发展,工资水平不断上升,劳动力成本在餐饮成本中所占的比例呈上升趋势,劳动力成本的控制对餐饮经营收益的影响越来越大。

餐饮劳动力成本控制的主要目的是在确保餐饮服务质量的前提下,提高员工的劳动效率。要达到此目的,餐饮管理人员应充分认识影响劳动力成本的各种因素,科学地制定各岗位的劳动定额指标,准确分析和预测营业量的变化,合理地进行劳动组织和工作安排。

(一)影响餐饮劳动力成本的因素

1. 餐饮生产过程工作量的大小

厨房原料的加工准备和食品烹调所需的时间或工作量的多少是影响人工成本的一大因素。餐饮生产各环节的工作量越大,劳动力成本就越高,反之,工作量越小,劳动力成本也就越低。随着科学技术的发展和社会服务体系的完善以及各类配菜中心的建立,厨房中将会使用越来越多的半成品或成品原料,从而降低人工成本。

2. 菜肴品种数量和销售量

菜肴品种丰富,菜品加工制作复杂,加工产品标准要求高,无疑要加大工作量,应配备较多的生产人员。从劳动力成本角度看,厨房烹饪制作100份相同菜肴所需的劳动力远远低于烹饪制作10种不同的每种各10份的菜肴。菜肴销售量越高,每份菜肴劳动力成本越低,员工的工作效率就越能得到发挥。因此,适当减少或控制菜肴数量,提高菜肴的销售量是控制餐饮劳动力成本的一个重要途径。

3. 服务方式

不同的服务方式所需的劳动力成本不同,如自助餐服务,以客人自己取食品为主,所需劳动力相对较少,而零点或宴会服务则相对来说需要的服务员较多。

4. 机械化程度

餐饮企业使用的机械数量、种类越多,效率越高,越有可能减少员工人数、降低劳动力成本。例如,原料削皮、切片以及餐具洗涤等工作如果使用现代化机器设备,就可以有效地降低人工成本。

5. 餐厅的布局

餐厅、厨房的结构是否紧凑、布局是否合理也是影响餐厅工作人员工作效率的重要因素。如果布局不科学,餐饮服务区与厨房生产区的距离过大,服务员行走路程过长,体力消耗过大,就会增加人员需求。在厨房内,冷藏柜、保温柜和其他主要设备安装位置是否合理,用具是否放置在厨师容易拿到的地方,都直接影响其工作效率。因此,减少厨师行走距离、保持体力、节省时间、保证生产流程顺畅,对提高工作效率、节约用工有着显著的效果。

(二)劳动力成本控制措施

1. 量才使用,才尽其用

在对岗位人员进行选配时,首先要考虑各岗位人员的素质要求,即岗位认知条件。同时,要认真细致地了解员工的特长、爱好,尽可能照顾员工的意愿,使员工在工作中有发挥聪明才智、施展才华的机会,从而能够真正为企业创造最大的效益。另外,还要避免因人设岗,否则会给餐饮经营留下隐患。

2. 不断优化岗位组合

餐厅员工分岗到位后,并非一成不变。在实际操作中,可能会发现一些员工学非所用或用非所长,或暴露出一些班组群体搭配欠佳、团队协作精神缺乏等现象。因此,优化餐厅岗位组合是必需的。餐饮管理人员要同时发挥激励和竞争机制,创造一个良好的工作、竞争环境,使各岗位的员工组合达到最优。

3. 利用分班制

根据餐饮企业每日营业中的高峰和清淡时段客源的变化,供餐时间的不连贯及季节性显著的特点,可采用插班制、多班制等形式,在餐厅不营业或营业清淡时段可不安排或少安排员工,从而节省劳动力。

4. 科学固定员工人数

固定员工人数是指不管业务量大小,企业经营所必需的最低劳动力数量。在餐饮企业中，这类员工有餐厅经理、会计、厨师长、收银员、餐厅核心员工等。这类员工的工资占餐厅人工成本支出的相当大的一部分。餐饮企业应有科学的固定员工的标准，并尽可能将固定员工安排在关键岗位上。

5. 灵活利用非固定员工和临时工

非固定员工和临时工的使用数量与企业的销售量密切相关。餐厅部分服务员和厨房生产人员均属这类员工。餐饮经营者应做好不同时间餐厅客人的统计，尽可能准确地预测每日营业量，根据营业量的预测来配备员工人数。另外，各中、高等院校旅游专业的实习生也是企业比较理想的非固定人力资源，他们在校期间受过专业训练，反应灵敏，上岗快，用工费用又较低。因此，企业应通过调查、试用与对比，有计划地与几所学校建立长期的合作关系，为企业建立人才储备库。

6. 科学进行人事费用消耗控制

人事费用消耗控制以餐饮经营奖金和临时工工资消耗为主。在我国的餐饮企业中，这两部分费用开支都是按月发放的。人事费用控制方法是根据企业的淡旺季不同，分别制订奖金和工资月度计划，由此形成标准奖金额和临时工费用额；然后根据实际用人和当月经济效益，确定人均奖金额和临时工工资，形成实际人事费用开支，并分析费用差额，从而为企业创造最大的利润。

教学互动

（1）以小组为单位，参观、考察本地四星级和五星级酒店，并与餐饮管理人员、厨房生产人员进行深入交流，了解餐饮流程管理中的成本控制情况，分析酒店餐饮成本控制中存在的不足，提出解决问题的建议。

（2）结合学校的实习餐厅或学生食堂实际情况，利用所学知识，尝试进行餐饮生产流程成本控制的实践，巩固所学知识。

任务三　餐饮成本核算与分析

任务描述

成本核算是餐饮成本控制的基础，而成本分析是对企业实际的餐饮经营成果与预定的标准进行比较，从而发现成本控制中存在问题的过程。通过对餐饮成本核算和分析的学习，学生应能够说出餐饮成本核算和成本分析的方法并加以应用。

一、餐饮成本核算

酒店餐饮部生产所使用的各类原料的采购方式、采购数量等都不同,因此,部分原料会一次性适量采购回来,并存放在库房中,逐步使用,这些原料被使用后就变成了经营成本。从酒店经营角度来看,经营成本应该越低越好,但是这个低也有一定的限度,即合理的成本,节省的成本就是经营的利润。

(一) 餐饮原料消耗的计算方法

餐饮产品的成本应是餐饮产品制作过程中活劳动与物化劳动耗费的总和。但由于餐饮产品的种类多,数量零星,生产、销售和服务功能通常融为一体,因此在实务中,很难将所发生的成本费用严格地"对象化",而是将餐饮产品加工制作过程中耗费的人工费、固定资产折旧、企业管理费用等作为期间费用分别计入营业费用或管理费用中。因此,餐饮产品的成本仅指酒店一定时期内耗用的原料、调料和配料的总成本。

餐饮产品具有种类多和数量零星的特点,因此在实际工作中,如果按每一菜品(或主食)核算其单位成本,成本计算的工作将十分繁重。为了减轻成本计算的工作量,餐饮产品的成本通常按全部或大类计算。其总成本的计算与结转可分别采用永续盘存法和实地盘存法。

1. 永续盘存法

此法适用于实行领料制的餐饮企业,如果原料的耗用实行领料制,则所领用的原料月末不一定全部被耗用,还会有一些在制品和未出售的制成品;同样,月初还会有已领未用的原料、在制品及尚未出售的制成品。若不考虑这些因素,则会影响成本的准确计算。因此,应对未耗用的原料、在制品、未出售的制成品进行盘点,并编制月末剩余原料、在制品、未出售的制成品盘存表,其格式见表 8-3,并以此作为退料的依据来计算实际耗用额,再结转成本。其计算公式如下:

耗用原料成本=厨房月初结存额+本月领用额-厨房月末盘存额

表 8-3 月末剩余原料、在制品和未出售的制成品盘存表

编表部门: 金额单位:元

原料名称	单位	单价	剩余数量	在制品及未出售的制成品						合计	
				甲在制品			乙在制品			材料数量	金额
				数量	消耗定额	定额消耗量	数量	消耗定额	定额消耗量		

厨房月初结存额和本月领用额,可以从原料或主营业务成本账户的有关项目中求

得;厨房月末盘存额按盘存表计算。对在制品、制成品,有的要按配料定额和账面价值折合计算。

财会部门用月末剩余原料、在制品和未出售的制成品盘存表代替退料单,不移动厨房实物,做假退料处理。

2. 实地盘存法

此法适用于没有条件实行领料制的餐饮部门。在平时领用原料时,不填写领料单,不进行账务处理,月末将厨房剩余原料、在制品、未出售的制成品的盘点金额加上库存原料的盘存金额,而后计算出耗用的原料成本。其计算公式如下:

本月耗用原料成本 = 原料月初仓库和厨房结存额 + 本月购进总额 − 月末仓库和厨房盘存总额

【例】某大酒店中餐厅原料账户的月初余额为 7600 元,本月购入材料总额为 148000 元,月末根据盘存表计算仓库和厨房结存总额为 8000 元。采用盘存计耗法计算耗用的原料成本。

耗用原料成本 = 7600 + 148000 − 8000 = 147600(元)

根据计算结果,做如下会计分录:

借:主营业务成本　　　　147600
　　贷:原料　　　　　　　147600

采用这种方法,虽手续简便但因平时材料出库无据可查,因此会将一些材料的丢失、浪费、贪污计入主营业务成本,不利于加强企业管理、降低成本和维护消费者利益。相比之下,采用永续盘存法计算产品成本,虽然手续烦琐,却因材料出库有据可查,对耗费材料的成本计算就比较准确,从而有利于加强企业管理、降低产品成本。

(二)餐饮制品成本的计算

餐饮制品的营业成本为直接过程的原料成本,不包括生产过程中的其他一切费用。原料以外的各种费用,一般另列项目,计入销售费用。

原料成本包括餐饮产品的主料、配料、调味品(见图 8-2)和这些原料的合理损耗。在价值构成上,包括原料的买价、运杂费、仓储费用以及相关税金。

主料、配料是构成餐饮产品成本的主体,因此核算产品成本,首先必须从核算主料、配料成本做起。

菜谱主料、配料的标准、投料量,通常都以净料量计算,所以计算产品成本的第一点是计算各种净料的成本。因此,餐饮产品的原料单位成本就是所用主料、配料的净料成本及调味品成本的总和。

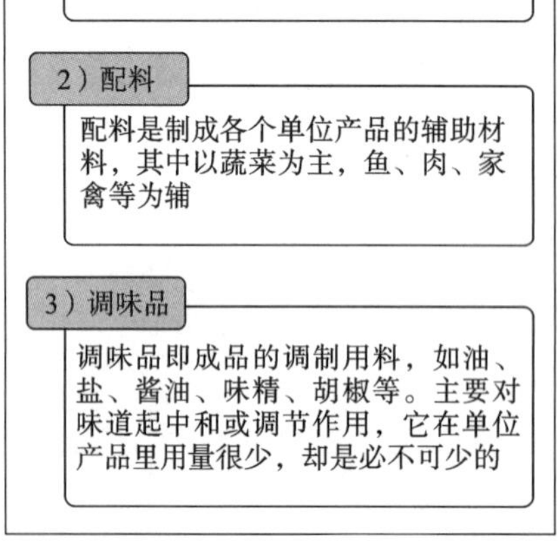

图 8-2　餐饮产品成本三要素

1. 净料成本核算

净料是指加工处理后的原料,净料成本也称为生料成本、半制成品成本。

1) 生料成本核算

生料是指仅经过拣洗、宰杀、拆卸等加工处理,而没有经过任何半制或热处理的各种原料。例如,将活鱼洗净后切成鱼片,蔬菜去皮切丁等。

生料成本核算公式如下:

生料单位成本=(毛料总值－下脚料总值－废料总值)/净料重量

2) 半制成品成本核算

半制成品是经过热处理,但还没有完全加工成制成品的净料。餐饮业大部分原料在烹调前要经过半制,所以半制成品成本核算是主配料核算的重要方面。

无味半制成品成本核算公式如下:

无味半制成品成本=(毛料总值－下脚料总值－废料总值)/无味半制成品重量

调味半制成品成本核算公式如下:

调味半制成品成本=(毛料总值－下脚料总值－废料总值＋调味品总值)/调味半制成品重量

成本的具体计算方法分为一料一档的计算方法和一料多档的计算方法。

(1) 一料一档的计算方法。一料一档是指原料经初始加工后,只有一种半制成品,一料一档的下脚料分为两种:一种是不可作价利用的;另一种则是可作价利用的。

①下脚料不可作价利用的半制成品单位成本等于购进原料总成本除以加工后半制成品总重量。其计算公式如下:

单位半制成品成本=购进原料总成本/加工后半制成品总重量

【例】某大酒店中餐厅购进竹节虾5千克,每千克单价为20元,合计100元,经加工后得到净虾4.45千克,虾须等下脚料不计价,求净虾的单位成本。

净虾单位成本=100/4.45≈22.47(元/千克)

②若有可作价利用的下脚料,则其半成品的单位成本计算公式如下:

单位半制成品成本=(购进原料总成本－下脚料金额)/加工后半制成品重量

【例】某中餐厅厨房购进冻牛肉80千克,每千克购进价为18元,总计1440元,经加工后得到净牛肉49千克,牛筋25.50千克,损耗5.50千克。牛筋作价为每千克2.80元,计71.40元。求净牛肉的单位成本。

净牛肉单位成本=(1440－714)/49≈27.93(元/千克)

(2) 一料多档的计算方法。原料经初加工后,产生几种半成品,即称为一料多档,需分别计算各半成品的价格。各半成品价格的总和应等于加工前原料购进的总价。其中质量好的成本较高,质量较差的成本略低。其计算公式如下:

未定价半成品单位成本=(原料购进总值－其他半成品价值之和)/该项半成品重量

【例】火腿一只重5千克,每千克30元,经处理得:脚爪和脚圈0.8千克,每千克8元;下方1.4千克,每千克16元;中方1.6千克,每千克52元,求上方的单位成本。

上方单位成本=(5×30－0.8×8－1.4×16－1.6×52)/(5－0.8－1.4－1.6)≈

31.67(元/千克)

2. 调味品成本核算

调味品是餐饮制品不可缺少的部分,它的成本是产品成本的一部分。虽然在单个产品中,调味品用量极少,调味品成本所占的比重不高,其管理和核算容易被忽视;但是,从整体情况来看,对调味品进行正确核算也是降低成本的重要途径。

1) 按调味品的分类核算

调味品分为单一调味品和复合调味品,前者是只有一种味道的调味品,后者是把某些单一调味品按比例调配,加工合成具有多种味道的调味品。复合调味品单位成本的计算公式如下:

复合调味品单位成本=(调味品1成本+调味品2成本+…)/复合调味品总重量

2) 按调味品的生产方式核算

餐饮产品的生产方式有两种类型,即单件生产和成批生产。餐饮产品里的调味品依其生产方式的不同而不同。

(1) 如果为单件生产,单件制作产品的调味品成本核算先要把各种惯用的调味品的用量估计出来,然后根据其进价,分别计算出各调味品的成本,并逐一相加。其计算公式如下:

单件调味成本=调味品1用量×单价+调味品2用量×单价+…

(2) 如果为成批生产,某些菜肴的调味品可以先配制一批,以节约时间,提高劳动效率。其计算公式如下:

单个菜肴应分摊的调味品成本=成批生产的调味品成本/制成菜肴数

3. 菜肴制成品成本核算

在分清了菜肴主料、配料及调味品成本核算之后,菜肴制品的成本就是制作这道菜肴所需的主料、配料和调味品的成本之和。其计算公式如下:

单位产品原料成本=主料成本+配料成本+调味品成本

4. 菜肴生产人工成本核算

这里计算出来的单位产品成本,是一道菜肴的用料成本,并未包括人工费用。因此,在核算菜肴制成品成本时,还需将与制成这道菜肴有直接关系的人工成本计入其中。因为厨房内员工分工不同,即使同一厨师也要制作不同种类和价格的菜肴。因此,人工成本只能采用估计的方法。具体估计方法如下:

(1) 将制作菜肴相关人员的工资薪酬支出除以一定时期制作菜肴的总数,计算平均每盘菜肴应分摊的人工成本。其计算公式如下:

单位菜肴应分摊的人工成本=相关人员工资薪酬/菜肴总数

(2) 将制作菜肴相关人员工资支出按菜肴用量成本多少估计。菜肴成本高,花费时间也多,因此,应更多地分摊人工成本。其计算公式如下:

单位菜肴应分摊的人工成本=相关人员工资×(某菜肴用料成本/各种菜肴用料成本)/该种菜肴的份数

(3) 将与制作菜肴相关人员的工资支出,按菜肴制作时间的多少进行估计。菜肴制作的时间越长,支出就越多,因此应分摊更多的人工成本。其计算公式如下:

单位菜肴应分摊的人工成本=相关人员工资×(某菜肴平均制作时间/各菜肴平均

制作时间之和)/该种菜肴的份数

餐饮企业在进行人工成本核算时,可以选择其中一种分摊人工费用的估计方法。在计算完人工成本之后,就可以进行单个菜肴制品的成本核算。其计算公式如下:

$$单位产品成本＝单位产品用料成本＋单位产品人工成本$$

【例】某菜肴主料成本为 5 元,辅料成本为 0.5 元,调料成本为 2.6 元,按菜肴制作时间分摊菜肴人工成本计算为 0.4 元,求这道菜的单位成本。

$$菜肴的单位成本＝5＋0.5＋2.6＋0.4＝8.5(元)$$

5. 筵席成本核算

筵席是由冷盘、热菜、大菜、汤、点心等各种菜点,按一定规格组成。计算成本时,只需将组成筵席的各种菜肴成本相加,其总值即为该筵席的成本。

在计算筵席成本时,还有另一种做法。筵席往往是由顾客预订的,如顾客预订一桌 1500 元的筵席,餐饮企业即可根据筵席的标准和成本率,先核算出筵席的成本总值,再依各种组合菜点所占筵席或成本总值的比重,核算出各种菜点的成本。具体可以按以下步骤进行策划:

(1) 顾客需订多少元的菜肴? 假设为 1500 元。

(2) 餐饮部门的销售毛利率一般是多少? 假设为 40%,则这桌菜肴的成本为 1500×(1－40%)＝900(元)。

(3) 将提供多少菜肴? 菜肴所占筵席成本的比重为多少? 如果有 15 道菜,其中 5 道菜平均成本为 10 元,5 道菜平均成本为 40 元。另 5 道菜平均成本为 90 元,则总成本为 10×5＋40×5＋90×5＝700(元)。

(4) 当成本低于 900 元时,900－700＝200(元);说明企业还有 200 元的活动空间,可以考虑为顾客加大菜量,或赠送一些酒水、果盘或其他礼品。

如果计算的成本高于 900 元,则要考虑在哪些方面可以有效地降低成本,或将销售毛利率降低,让利给顾客。

(三) 餐饮制品售价的制定

1. 销售毛利率法

销售毛利率法是以售价为基数,先确定各种餐饮制品的毛利率(毛利额占售价的百分比),再用倒扣方式确定餐饮制品的售价。其计算公式如下:

$$售价＝原料成本/(1－销售毛利率)$$

【例】酒店中餐厅规定青瓜肉片每盘配料价为 6.50 元,规定毛利率为 45%,求每盘青瓜肉片售价。

$$每盘青瓜肉片售价＝6.5/(1－45\%)≈11.8(元)$$

2. 成本毛利率法

成本毛利率法亦称外加毛利率法。它是一种以餐饮制品的成本价格为基数,按确定的成本毛利额加成本计算出销售价格的方法。其计算公式如下:

$$成本毛利率＝毛利额/成本价×100\%$$
$$售价＝原料成本×(1＋成本毛利率)$$

【例】酒店中餐厅出售的清炒虾仁成本为 16 元,如核定其外加毛利率是 50%,求其售价。

$$每盘清炒虾仁售价 = 16 \times (1 + 50\%) = 24(元)$$

3. 销售毛利率与成本毛利率的换算

采用销售毛利率法计算餐饮制品的售价,有利于核算管理,但计算较为麻烦;采用成本毛利率法计算饮食制品的售价,其核算较为简便,但不能满足管理上的需要。为了既满足管理上的需要,又简化计算手续,可采用换算的方法将销售毛利率换算为成本毛利率,其计算公式如下:

$$成本毛利率 = 销售毛利率 / (1 - 销售毛利率)$$

(四) 餐饮费用的计算

餐饮费用按照经营关系和表现划分,主要包括销售费用和管理费用,待摊费用和预提费用。

1. 销售费用和管理费用

(1) 销售费用:水费、电费、用品的运输费、保管过程中的损耗、员工的工资等。

(2) 管理费用:购买办公用品支出、租赁房屋的支出、员工的制服费、制作广告招牌费、自有房屋的折旧等。

对待费用支出,如同对待经营成本一样,能省则省,省下的就是赚到的利润。

2. 待摊费用和预提费用

有些费用,在支付现金时,是不应计入当期内,而应在以后一段时期分摊的费用;而有些费用虽已经发生了,但暂时不用支付现金。前者如租房费,后者如广告费等。

另外还有一项费用就是折旧。酒店内大型中央空调机、冷冻食品柜,都应计提折旧。正确计提折旧,资产的磨损能得到弥补,不计提折旧,磨损部分没有从利润中扣除,企业就要多交所得税。因此,凡是符合固定资产标准的都应计提折旧。

将计算出的房屋折旧、冷冻机折旧以费用形式记录下来,同时记录固定资产折旧的增加,这部分工作便已完成。

(五) 职工薪酬及其核算

在所有费用开支中,职工薪酬占了很大一部分,其中工资又是费用开支中很独特的一类,工资既是一个常数,又是一个变数;工资既是单纯的支出,又是能带来收益的支出,因此,工资的支出要注意它的特点,既要降低工资的开支,又要注意工资支出所能带来的效益。企业员工工资支出通过"应付职工薪酬"账户进行核算。

二、餐饮成本分析

餐饮成本分析是指按照一定的原则,采用一定的方法,利用成本计划、成本核算和其他有关资料,分析成本目标的执行情况,查明成本偏差的原因,寻求成本控制的有效途径,达到最大的经济效益。

(一) 餐饮成本分析的内容

餐饮成本分析包含的内容很广,一切餐饮经营管理活动都存在成本控制问题,既然存在成本控制问题,自然就要进行成本分析。因此,餐饮成本分析涵盖餐饮经营管理活

动的各个方面,是对餐饮经营管理活动全面的成本分析。具体来说,餐饮成本分析主要有如下内容:

(1) 餐饮原料采购成本分析。
(2) 餐饮原料验收成本分析。
(3) 餐饮原料存储成本分析。
(4) 餐饮食品生产加工成本分析。
(5) 餐饮市场营销成本分析。
(6) 饮料成本分析。
(7) 资产使用成本分析,重点是固定资产、低值易耗品和物料用品的成本分析。
(8) 资金运营成本分析。
(9) 用工成本分析。
(10) 综合成本分析。

(二) 餐饮成本分析的目的

成本分析的根本目的是发现成本发生过程中的各种漏洞,因此,进行成本分析时,要解决如下问题:

第一,成本差异。通过比较标准成本与实际成本、本期成本与历史成本的差距,来判定成本发生额的性质。

第二,揭示造成成本差异的环节和责任所在。

第三,分析造成成本差异的原因,以便对症下药,对成本加以控制。

(三) 餐饮成本分析的方法

在餐饮成本分析中,所用的基本方法是比较法。用于比较的是标准食品饮料成本率与实际食品饮料成本率,具体操作方法主要有以下两种。

1. 定期比较法

定期比较法就是指定期对实际的和计算期内确定的标准的食品饮料成本率进行比较分析。

实际的食品饮料成本率可以从成本的月报表、日报表中获得。

标准食品饮料成本率的确定,首先应使用各种确定标准成本的工具:标准菜谱、每道菜肴标准分量及每道菜肴标准成本。其次,选定的时间要足够长,时间越长,比较就越有意义。由于各种菜肴的食品成本率不同,标准食品成本率实际上是所有菜肴食品成本率的加权平均。如果实际食品成本率接近标准食品成本率,说明企业的成本控制工作很有成效。一般说来,经营人员可允许实际食品成本率与标准食品成本率之间有1%的差异。

2. 逐日比较法

采用逐日比较法的企业,需每天计算标准食品成本率和实际食品成本率,与定期比较法相比,逐日比较法需花费较多时间和精力,但它能为管理人员迅速提供有关信息。

将预测的标准食品成本率与实际的食品成本率进行比较,两者必然会存在一些差异。产生差异的原因有:预测的总销售量通常不可能与实际总销售量完全相同,某些菜肴的销售量低于预测数量等。如果某些菜肴的实际销售量高于预测数，管理人员也应分析厨房职工是否严格地执行生产计划。虽然销售量增加可使企业增加销售额，但是，如果厨房职工未按规定的生产目标进行生产，则表明某一控制程序没有起到应有的作用。如果总份数是正确的，每道菜的分量却不足，也可能增加实际售出的份数，但这会引起顾客的不满，甚至会失去部分顾客。因此，管理人员应对差异进行分析，尽量使预测接近实际，充分发挥销售预测在制定经营目标、指导生产计划工作方面的作用。

除上述两种主要分析方法外，还可以采用的分析方法有直观分析法、流程分析法、表格分析法、抽样分析法、自动化成本分析法、盘存分析法等。

同步案例

1. 餐饮成本概述

某酒店2021年4月餐饮部成本生产情况以指标图形式进行分析，如图8-3所示。

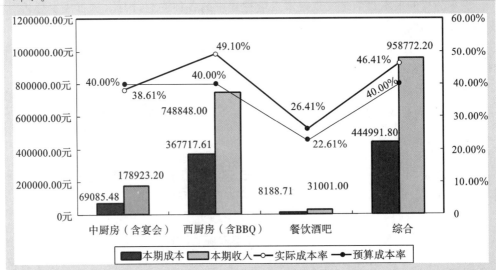

图8-3　2021年4月餐饮部成本生产指标图

餐饮成本： 本月酒店发生餐饮营业成本合计444991.80元，当月收入合计958772.20元，综合成本率约为46.41%。

中厨房（含宴会）： 本月中厨房（含宴会）食品成本合计69085.48元，收入合计178923.20元，成本率约为38.61%。

西厨房（含BBQ）： 本月西厨房（含BBQ）发生食品成本合计367717.61元，收入合计748848.00元，成本率约为49.10%。

餐饮酒吧： 本月餐饮酒吧综合饮品成本8188.71元，收入合计31001.00元，综合成本率约为26.41%。

2. 餐厅食品成本分析

(1) 中厨房(含宴会)食品成本分析(见表8-4)。

本月食品成本率38.61%,对比上月食品成本率下降13.79个百分点,对比协议最高成本指标降低1.39个百分点。中厨房(含宴会)客人消费人次为2895,对比上月(3125人次)下降7.36个百分点;食品平均消费水平(61.80元/人次)对比上月下降26.71个百分点。本月成本差异分析:①本月业主在中餐厅宴请成本金额为1.31万元,影响成本率7.30个百分点;②重大影响成本率项目——中厨房本月每日厨房采购合计金额9.80万元,占当月发生成本总额的141%,影响成本率为54.8%;③本月累计动态成本率为48.32%,中厨房本月期末盘存仍显示存货金额偏高,主要体现为贵重干货"燕鲍翅类"合计库存金额10.62万元;④宴会厅本期无食品收入。

表8-4 中厨房每日厨房采购类别对比

项目	3月份直拨成本/元	占收入比	4月份直拨成本/元	占收入比	差异率
蔬菜类	21888.85	8.31%	19694.93	11.01%	2.70%
水果类	867.10	0.33%	603.60	0.34%	0.01%
肉类	28905.90	10.97%	18553.45	10.37%	−0.60%
禽类	15313.80	5.81%	11263.55	6.30%	0.48%
海鲜类	47724.06	18.11%	31289.72	17.49%	−0.62%
烟肉火腿类	—	—	96.00	0.05%	0.05%
蛋类	2195.00	0.83%	1630.00	0.91%	0.08%
罐头果蔬食品类	410.00	0.16%	329.00	0.18%	0.02%
粮食米面类	3409.00	1.29%	4376.00	2.45%	1.16%
调料类	1360.00	0.52%	1102.00	0.62%	0.10%
干果干货类	2945.00	1.12%	1227.00	0.69%	−0.43%
糖类	150.00	0.06%	—	—	−0.06%
黄油奶油类	—	—	340.00	0.19%	0.19%
贵重干货	—	—	900.00	0.50%	0.50%
冻品类	1397.00	0.53%	5947.50	3.32%	2.79%
饮料	42.00	0.02%	702.00	0.39%	0.37%
合计	126607.71	48.04%	98054.75	54.80%	6.76%

(2) 西厨房(含BBQ)食品成本分析(见表8-5)。

本月食品成本率49.10%,对比上月上升6.21个百分点,对比协议最高成本指标高9.10个百分点。西厨房的主要收入来源于酒店住店客人房含早餐(西式自助早餐)53.53万元和BBQ 15.59万元的收入,房含早餐的收入合计占西厨房食品净收入的比重为71.49%（上月67.00%），西餐散点销售（本月5.75万元）对比上月（6.16万元）有下降趋势。本月成本差异分析：①全月累计动态成本率52.35%（上月为43.9%），西厨房全月累计领购成本32.46万元，影响成本率为43.34%；②本月果篮赠送制作总计57个，发生扣减成本为617.4元；③本月业主通过西厨房与BBQ产生的宴请成本合计为1054.4元，影响成本率0.14个百分点。

表8-5　西厨房每日厨房采购类别对比

项目	3月份直拨成本/元	占收入比	4月份直拨成本/元	占收入比	差异率
蔬菜类	29563.24	4.14%	30979.96	4.14%	0
水果类	58270.50	8.17%	54937.00	7.34%	−0.83%
肉类	4799.30	0.67%	8337.36	1.11%	0.44%
禽类	2923.60	0.41%	3118.95	0.42%	0.01%
海鲜类	44475.70	6.23%	35430.22	4.73%	−1.50%
烟肉火腿类	26022.00	3.65%	33540.00	4.48%	0.83%
蛋类	11310.00	1.59%	14300.00	1.91%	0.32%
罐头果蔬食品类	844.80	0.12%	1476.00	0.20%	0.08%
粮食米面类	11235.00	1.57%	11049.50	1.48%	−0.09%
调料类	4041.50	0.57%	3958.00	0.53%	−0.04%
香料色素	411.00	0.06%	—	—	−0.06%
果茸果浆类	1952.00	0.27%	2788.00	0.37%	0.10%
干果干货类	5164.00	0.72%	5615.50	0.75%	0.03%
浆奶巧克力类	315.00	0.04%	504.00	0.07%	0.02%
糖类	—	—	45.00	0.01%	0.01%
冰激凌类	225.00	0.03%	—	—	−0.03%
黄油奶油类	6446.00	0.90%	11455.00	1.53%	0.63%
芝士类	1920.00	0.27%	—	—	−0.27%
冻品类	34514.50	4.84%	43671.90	5.83%	0.99%
饮料	28542.00	4.00%	31360.00	4.19%	0.19%
合计	272975.14	38.26%	292566.39	39.07%	0.81%

综合上月及本月食品生产成本实际情况分析，中西厨房在每日厨房采购与存货成本上有压缩的弹性。

建议：合理控制进货与存货量，避免占用酒店流动资金；提高厨房粗加工的出成率及废脚料用作临时菜出品；西餐早餐机动合理调配出品。

附注：由中厨房调至西厨房及BBQ的成本已划分清楚，本月合计调拨金额为3.89万元（上月为1.46万元）。

3. 餐饮饮品成本分析

酒吧酒水成本和销售综合说明：本月酒吧综合成本率26.41%，对比预算上升3.8个百分点；本月业主在大堂吧发生宴请消费金额17元；餐饮吧台本月财务例行盘点未见明显的盈亏现象。

（1）中餐吧本月销售1瓶水井坊、3瓶剑南春等。

（2）西餐吧与主题吧本月销售主要为酒店鸡尾酒、啤酒与榨汁等。

（3）BBQ酒水销售特色为自助烧烤包价套餐。

（4）大堂吧酒水销售主要由大堂休闲客人散饮类消费兴趣促成。

4. 其他成本营业部门

迷你吧：本月迷你吧收入为6516元，成本率为29.43%（上月成本率为29.35%），免单和报损合计214.07元，综合成本率为32.72%。

客房一次性用品：本月客房一次性用品成本合计为7.61万元，平均单位成本为11.93元/间夜，对比上月平均单位成本10.58元/间夜，上升了1.35元/间夜，环比增长约12.76%。

洗衣房：本月洗衣房产生住店客衣及外来布草洗涤成本539.67元，本期洗衣房收入5843.5元，成本率约9.24%（上月成本率为11.9%）。

池畔吧泳装：本月池畔吧发生游泳物品营业成本1645.94元，收入4350元，成本率约37.84%（上月成本率为59.02%）。

5. 员工膳食

员工餐厅：本月普通员工总餐费为13.97万元，对比预算14.21万元（按14元/（人·天）核算）降低了2444.47元；本月员工餐厅就餐人次合计为3.04万（就餐人次由人力资源部提供）。

6. 物品报损

（1）营业部门损耗率。

（2）库存积压滞销物品分析。

（资料来源：根据相关资料整理。）

同步思考

（1）以小组为单位，实地考察本地四星级、五星级酒店餐饮部，并与成本核算员交流，了解企业餐饮成本核算与分析的方法，对酒店成本核算与分析工作进行讨论，提出改进建议，并进行课堂汇报。

（2）通过课堂汇报，总结归纳出餐饮成本核算与分析的方法，形成基本的分析报告。分析报告的基本内容包括：①当期餐饮成本核算情况；②当期餐饮费用情况；③实际餐饮成本与标准餐饮成本之间的差异；④当期成本与同期同行酒店成本比较；⑤经营成本管理中存在的主要问题；⑥建议的改进措施。

任务评价

　　餐饮成本核算与分析是餐饮经营中相对复杂的环节,也是学习的难点之一,需要结合大量的经营实例来巩固理论知识的学习。餐饮成本核算与分析评价的重点是考查学生对餐饮成本核算的方法与分析方法的掌握程度。教师和各小组根据任务实施情况进行评分,具体分值见表8-6。

表8-6　餐饮成本核算与分析评价表

评价内容	评价标准	分值	小组自评(20%)	小组互评(30%)	教师评价(50%)	综合得分
餐饮成本核算	核算的方法正确,内容完整	30				
餐饮成本分析	分析方法得当,内容完整	30				
分析报告	分析内容全面,方法得当,建议行之有效	20				
课堂展示	表达清晰,课件制作精良	10				
团队精神	分工明确,团结协作	10				
合计得分						

　　评分标准(满分为100分):80—100分为优;70—79分为良;60—69分为中;60分以下为差。

 教学互动

　　(1) 以学校实习餐厅或学生食堂为例,参与其餐饮成本的核算与分析。
　　(2) 邀请行业专家进行专题知识讲座。

项目小结

有效的成本控制是提高餐饮经济效益的重要手段,成本控制工作的关键是建立有效的成本控制体系,并在经营管理中实施,同时,做好餐饮生产过程中各环节的成本控制也是有效实施成本控制环节的重要手段。

成本核算是餐饮成本控制的基础,而成本分析是对企业实际的餐饮经营成果与预定的标准进行比较,通过分析,经营者能够发现成本控制中存在的问题,并采取针对性措施,提高餐饮经营与管理的有效性,提高餐饮经营业绩。

知识活页

如何进行成本控制来增加酒店的餐饮收入呢?

关键术语

餐饮成本、餐饮成本控制、餐饮成本核算、餐饮成本分析

项目训练

知识训练:

一、填空题

1. 餐饮成本,是指餐饮企业在一定时期内的生产经营过程中,所发生的费用支出的总和,它包括企业的_____、_____和_____。

2. 食品成本能否得到有效管理和控制,关键在于对食品生产过程中的成本进行控制,食品生产过程是一个相对复杂的过程,它包括_____、_____和_____三大主要环节。

3. 酒水标准用量控制的步骤是:①_____;②根据销售记录,统计出饮料的标准用量;③_____。

4. 餐饮原料消耗的计算方法分为_____和_____。

5. 可以列入餐饮销售费用的包括_____、_____、_____、保管过程中的损耗、员工的工资等。

二、选择题

1. 食品成本能否得到有效管理和控制,关键在于对_____过程中的成本进行控。

A. 食品加工   B. 食品生产   C. 食品检验   D. 食品销售

2. 餐饮成本分析是指按照一定的原则,采用一定的方法,利用成本计划、成本核算和其他有关资料,_____,达到最大的经济效益。

A. 分析成本目标的执行情况,查明成本偏差的原因,寻求成本控制的有效途径

B. 有效管理和控制,成本进行控制

C. 根据销售记录,统计出饮料的标准用量
D. 保管过程中损耗,统计员工工资

3. 在所有费用开支中,_____占了很大一部分。

A. 职工薪酬　　　B. 职工保险　　　C. 国家纳税　　　D. 代理费用

能力训练：

1. 简述餐饮成本的特点。
2. 简述餐饮成本控制体系的功能。
3. 简述成本管理系统的内容。
4. 简述成本控制的程序。
5. 简述劳动力成本控制的基本方法。
6. 简述餐饮成本分析的内容和方法。

◆ **本课程阅读推荐**

蔡洪胜、任翠瑜、王占伶、海然《酒店餐饮服务与管理》,清华大学出版社,2021年版。

参考文献
References

[1] 匡家庆,殷红卫.酒店餐饮部运行与管理[M].北京:外语教学与研究出版社,2015.
[2] 张丹花,茅蓉.餐饮服务与管理[M].上海:上海交通大学出版社,2018.
[3] 张丽萍.餐饮服务管理实务[M].北京:中国轻工业出版社,2016.
[4] 赵建民.餐饮质量控制[M].沈阳:辽宁科学技术出版社,2001.
[5] 郭敏文.餐饮部运行与管理[M].北京:旅游教育出版社,2001.
[6] 樊平.餐厅服务[M].北京:旅游教育出版社,2002.
[7] 匡家庆.餐饮管理[M].北京:旅游教育出版社,2010.
[8] 马开良.餐饮服务与经营管理[M].北京:旅游教育出版社,2010.
[9] 郑全军.餐饮服务与管理项目教程[M].北京:中国铁道出版社,2012.
[10] 孟庆杰,李正喜,刘颖.餐饮服务与管理[M].北京:首都经济贸易大学出版社,2011.
[11] 马丽涛,邓英.餐饮服务管理[M].北京:电子工业出版社,2009.
[12] 张树坤,曹艳芬.酒店餐饮部运营与管理[M].重庆:重庆大学出版社,2014.
[13] 朱水根.餐饮原料采购与管理[M].上海:上海交通大学出版社,2012.
[14] 戴桂宝.现代餐饮管理[M].北京:北京大学出版社,2006.
[15] 匡家庆.调酒与酒吧管理[M].北京:中国旅游出版社,2012.
[16] 贺湘辉.餐厅经营管理300问[M].广州:广东经济出版社,2006.
[17] 蒋云波.新媒体时代餐饮企业微信营销策略[J].黑龙江科学,2019(13).
[18] 熊祖泉.结合"阿毛效应"浅析"淘宝二楼"营销[J].中国商论,2018(2).
[19] 文波.探究餐饮业的新媒体营销[J].旅游纵览(下半月),2018(4).
[20] 李纪欣.新媒体环境下餐饮行业营销分析[J].技术与市场,2019(11).

教学支持说明

为了改善教学效果,提高教材的使用效率,满足高校授课教师的教学需求,本套教材备有与纸质教材配套的教学课件(PPT电子教案)和拓展资源(案例库、习题库、视频等)。

为保证本教学课件及相关教学资料仅为教材使用者所得,我们将向使用本套教材的高校授课教师免费赠送教学课件或者相关教学资料,烦请授课教师通过邮件或加入酒店专家俱乐部QQ群等方式与我们联系,获取"电子资源申请表"文档并认真准确填写后发给我们,我们的联系方式如下:

E-mail:lyzjjlb@163.com

酒店专家俱乐部QQ群号:710568959

酒店专家俱乐部QQ群二维码:

群名称:酒店专家俱乐部
群　号:710568959

电子资源申请表

填表时间：_____年____月____日

1. 以下内容请教师按实际情况写，★为必填项。
2. 相关内容可以酌情调整提交。

★姓名		★性别	□男 □女	出生年月		★职务	
						★职称	□教授 □副教授 □讲师 □助教

★学校		★院/系	
★教研室		★专业	
★办公电话		家庭电话		★移动电话	
★E-mail（请填写清晰）				★QQ号/微信号	
★联系地址				★邮编	

★现在主授课程情况	学生人数	教材所属出版社	教材满意度
课程一			□满意 □一般 □不满意
课程二			□满意 □一般 □不满意
课程三			□满意 □一般 □不满意
其 他			□满意 □一般 □不满意

教 材 出 版 信 息				
方向一		□准备写 □写作中 □已成稿 □已出版待修订 □有讲义			
方向二		□准备写 □写作中 □已成稿 □已出版待修订 □有讲义			
方向三		□准备写 □写作中 □已成稿 □已出版待修订 □有讲义			

请教师认真填写表格下列内容，提供索取课件配套教材的相关信息，我社根据每位教师/学生填表信息的完整性、授课情况与索取课件的相关性，以及教材使用的情况赠送教材的配套课件及相关教学资源。

ISBN（书号）	书名	作者	索取课件简要说明	学生人数（如选作教材）
			□教学 □参考	
			□教学 □参考	

★您对与课件配套的纸质教材的意见和建议，希望提供哪些配套教学资源：